本书出版得到广西高校人文社会科学重点研究基地基金、国家
地区生产性服务业集聚对制造业转型升级影响及对策研究"

经济管理学术文库·管理类

西部地区生产性服务业集聚对
制造业转型升级影响及对策研究

The Influence and Countermeasure of Producer
Services Agglomeration on Manufacturing
Transformation and Upgrading in Western China

冯金丽　詹浩勇　袁中华／著

经济管理出版社
ECONOMY & MANAGEMENT PUBLISHING HOUSE

图书在版编目（CIP）数据

西部地区生产性服务业集聚对制造业转型升级影响及对策研究/冯金丽，詹浩勇，袁中华著. —北京：经济管理出版社，2019.6
ISBN 978 – 7 – 5096 – 6631 – 9

Ⅰ.①西…　Ⅱ.①冯…②詹…③袁…　Ⅲ.①生产服务—服务业—产业发展—关系—制造工业—产业结构升级—研究—中国　Ⅳ.①F719②F426.4

中国版本图书馆 CIP 数据核字（2019）第 097803 号

组稿编辑：曹　靖
责任编辑：曹　靖　姜玉满
责任印制：黄章平
责任校对：王纪慧

出版发行：经济管理出版社
　　　　　（北京市海淀区北蜂窝 8 号中雅大厦 A 座 11 层　100038）
网　　址：www. E – mp. com. cn
电　　话：(010) 51915602
印　　刷：北京晨旭印刷厂
经　　销：新华书店
开　　本：720mm × 1000mm/16
印　　张：13. 5
字　　数：257 千字
版　　次：2019 年 6 月第 1 版　　2019 年 6 月第 1 次印刷
书　　号：ISBN 978 – 7 – 5096 – 6631 – 9
定　　价：68. 00 元

前　　言

　　本书以产业集聚理论、产业转型升级理论和产业价值链理论为基础，以集聚经济圈和城市产业空间演化为现实背景，把握生产性服务业集聚对制造业转型升级的作用，按生产性服务业"为何集聚—怎样集聚—如何促进集聚"的逻辑顺序渐次展开，为西部地区以生产性服务业集聚促进制造业转型升级提出优化方向、模式和对策。

　　本书的主要研究工作和研究结论是：①通过逻辑演绎方法，探索性地在一个集群式价值链网络竞合与重构的框架下，阐释了生产性服务业集聚通过降低制造业贸易成本、提升制造业专业化水平推动制造业转型升级的内在机理。②运用空间计量和区域比较等实证分析方法，探寻了西部城市生产性服务业集聚影响制造业转型升级的现状和短板，发现西部地区知识密集型服务业集聚尚未产生对制造业转型升级的积极作用，且生产性服务业集聚总体缺乏跨城市的空间溢出效应等突出问题。③通过逻辑演绎方法，在分析生产性服务业集聚和知识分工互动引致国家价值链构建机理的基础上，提出在国家价值链构建中以知识密集型服务业集聚实现西部地区产业转型升级关键路径突破的创新观点。④通过逻辑演绎、分组实证分析、案例分析等方法的结合运用，提出以制造业转型升级为导向的城市生产性服务业集聚模式选择基准，进而探索生产性服务业集聚模式的变迁规律，提出西部地区城市应结合自身产业基础条件和服务要素禀赋状况，以及集群式价值链网络演进的动态情境，合理选择和灵活调整生产性服务业集聚模式，通过柳州市、南宁市、绵阳市、包头市等城市的案例分析，具体讨论西部地区城市选择生产性服务业集聚的适宜模式、行业和区位推动制造业转型升级的不同实践路径。⑤围绕服务需求强度、区域创新体系、综合交易设施、配套公共服务、基础制度创新五个外部因素，聚焦提升服务要素集聚的制度和设施保障力、知识生产和外溢的能力、关键性基础制度环境的支持力，提出了增强西部地区生产性服务业集聚对制造业转型升级积极影响的相应政策建议。

目　　录

第一章 绪论

第一节 研究背景

西部大开发的关键是产业开发，产业开发的重点是工业，尤其是制造业。伴随着长期发展，尤其是以西部大开发启动为重要契机，西部地区已经构建了比较完整的制造业体系，主要包括交通运输设备制造、机械和装备制造、能源化工、矿产资源开发与加工、原材料工业、部分高新技术产业和战略性新兴产业等。与此同时，通过承接我国发达地区（如东中部地区）的产业转移，西部地区制造业发展进一步加速。然而，当前西部地区制造业转型升级总体上仍面临着高端不足和低端锁定的双向挑战：一方面，高端不足指西部地区制造业仍以传统产业为主导，广泛缺乏推动产业结构高级化的创新基础和要素禀赋，无法全面向高新技术产业和战略性新兴产业升级；另一方面，低端锁定指西部地区制造业在过多承担价值链低端甚至底端环节的过程中被"俘获"，存在路径依赖，在区域分工竞合中长期处于不利地位，有可能重走东部地区在全球价值链低端或底端被套牢的老路而难以为继，何况这些产业更可能迁出中国向劳动成本更低的国家转移。

笔者认为，优化西部地区制造业转型升级路径需从三方面统筹兼顾：一是推进分工深化，即通过价值链重组，促使制造企业专注最具优势的核心环节，并将所不擅长的业务外包，分享价值链条延长和迂回带来的分工收益；二是打造竞争要素升级版，逐步摆脱以自然资源、廉价劳动力等低端要素参与竞争的现状，围绕分工深化发掘和培育知识、技术、信息、交易平台等高端生产要素，构建制造业转型升级的微观基础；三是形成产业升级新兴驱动核，利用集聚经济这一国家和区域提升竞争力的重要战略工具，努力推动高端生产要素空间集聚，获取规模报酬递增，营造支持制造业转型升级的关键节点。

生产性服务业依托分工深化过程中生发的新型服务要素而形成，补充或替代制造业内部服务职能，为制造业提供关键性中间品投入，从而提升制造活动及其产出的质量和效率，价值创造空间广阔，产业关联度强。所以，发展生产性服务业对制造业转型升级具有重要的推动作用。不过，上述基本认识只涉及"应该发展"和"发展什么"的问题，而没有涉及"如何发展"特别是"何地发展"的问题，也就未能真正把握以生产性服务业促进制造业转型升级的路径选择。

随着地理因素被纳入主流经济学考察的视野，产业发展的空间集聚状态越来越得到关注和重视。因为一个显著的事实是，基于报酬递增和外部性的产业集聚及由此形成的集聚经济圈正有力地推动着一国及其区域的经济增长，并成为国家提升竞争力的重要战略工具。近年来，国内外生产性服务业显著出现了向集聚经济圈中心城市、城市中央商务区和制造业园区集聚的趋势。可以说，生产性服务业集聚已经成为区域和城市现代经济体系发展的显著规律，成为区域和城市的新兴增长极与转型升级的重要推动力；在这一过程中，生产性服务业集聚对制造业产生了积极的外溢效应，为制造业的转型升级提供了有力支持。

正是在这一重要背景下，通过促进分工深化、塑造高端要素来集聚发展生产性服务业，成为推进西部制造业转型升级新的战略切入点。本书从产业集聚和产业升级相互关系的视角出发，全面审视和把握具有"发展 + 转型"双重需求、双重背景的西部地区二三产业协同发展的内在规律和合意路径，可望对后发区域经济可持续升级研究做出有益的增量贡献。

第二节　研究意义

一、理论意义

1. 对产业集聚与产业升级之间内在的规律进行新的理论探索

本书将生产性服务业集聚作为重要因素，纳入影响制造业转型升级的结构框架，从二三产业动态演变（空间集聚、转型升级）的视角，探讨生产性服务业集聚对制造业转型升级的作用途径和机制，可望更深入地认识产业集聚与产业升级的关系，以及对这两类理论的拓展与融合做出有益尝试。

2. 为不同区域寻求二三产业之间的协同发展提供新的理论依据

生产性服务业集聚对制造业转型升级能产生积极的外溢效应，但该效应在不同区域所遵循的实现路径却有显著差异。本书以不同经济和区位特征的城市为对象，分统结合式地探讨其发展生产性服务业集聚促进制造业转型升级的模式选择和演变机理，可望进一步深入理解生产性服务业与制造业关系的内涵，为更好地推动区域产业转型升级提供新的理论指导。

二、实践意义

1. 揭示西部地区生产性服务业集聚对制造业转型升级外溢效应的现状及制约因素，为解决现有短板问题的对策提供参考

本书基于西部地区城市一级数据和相关资料，评价和分析其生产性服务业集聚对制造业转型升级外溢效应的现有态势及制约因素，为西部各级政府部门制定支持生产性服务业集聚推动制造业转型升级的政策提供决策参考。

2. 分类探索不同城市生产性服务业集聚的对策，为西部各区域构建适宜于制造业转型升级的生产性服务业集聚格局提供新的实践思路

在区域生产性服务业集聚实践研究中，对具有不同经济和区位特征的城市异质性不可忽视。本书在相关理论和实证研究（含案例分析）的基础上，分类探索西部地区不同类型城市制造业转型升级中发展生产性服务业集聚的模式及其行业、区位，并提出保障政策建议，为西部各类型区域（城市）制定发展生产性服务业的空间布局策略提供有力指导。

归纳起来，本书研究有助于推动西部地区生产性服务业集聚发挥对制造业转型升级的有益作用，提升该地区二三产业的竞争力与创新能力，促进区域经济转型和可持续发展，因此具有重要的理论意义和实践价值。

第三节 研究思路、内容与方法

一、研究思路

以产业集聚理论、产业转型升级理论和产业价值链理论为基础，以集聚经济圈和城市产业空间演化为现实背景，把握生产性服务业集聚与制造业转型升级关系与作用的主线，按生产性服务业"为何集聚—怎样集聚—如何促进集聚"的逻辑顺序渐次展开，为促进西部地区制造业转型升级过程中的生产性服务业合理集聚提出对策。

二、研究内容

本书研究内容分为三个部分，共七章。

第一部分，包括第一、第二章。

第一章是绪论。介绍本书的研究背景，阐述研究意义、思路、内容和方法。

第二章是理论与文献综述。本章首先梳理产业集聚的理论渊源，以及产业转型升级的理论演变和最新实践，接着回顾了生产性服务业集聚研究的主流方向和前沿进展。进而，概括了生产性服务业集聚与制造业转型升级关系研究的现状。最后，在简要指出已有研究所存在不足的基础上，提出了本书研究的切入点及需要重点突破的几个问题。

第二部分，包括第三至第六章，是本书的主体和核心部分。这一部分从理论和对策的角度，回答西部地区制造业转型升级中生产性服务业集聚的三个主要问题，即"为何集聚？怎样集聚？如何促进集聚？"从而为构建一个有利于制造业转型升级的区域生产性服务业空间集聚格局奠定理论基础，并提出对策建议。

第三章是西部地区生产性服务业集聚对制造业转型升级的影响分析，回答"为何集聚"的问题。在理论研究部分，将构建一个集群式价值链网络竞合与重构的分析框架，区分制造业价值链中的生产性服务职能，分别探讨参与制造业基本活动的商贸流通业集聚和参与制造业支持性活动的知识密集型服务业集聚对制造业转型升级的作用机制，进而阐明生产性服务业集聚影响制造业转型升级的累积因果循环关系。在实证研究部分，通过空间计量模型和区域比较方法检验理论机制，同时分析西部地区生产性服务业集聚对制造业转型升级影响的现状和短板，为下一步找寻对策打好基础。

第四章是承前启后的一章，该章以专章的形式，从国家价值链构建的崭新视角研究西部地区如何弥补知识密集型服务业集聚生发不足的最大短板，进而实现区域产业转型升级的关键路径突破，为后续更深入的理论总结和政策建议进一步做好准备。

第五章基于城市分类的视角，研究西部地区制造业转型升级中的生产性服务业集聚发展的主要模式、重点行业及其区位分布，回答"怎样集聚"的问题。本章在参考上述研究结论的基础上，把握不同类型城市的产业基础条件和服务要素禀赋，同时结合其在集群式价值链网络演进中的前沿状态，探讨怎样形成与城市制造业转型升级相适应的生产性服务业集聚模式及其选择机制，并尝试全面归纳出生产性服务业集聚与制造业转型升级的协同发展机理，从而指导西部地区探索以生产性服务业集聚促进制造业转型升级的实践路径。进而，有选择性、有针对性地对西部地区四个典型城市展开案例分析，实现理论研究与实践指导的有机统一。

第六章研究增强西部地区生产性服务业集聚对制造业转型升级影响的政策建议，回答"如何促进集聚"的问题。产业集聚离不开"有为政府"政策实施所产生的外部动力。本章首先分析了影响生产性服务业集聚对制造业转型升级作用的关键性外部因素，进而结合前面各章的理论和实证研究结果，为西部地区增强以生产性服务业集聚推动制造业转型升级提出相应的保障政策建议。

第三部分，即第七章。该章概括了本书的主要研究结论，并展望了未来研究拓展的方向。

三、研究方法

1. 规范研究方法

本书在对生产性服务业集聚对制造业转型升级的作用机制、西部地区参与国家价值链实现产业升级跨越式突破、不同类型城市制造业转型升级过程中生产性服务业集聚模式及其变迁、促进生产性服务业合理集聚的保障政策等多方面研究中，以微观经济理论、产业集聚理论、工业化与产业升级理论、战略管理中的价值链理论等为基础，主要通过演绎和归纳的规范研究方法得出相关结论，以更深刻地探寻生产性服务业与制造业互动发展的规律。

2. 实证研究方法

本书运用空间面板模型，分析西部地区生产性服务业集聚对制造业转型升级影响的现状及不足；运用聚类分析、非参数的 DEA 模型和动态面板模型，检验以制造业转型升级为导向的不同类型城市生产性服务业集聚模式选择基准的适用性，从而为西部地区的产业升级方向提出参考。

3. 案例和调查研究方法

本书依托生产性服务业集聚与制造业转型升级的理论和实证研究成果，结合实地走访或调查，选取了西部地区四个典型城市进行案例分析，分类具体提出了引导西部地区以生产性服务业集聚促进制造业转型升级的优化路径。

4. 比较分析方法

本书通过东部城市和西部城市比较，进一步判断和阐释西部地区优化生产性服务业集聚对制造业转型升级作用的主攻方向；通过具有不同制造业内部结构特征和高端服务要素禀赋的城市比较，提出符合制造业转型升级需求的生产性服务业集聚模式选择基准，进而系统梳理这一集聚模式的变迁规律。

本书主体部分的基本思路和研究方法如图 1 - 1 所示：

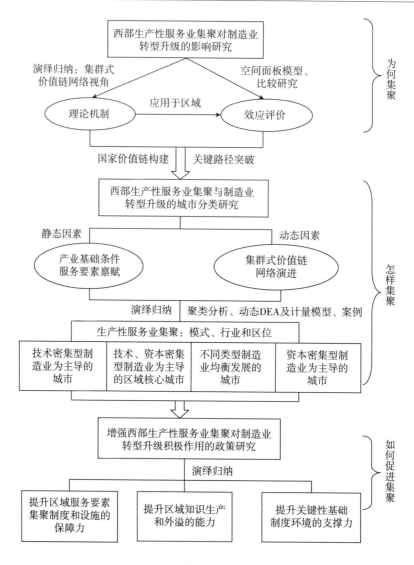

图1-1　基本思路和研究方法

第四节　研究的创新之处

以产业集聚理论、产业转型升级和产业价值链理论为基础，构建了一个集群式价值链网络竞合和重构的分析框架，对生产性服务业集聚对制造业转型升级的作用机理进行了创新性的梳理和归纳，并区分了商贸流通业与知识密集型服务业集聚对制造业转型升级的外溢作用机制。同时，提供了生产性服务业集聚对制造业转型升级外溢作用的经验证据，进而探索性地揭示了当前西部地区生产性服务业集聚对制造业转型升级作用的现状和短板。

创新性地将构建国家价值链的战略引入生产性服务业集聚与制造业转型升级的研究内容和框架，探索西部地区发展知识密集型服务业集聚实现区域产业转型升级的关键路径突破。具体而言，在深入剖析生产性服务业集聚与知识分工通过内生互动促进国家价值链生发和构建机理的基础上，提出后发的西部地区主动融入基于知识分工协作的国家价值链构建进程，依托知识密集型服务业集群发展，从而在链、网、云三重环境中提升产业升级能力的崭新构想，为西部地区克服生产性服务业集聚制约制造业转型升级的最大短板提供实践导引。

从制造业转型升级的背景出发，基于城市制造业内部结构特征和高端服务要素禀赋状况等静态因素，结合集群式价值链网络演进升级的动态情境，全面总结了不同类型城市生产性服务业集聚模式的选择基准及其变迁规律，为西部地区根据实际情况，实现以生产性服务业集聚促进制造业转型升级的"落地"提供了较有实用价值的参考依据。进而，总括性地归纳了集群式价值链网络演进视角下生产性服务业集聚与制造业转型升级的协同发展机理。

第二章 理论与文献综述

第一节 产业集聚与产业升级理论综述

一、产业集聚的理论渊源

产业集聚理论最早起源于古典经济学家对经济区位现象的关注。亚当·斯密（1776）论证了劳动效率提高和财富增长的主要原因在于分工，它不仅包括在各个行业内部的分工，也包括在富裕国家和贫穷国家之间不同行业的分工，分工的基础则在于生产成本的绝对差异；而且，分工还受到市场范围的限制①，这种市场范围的边界又受到由地理因素所决定的运输交通成本的约束，这是对专业化生产的空间地理分布现象在经济学意义上的最早察觉。进而，大卫·李嘉图及赫克歇尔、俄林又分别从相对优势和资源禀赋的角度论证了区域产业间分工与贸易的必要性。

以将空间要素引入经济学领域加以研究为标志，专门对产业集聚研究的起源则可回溯到古典区位理论。这一理论的创始者约翰·冯·杜能最早在经济学研究领域添加了"空间"因素，在其巨著《孤立国同农业和国民经济的关系》中，以空间均质假设为基础，建立了一个孤立国模型，阐释了杜能圈，即农业生产国围绕中心城市表现出向心环带状分布的特征。重要的是，在杜能看来，运输成本对农业生产布局乃至工业布局的确定产生了至为关键的作用。该书被视为城市经济学的发源。

马歇尔（1890）最早将集中于某些地方的工业定义为地方性工业，并对这一

---

① 这一观点被称为斯密定理。亚当·斯密. 国富论［M］. 唐日松等译. 北京：华夏出版社，2005：16 - 18；梁琦. 分工、集聚与增长［M］. 北京：商务印书馆，2009：27.

现象的原因进行了经典分析。马歇尔认为，除了自然条件和宫廷的奖掖外，有三种外部性原因导致了地方性工业的产生：一是通过将一个产业一定数量的厂商集中于一处，便可形成一个专业技术工人共享的劳动力市场，这个共享市场对厂商、工人皆为有利；二是通过产业集聚可以提供该产业专用的多种类、低成本的非贸易投入品和服务；三是通过人力资本积累和信息面对面交流产生外溢效应，从而有利于新技术和新思想的产生。

德国经济学家韦伯则是工业布局理论的创始者，并以此探讨了产业集聚的决定因素。在 1909 年出版的《工业区位论》中系统论述了工业区位理论。这一理论认为，工业布局主要受到运费、劳动费和集聚力三方面因素的影响。其中运费是对工业布局起决定作用的因素，工业部门生产成本的地区差别主要是由运费造成的，工业的最优区位通常在运费最低点上；他认为劳动费也是影响工业布局的重要因素，一些行业运费最低点不一定是生产成本最低点，当存在劳动费最低点时，它同样会对工业区位的选择产生影响；最后是集聚力，它主要由规模经济带来，该因素亦可影响最优工业区位。

由马歇尔、韦伯等经济学家所开创、其他经济学家所发展的新古典区位理论、传统经济地理学的重要前提条件是空间外生而均质、规模报酬不变和完全竞争，侧重于强调自然和地理条件差异所造成的集聚，运输成本已经自然而然地包括在生产者的成本当中了。但它显然难以解释世界范围内普遍存在的产业集聚而非产业均匀分布的现象，也更难以解释产业集聚并非总是一定在地理区位更好的地区发生，从而未能实现将空间问题纳入主流经济理论研究的目标。概而言之，这些理论还没有找到探析产业集聚内在机制的钥匙，因为集聚不是报酬不变，而是报酬递增的结果。可是，报酬递增却难以在完全竞争条件下实现。施蒂格勒（1989）在其名著《产业组织和政府管制》中，质疑了斯密定理，并将报酬递增和完全竞争之间互不相容的状态称为"斯密困境"。他指出："……只要劳动的进一步分工（劳动力和机械的进一步专业化）能使更高的产量以更低的成本获得，那么联合或扩张，以及驱逐竞争对手，对企业家来说都是有利的。两难的困境在于：如果确是市场容量限制了劳动分工，那么典型的产业结构就必定是垄断；如果典型的产业结构是竞争的，那么这一定理就是错误的，或无重要意义的。这两种情况都难以否认。过去有、现在仍然有许多重要的产业是竞争性的……"[①]

事实上，分工是集聚的根本源泉，而集聚是分工的空间组织形态。集聚一旦形成，它将有利于分工利益的实现并进一步促进分工的深化。两者之间的联系纽

---

① 乔治·施蒂格勒. 产业组织和政府管制［M］. 潘振民译. 上海：上海三联书店，1989：22－23.

带是报酬递增和外部性：假如不存在分工造成的报酬递增，也没有运输成本，那么经济活动的地理区位就无关紧要，也就不会出现空间集聚了；而报酬递增的产生正是来自于企业在空间上集聚所能获得的外部性①。传统的区位模型正是没有能够明确说明存在报酬递增时的市场结构，没有能够采取某种便利的方式来处理规模经济和垄断竞争问题，当然也就无法将分工与经济增长的空间层面纳入主流经济学的范畴中。

进入 20 世纪 90 年代后，借助于 Dixit 和 Stiglitz（1977）开创性的工作和非常精巧独特的垄断竞争模型，以克鲁格曼（1991）为代表的经济学家将垄断竞争和规模报酬递增有机联系起来，并与区位理论中的运输成本相结合，在新古典经济学框架下构建了中心—外围模型（Core – Periphery Model，简称 CP 模型），奠定了新经济地理学（New Economic Geography）的基础，产业集聚理论的发展进入了新时代。CP 模型指出，一个国家之所以内生地演化为工业中心—农业外围格局，是由于制造业企业在对实现规模经济与最小化运输成本进行权衡取舍的过程中，获得了本地市场效应（the Home Market Effect）和价格指数效应（the Price Index Effect），倾向于将企业定位在市场较大的地方，而市场的大小恰恰取决于制造业自身的地区分布，如此便构成了一种循环累积因果的集聚效应。此时，以历史因素为代表的初始条件对经济和产业在何地集聚将起到决定性的作用②，比如，特定时期政府制定并实施的某些地区优先发展战略，将为该地区产业集聚奠定重要基础，之后逐步积累、强化并固化地区产业集聚的特定性要素③。另外，预期和自我实现机制对集聚的作用亦不可忽略④。不过值得注意的是，上述关于产业集聚理论的研究对象主要是制造业。

二、产业转型升级理论

"转型"和"升级"两个概念并不完全相同，但内涵相通。产业转型，是指转变产业发展方式，侧重于指产业向更高层次迈进所走的方向和过程，例如通过技术更新、装备升级等以提高生产效率、物资利用率为目的的改造活动，加快实现由传统工业化道路向新型工业化道路转变。产业升级，是指产业结构和产业素质的整体提升，侧重于指产业向更高层次迈进所定格的目标和状态，例如产业的技术水平、附加价值、组织形态和行业结构由低层次向高层次的演变。可见，两

① 梁琦. 分工、集聚与增长 [M]. 北京：商务印书馆，2009：24 – 26.

② [美] 保罗·克鲁格曼. 地理和贸易 [M]. 张兆杰译. 北京：中国人民大学出版社，2000：97.

③ 金祥荣，朱希伟. 专业化产业区的起源与演化——一个历史与理论视角的考察 [J]. 经济研究，2002（8）：74 – 82，95.

④ 梁琦. 产业集聚的均衡性和稳定性 [J]. 世界经济，2004（6）：11 – 17.

者都共同强调产业向更高级、更协调、更合理的状态转变，最终实现产业自身的健康、有序和可持续发展。所以将两者结合起来，探讨产业转型升级更具有自然而然的内在逻辑，它将发展方式转型与产业结构升级融合在一起，从产业整体出发来分析产业的演化规律和趋势。

在经济增长与工业化进程中，制造业发展在三次产业的演进过程中始终占据着重要位置其至是主导位置。因此，对于产业转型升级规律的认识在很大程度上来源于对制造业转型升级经验过程的概括总结。新的产业部门例如现代服务业的崛起又不断丰富着产业转型升级的内涵，优化着制造业转型升级的路径。以下将重点围绕工业（制造业）和现代服务业的发展历程梳理产业转型升级理论演进的脉络和最新实践。

1. 经典产业结构升级理论

早期的产业升级理论，主要是指产业结构升级理论。这里的产业结构升级，又称为产业结构的高度化，是产业结构系统不断从低级向高级演化的过程。杨治（1985）系统概括了经典的产业结构升级理论。这些经典理论以三次产业划分为基础，以产业结构演变为主要研究对象，在西方发达国家产业发展历史经验的基础上总结整个国民经济的产业结构及其内部结构随着经济增长而演变的基本规律，其理论基础是传统要素比较优势的动态转化，落脚点则在于归纳工业化过程中产业间升级的进程。它们包括：

一是配第—克拉克定理。这个定理是有关经济发展同产业结构的演变之间关系的最早经验性总结。它指出，国民经济中的劳动力结构首先由第一次产业向第二次产业移动，到达一定水平后再由第二次产业向第三次产业移动。

二是库兹涅茨的相对国民收入理论。美国著名经济学家库兹涅茨从配第—克拉克定理出发，综合分析了三次产业的国民收入和劳动力分布状况的变动趋势。具体而言，随着经济的不断发展，第一产业国民收入的相对比重与劳动力的相对比重同时下降；第二产业国民收入的相对比重上升，但其劳动力相对比重的变化却非常微小；第三产业随着经济的发展，其国民收入的相对比重一般出现下降趋势，但劳动力的相对比重却呈上升趋势。

三是对工业化进程阶段的概括性总结。近现代的经济发展过程和工业发展紧密相连，所以这一进程也称为"工业化"。在工业化进程中，西方先行工业化国家以制造业为代表的工业内部结构通常又遵循着如下演变轨迹：以劳动密集型产业为起点，历经资本密集型产业，最终到达技术和知识密集型产业。钱纳里等（1995）则综合人均国民生产总值、三次产业产值结构和就业结构等指标将工业化阶段定量地划分为前工业化时期、工业化初期、工业化中期、工业化末期以及后工业化时期五个阶段。

2. 产业结构升级理论的拓展

另外一些经济学家或学者基于特定的研究背景和出发点，对发展中国家产业结构的转换升级、产业结构升级的表现形式、主导产业选择的政策应用、长期经济增长的内生动力等领域进行了研究，提出了判断、把握、推进产业结构升级的若干新理论，从不同角度丰富和深化了产业结构升级的理论体系。主要包括：①刘易斯的二元结构转变理论，探讨发展中国家农业、工业二元结构差异如何消除进而转变成一元经济的路径。②罗斯托的主导产业部门理论，揭示了近代经济增长的序列更替实质上表现为主导产业部门序列的更替，其演变规律与配第—克拉克定理和库兹涅茨的相对国民收入理论相吻合。③赫希曼和筱原三代平的主导产业选择基准理论，这一分支的理论尽管主要是提出了一国或地区选择主导产业的若干具体基准，但却从另一个侧面阐释了产业结构及其内部结构升级的方向，即现有产业将向前后向关联作用更强、市场需求更大、技术创新和进步更快及生产率增速更高的产业升级演变①。④内生经济增长理论，摆脱了索洛的新古典增长理论当中经济长期人均增长率被外生技术进步钉住的束缚，在模型之内决定长期增长率；它强调创新与技术变迁是事后获得垄断势力的企业，为追求利润最大化而有目的地进行研究开发活动（R&D）决策的结果，而创新和技术变迁又是经济长期持续增长的最根本因素②，同时也是产业生产率提升和不断升级的最根本动力。

3. 产业组织与全球化视角下的产业升级理论

（1）基于价值链的产业转型升级。

产业组织与全球化视角下的产业转型升级理论研究与价值创造密不可分，自20世纪80年代以后迅速成为产业升级研究领域的主流，它沿着"价值链—价值网络（价值星系）—价值生态系统"的层次脉络深入发展，从更宽广的空间视角入手研究竞争合作关系，对产业转型升级理论作出了重要发展。价值链（Value Chain）概念最先被提出，它可以从企业内部延伸到产业层次，是一个由一系列创造价值的活动（供应、制造、营销、研发、财务等）所组成的有机系统，价值创造则从上游到下游单向递增③。20世纪后半期以来，随着跨国公司活动的国际渗透，经济全球化和产业国际转移趋势越发明显，出现新型国际分工态势，其本质特征则是全球性的产业内、产品内分工网络的形成。产业内和产品内分工

① 李永禄，龙茂发. 中国产业经济研究［M］. 成都：西南财经大学出版社，2002：32 - 36.

② Barro, Robert J., Sala - i - Martin, Xavier. Economic growth：Second edition［M］. Cambridge：MIT Press，2004.

③ Porter M. Competitive Advantage：Creating and sustaining superior performance［M］. New York：Free Press，1985.

和贸易使得原来在一个细分行业或企业内执行的生产链条被拆分成很多不同环节或工序，一个细分行业或企业只专业化于全球生产链条上的某一个价值环节，即实现了价值链的分解①。基于上述背景，传统比较优势演化的路径变得更加复杂，从而使产业升级的内涵和表现形式趋于复杂和多样。一些学者开始研究产业在全球价值链（Global Value Chain，GVC）中创造与保持竞争优势的环境与决定因素，为实现国家和区域产业的良性演变和持续升级提供指导。Gereffi（1999）、Humphrey（2000）认为，全球价值链中的产业升级包括四个层次，即工艺流程升级、产品升级、功能升级和链条升级。也就是说，这一系列研究不仅关注由于要素资源发生变迁而引起的产业间更替所造成的升级，还关注产业内部或者产品内部在全球价值链上从低附加值的价值链环节向高附加值的价值链环节攀升的有力变革。

（2）基于价值网络（价值星系）的产业转型升级。

伴随着网络经济的出现，企业组织的知识能力（或能力要素）和关系要素（顾客）逐渐成为经济发展的关键资源，价值创造的基本逻辑因此发生了重要转折。传统价值链理论将企业锚定"在价值链上定位"和"将战略建立在独特的经营活动上"的产业世界观显得过于静态，只关注在固定的经济"蛋糕"中得到最大可能的份额。在新的价值创造思维下，企业战略的首要目标是运用高效率的信息技术，把相关的各种关系和经营系统重新排列组合，构建或加入价值网络（价值星系）（Value Network 或 Value Constellation）②。与价值链类似，价值网络是一种介于市场与企业之间的中间性组织，也是一种合作竞争型准市场组织。它依据高度模块化、标准化的系统思维构建动态的网络经济活动，强调以顾客为核心，由依托于中介技术的中枢企业（焦点企业）与供应商、协作企业、中间商、企业用户和最终顾客一起努力，共同创造价值③。一个相对独立的价值网络通常在一体化的价值链结构裂变成若干相对独立的价值模块后形成，呈现"金字塔"层级结构，一般由一个规则设计商、几个系统集成商和众多模块供应商组成；它的网络运行需要协同机制，价值创造需要知识共享④，从而革新了传统价值链线性、序贯式价值创造的逻辑。

在当今由新一代信息技术引领的互联网经济以及云经济时代，最大的变化在

---

①　许南，李建军．产品内分工、产业转移与中国产业结构升级［J］．管理世界，2012（1）：182－183．

②　Stabell C. B.，Fjeldstad O. D. Configuring value for competitive advantage：On chains，shops，and networks［J］．Strategic Management Journal，1998，19（4）：413－437．

③　罗珉．价值星系：理论解释与价值创造机制的构建［J］．中国工业经济，2006（1）：80－89．

④　王树祥，张明玉，郭琦．价值网络演变与企业网络结构升级［J］．中国工业经济，2014（3）：93－106．

于信息，包括信息的流动和对信息的分析，信息要素和顾客使用过程在价值创造中起着前所未有的决定性作用①，产业组织的价值创造体系进一步从价值网络向价值生态系统（Value Ecosystem）跨越延伸。价值生态系统由互联网平台或中枢企业、自由进出并栖息于平台的顾客群落及平台的各种资源、环境构成。借助于泛在的互联网平台，价值生态系统实质性模糊了传统意义上企业与顾客的界限，"拆除"了阻隔在两者之间的"柜台"，并由两者共创价值。价值生态系统因而成为适应需求强劲、租金丰富、跨越国界的终端市场的新型产业组织②。虚拟集群（集聚）（Virtual Clusters）大量出现③，它是依托现代化的信息通信技术，由不同独立的经济主体（企业、组织和个人）基于资源合作原则而在虚拟空间上的集中。显然，虚拟集群（集聚）不再局限于固定地理区域，经济主体可依托价值链、供应链、产业链内在联系，通过各种公共服务、中介机构组织搭建的共享网络平台，达到优化运营、充分竞争、共同发展、互利共赢的目标④。

由上可知，价值创造的产业组织形态不断推进，它因此也丰富了产业在全球化竞争中寻求转型升级的载体和模式。一国产业不仅要通过市场开发、技术提升等策略实现沿着全球价值链的线条升级，例如从制造区段升级到研发、营销或运营区段；更要努力摆脱位于各个价值区段价值网络层级底端锁定的困境，实现立体网络结构升级⑤。关键在于把握终端市场需求，实现实体经营与虚拟运营的广泛结合，通过分工深化推动自主发展型价值网络重构，培育本土的产业链系统集成商（即跨国公司级别的龙头企业），从而带动产业结构优化升级⑥。

（3）基于国家价值链的产业转型升级。

2008年全球金融海啸给我国造成的冲击，进一步凸显我国产业套牢在全球价值链低端难以真正升级的困境。为了突破全球价值治理体系对我国产业转型升级约束的"组合拳"，我国学者旗帜鲜明、极富创新性地提出了构建自主发展型网络体系和治理结构——国家价值链（National Value Chain，NVC，也称国内价值链）的战略举措，以推动我国产业整体升级。

国家价值链依托庞大的国内市场需求发育而成，并由本土企业主导和治理产

———————————

①　罗珉，李亮宇．互联网时代的商业模式创新：价值创造视角［J］．中国工业经济，2015（1）：95 – 107.

②　金帆．价值生态系统：云经济时代的价值创造机制［J］．中国工业经济，2014（4）：97 – 109.

③　Alexander B., Tatiana K., Svetlana U. Formation of industrial clusters using method of virtual enterprises［J］．Procedia Economics and Finance，2013（5）：68 – 72.

④　吴哲坤，金兆怀．关于我国虚拟产业集群发展的思考［J］．东北师大学报（哲学社会科学版），2015（6）：82 – 86.

⑤　宗文．全球价值网络与中国企业成长［J］．中国工业经济，2011（12）：46 – 56.

⑥　刘明宇，芮明杰．价值网络重构、分工演进与产业结构优化［J］．中国工业经济，2012（5）：148 – 160.

业价值链的高端或核心环节组成，如自主研发创新能力、终端营销渠道、品牌等。它的构建将竞争模式从"环节对链条"过渡为"链条对链条"，即我国产业转型升级主要靠自己构建价值链分工体系，与全球价值链并行发展，相互竞争①。在国家价值链构建中，产业升级依托的市场将从单纯依靠外需转变为广泛依靠启动庞大的内需，产业升级依托的空间载体将从低端嵌入全球价值链的东部先发地区转变为东西部地区实现自主、协同发展，产业升级依托的核心产业将从制造业逐渐转变为高端服务业特别是生产性服务业。

4. 新型工业化理论

新型工业化理论从应对中国传统工业化所遭遇的严峻挑战出发，在回答像中国这样的发展中大国如何转变经济增长方式、避免重走西方国家传统工业化弯路问题的过程中，尝试对产业转型发展和产业升级做出了中国化的提炼与总结。有关研究表明，造成我国制造业结构和层次水平低下的原因，与我国经济增长的粗放模式和传统工业化路径选择，及其背后的制度安排有关。因而，我国产业升级必须与经济增长方式和工业化模式转型相结合进行。吴敬琏（2008）提出应破除重化工业化是工业化进程中必须历经阶段的迷雾，通过鼓励科学发展与技术创新，大力发展现代服务业特别是生产性服务业，运用信息通信技术提升国民经济各产业的效率等方式实现传统工业化向新型工业化模式的转型，促进产业跨越式升级。李德伟等（2008，2012）提出了通过工业化过程中主导投入要素转型来推进新型工业化的观点。具体地说，充分发挥人力资源的比较优势，重点对人力资本进行投资，培养人才，引进、开发技术，一方面，大力发展高新技术产业，以高新技术产业为先导，通过它迅速增值，并在国际分工系统的高端参与国际交换和竞争，积累资本和技术，用先进技术改造传统产业，提升制造业的竞争力；另一方面，依托高新技术积极发展面向生产的现代服务业，将经过教育和培训的劳动力输入服务业，为工业化产生的剩余劳动力找到妥善的出路。

5. 后危机时代西方发达国家再工业化的实践

2008 年国际金融危机之后，西方主要发达国家纷纷将重塑经济增长新优势和产业竞争力的着力点放在振兴工业上，启动了再工业化进程。再工业化，其实质仍然是工业化，是为了振兴制造业、重振产业竞争力所启动的新的工业化进程，不仅是回归工业，更重要的是提升工业。这些国家再工业化的重点是：创新工业和科技体系，大力发展低能耗、高附加值、高产出的战略性新兴产业，推动绿色、低碳、环保产业成为新的经济增长点，从而实现经济发展方式的转变和可

① 刘志彪，张杰. 从融入全球价值链到构建国家价值链：中国产业升级的战略思考［J］. 学术月刊，2009（9）：59-68.；孙建波，张志鹏. 第三次工业化：铸造跨越"中等收入陷阱"的国家价值链［J］. 南京大学学报（哲学・人文科学・社会科学），2011（5）：15-26.

持续发展（见表2-1）。这些国家的再工业化实践经验对我国把握制造业绿色转型的新方向具有重要的借鉴意义。

表2-1　西方主要发达国家再工业化战略导向与相关新兴产业

国家	战略导向	新兴产业
美国	绿色新政	新能源装备制造业、智能电网、纳米技术
日本	"逆向工厂"发展循环经济	太阳能产业、机器人产业、纳米技术、生命科学
英国	低碳转型	低碳工业、可再生能源、智能电网、健康医疗
欧盟	绿色产业	可再生能源、数字网络、生物工程

资料来源：根据李大元、王昶和姚海琳（2011）整理。

6. 新常态下我国以"制造业+互联网"推动制造业转型升级的实践

随着我国经济发展进入新常态，增长速度、经济结构和发展动力都在进行深度调整，制造业到了爬坡过坎、由大变强的历史新起点上。于是，紧抓互联网跨界融合和释放潜能的战略机遇期，促进以互联网为代表的新一代信息通信技术在制造业领域的深度应用，从生产方式、组织管理和商业模式等多维度重塑制造业，推动制造业向更多依靠创新驱动转变，就构成了我国制造业发展的大背景、大逻辑。简言之，"制造业+互联网"是工业化、信息化深度融合的具体体现，是协同推进"中国制造2025"和"互联网+"行动的最佳结合点。我国作为人口大国、制造大国和互联网大国，拥有互联网用户近7亿，网购用户达4.1亿，推动制造业与互联网融合发展，既有利于发挥网络用户越多价值越大的梅特卡夫定律效应，也有利于发挥我国大国大市场的独特资源优势，构筑新常态下的经济发展新动能。从十二五末期开始，我国正在深化制造业与互联网融合发展，以"互联网+"重构制造业创新组织方式，以"互联网+"变革制造业生产经营方式，以"互联网+"催生制造业新型业态模式（见表2-2），从而加速推动制造业转型升级[①]。

表2-2　"互联网+"促进制造业转型升级的主要路径

主要路径	主要内容
重构制造业创新组织方式	大幅降低创新门槛和创新成本，制造业创新活动不断突破地域、组织、技术的界限，创新主体互动、创新资源组织和创新成果转化方式更加网络化、全球化和快捷化

① 工业和信息化部信息化和软件服务业司，中国电子信息产业发展研究院. 制造业+互联网：《国务院关于深化制造业与互联网融合发展的指导意见》解读［M］. 北京：电子工业出版社，2016：8-10.

主要路径	主要内容
变革制造业生产经营方式	互联网逆向整合生产要素，推动生产模式以生产为中心向以消费为中心转变，从大规模标准化生产到大规模个性化定制转变，高价值环节从制造环节向服务环节转变
催生制造业新型业态模式	高度智能化产品的商业化步伐不断加快，基于移动互联网、物联网、大数据、云计算应用的跨界商业模式不断涌现，电子商务、互联网金融等支撑型新兴产业快速健康发展

资料来源：根据工业和信息化部信息化和软件服务业司、中国电子信息产业发展研究院（2016）资料整理。

图 2 - 1 概括了产业转型升级理论及其最新实践：

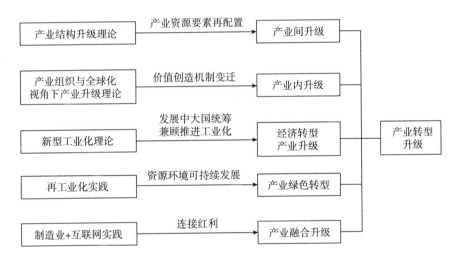

图 2 - 1　产业转型升级理论及其最新实践

第二节　生产性服务业集聚研究的前沿进展

新经济地理中心—外围（CP）模型出现之后，产业集聚研究领域迅速丰富和扩展，其中一个重点领域是开始关注和研究生产性服务业集聚现象。1970年后，先行工业化国家陆续进入后工业化时代，经济和产业日益呈现出服务化趋势，"服务经济"的概念被提出。同时，生产性服务业也日益明显地呈现出向经济圈中心城市、城市中央商务区和产业园区附近集聚的趋势。以上述趋势为背景，加之产业集聚理论的不断突破和成熟，经济学家们开始关注和研究生产性服务业集聚现象，开拓出了一个新的研究领域。最早的生产性服务业集聚研究主要侧重于集聚水平测度、集聚特征分析和集聚成因探究。随着生产性服务业集聚在大都市地区的集聚对区域空间结构发展格局的形成产生重要作用，即生产性服务业集聚通过作用途径对区域空间结构产生重构作用，并成为区域经济发展的推动力，生产性服务业集聚的外部性得到了学者们的认真关注和深入研究①。正是在生产性服务业集聚外部性研究的基础上，为其后探寻生产性服务业集聚与制造业转型升级的关系打开了通道。

一、生产性服务业集聚与区域空间重构

生产性服务业集聚的重要支撑和载体是城市；反过来，伴随着这一类服务业集聚所引发的产业空间结构变迁，也催化着城市乃至区域组织形态和经济活动空间结构的演变。蒋三庚（2008）认为现代城市经济发展的主要驱动力来自现代生产性服务业，在城市空间结构上则应发展生产性服务业集聚区。蒋三庚和付铭（2009）聚焦于城市中央商务区的生产性服务业集聚问题，认为城市化、消费水平提高、市场与政府的互动是影响城市中央商务区知识密集型和高技术服务业集聚的三种力量，并进一步归纳了这类服务业集聚的四个主要阶段：集聚形成、快速集聚、稳定发展、向外扩散。

Duranton 和 Puga（2005）、李程骅（2008）、赵航（2011）、刘曙华（2012）则聚焦于不同产业部门空间增长模式的差异性，提出在以全球价值链为主导的产业分工中，高新技术产业、高端服务业等高附加值行业引领的新产业价值链逐步取代传统工业，成为促进城市经济发展和产业空间布局优化的重要动力源泉。同时，新产业价值链也提升了传统的城市空间价值，导致城市空间结构进行调整，高端高附加值服务业向中心城市及其主城区集聚，传统制造业向城市外围或周边中小城市集约型迁移，不但形成了城市新产业空间、商业空间和居住空间，还形成了集聚经济圈或城市群的空间职能分工格局。Yeh、Yang 和 Wang（2015）则提出了更富新意的洞察，提出过去 20 年快速增长的生产性服务业已经取代制造业成为大都市圈经济网络形成的关键贡献因素。

二、生产性服务业与制造业协同集聚

制造业与生产性服务业是决定经济增长的两大基础性部门。正是在生产性服

---

① 刘曙华. 生产性服务业集聚与区域空间重构 [M]. 北京：经济科学出版社，2012：2.

务业集聚引领区域空间重构的背景下，生产性服务业与制造业是否存在明显的协同集聚效应，构成了影响城市或区域经济发展前景的重要命题，也成为生产性服务业集聚外部性研究的前沿领域。

这部分研究出现了两种截然不同的结论。一种结论是，生产性服务业与制造业倾向于在区位上分离。Sassen（1991）指出，生产性服务业与制造业在地理上并非相互依赖，前者并不必然集中在制造业周围，特别是高级生产性服务业主要满足金融和商业流通的需要，并不以制造业为中心。另一种结论则表明，生产性服务业与制造业倾向于在区位上共同集聚。Coffey（1993）强调，新兴工业的扩张、创新及就业的增长，不大可能出现在生产性服务企业集聚度低的区域。Desmet等（2005）基于美国县级地理单位数据，探寻了生产性服务业集聚和制造业集聚的互动效应，发现前者的集聚对后者的集聚有显著的促进效应。赵伟和郑雯雯（2011）梳理了生产性服务业—贸易成本—制造业空间集聚的集聚效应传导机制，并构建了中介效应结构方程模型，证实了生产性服务业主要通过降低贸易成本实现促进制造业的空间集聚效应。Ke、He 和 Yuan（2014）构建了制造业和生产性服务业协同集聚的联立方程模型，并利用固定效应工具变量（FE－IV）估计法，分析286个中国城市2003~2008年的面板数据。结果发现，制造业倾向选址于有生产性服务业的城市，反之亦然；若一个城市的生产性服务业（制造业）集聚于邻近城市时，该城市的制造业（生产性服务业）可能会随之迁徙。

对于上述有所矛盾的研究结论，陈建军和陈菁菁（2011）利用 Venables（1996）经典的产业垂直关联模型与浙江省若干城市的产业数据，实证研究了生产性服务业与制造业在空间上协同集聚的影响因素，提出经济发展水平和交易成本对两者协同集聚的状态有着重要影响：以运输成本为代表的制造业交易成本的降低，是通过推动制造业靠近生产性服务业发达地区来实现"互补性"的协同定位，而以通信成本为代表的生产性服务业交易成本的降低则是通过推动生产性服务业向城市中心集聚来实现"挤出性"的协同定位。

第三节　生产性服务业集聚与制造业转型升级的关系研究

理论和实证研究均表明，作为一种主要面向商品和服务的生产者而提供服务的部门或产业，生产性服务业不但是加快服务业发展、优化经济结构和改善经济发展质量的重要着力点，还是推动制造业转型升级和竞争力提升的关键支撑

（Ethier，1982；刘志彪，2006；江静、刘志彪、于明超，2007；刘明宇、芮明杰、姚凯，2010），而且，生产性服务业与制造业联动发展还存在着行业差异性特征（Guerrieri 和 Meliciani，2005；唐晓华、张欣钰，2016）。

随着新经济地理学的诞生宣告距离和区位因素在经济活动中不可忽视，要发挥生产性服务业对制造业转型升级的推动作用，不但要解决"应该发展"和"发展什么"的经济概念问题，更重要的是解决"如何发展"特别是"何地发展"的经济地理问题。也就是说，促进制造业转型升级的生产性服务业空间集聚状态十分关键。具体地，作为制造业的上游产业，生产性服务业空间分布和组成的变化，会对制造业竞争力产生影响，表现在较高的制造效率往往就发生在生产性服务业集聚度较高的区域。

时间翻开 21 世纪新的一页，学术界开始将生产性服务业空间集聚作为一项重要因素，纳入影响制造业转型升级的结构框架加以着重考察，从而使生产性服务业集聚对经济增长的外部性研究和生产性服务业与制造业转型升级研究两个领域得以融合，构成空间经济学、产业经济学学科新的交叉研究分支。在这方面，藤田昌久和蒂斯（2004①，2015②）作出了开创性的探索，他们将中心—外围模型和内生经济增长模型结合起来，构建了一个包含两区域、三部门的模型，揭示了在生产性服务部门工作的技术人员空间集聚以增加制造业部门产品种类为桥梁推动区域经济增长的规律。随后，探讨生产性服务业在一定区域集聚对以制造业为代表的工业发展、效率和转型升级影响，及其相应模式和对策的研究在国内外逐渐兴起。

一、生产性服务业集聚对制造业转型升级的作用研究

Eswaran 和 Kotwal（2002）以意大利商务服务业为例，指出生产性服务业集聚通过技术溢出效应提高区域制造业劳动生产率，从而促进经济增长。Macpherson（2008）根据对美国仪器制造业向三大生产性服务业集聚区寻源购买创新性服务的长期调研，发现制造业企业的创新绩效与邻近城市服务业集聚的跨区域溢出显著相关。Arkell（2011）注意到，由于制造业和生产性服务业在工作内涵及岗位的相似性，制造业选址于生产性服务业集中区域，有利于两者共享劳动力、投入和知识，帮助制造业降低供给成本和提高企业效率。

在我国，该领域的研究又可以分为两个部分。

---

① ［日］藤田昌久，［比］雅克—弗朗科斯·蒂斯.集聚经济学——城市、产业区位与区域增长［M］.刘峰等译.成都：西南财经大学出版社，2004：506–515.

② ［日］藤田昌久，［比］雅克—弗朗斯瓦·蒂斯.集聚经济学：城市、产业区位与全球化（第二版）［M］.石敏俊，等译.上海：格致出版社，2015：328–336.

一部分是实证研究。第一阶段为 2010～2011 年前后，学者们主要采用普通计量技术探寻生产性服务业集聚对制造业转型升级的影响。顾乃华（2010）在一篇探讨生产性服务业对工业获利能力影响渠道的文献中，将地理距离作为决定这种外溢效应的关键因素，基于城市面板数据的实证分析表明，生产性服务业距工业的距离越长，则外溢效应就越小。顾乃华（2011）基于中国地级城市的截面数据，进一步研究了生产性服务业集聚对工业生产效率的外溢作用。结论不仅证实了前者对后者的促进作用，并提出不可简单根据不同地区生产性服务业结构趋同就判断其区域结构不合理，因为中心城市的生产性服务业集聚对工业的辐射带动作用往往受到地理限制而不能充分发挥。进而，顾乃华和朱卫平（2010）还建议，由于生产性服务业只有通过集聚才能最大程度地产生对制造业的外溢作用，则当前我国主要发达地区优化自身制造业结构最关键的，并非是将劳动密集型产业向外转移，而应通过生产性服务业集聚，支持传统产业在原地升级。施卫东（2010）以上海市为例，具体研究了金融业集聚对三次产业结构的调整和升级影响，其结果表明，金融产业集聚使上海市第二、第三产业在经济总量中的比重提高，第一产业在经济总量中的比重下降。部分学者还将生产性服务部门空间集聚与集聚经济圈制造业整体增长效率联系起来考察。苏红键和赵坚（2011）分析了长三角经济圈城市制造业结构趋同合意的原因，指出由于空间职能分工，制造业中的生产性服务部门向中心城市集聚、生产加工部门向外围城市集聚，提高了圈域产业资源的配置效率，从而有利于集聚经济圈制造业的整体增长效率提升。

上述第一阶段的实证研究结果尽管大多数表明生产性服务业集聚能够通过提升制造业效率从而促进制造业转型升级，但由于计量技术的限制，其主要缺陷是没有考虑也无法测度生产性服务业集聚的空间外溢效应，也就是说生产性服务业集聚不仅对所在地区制造业效率提升具有促进作用，而且对周边地区也可能有促进作用。那么，上述研究结论就可能会缺乏可靠性和准确性。事实上，由于生产性服务产品普遍具有无形、流动性强、知识密集程度高的特点，因此应该可以在一定空间范围和地理距离内对制造业产生外溢效应，这就需要使用空间计量技术来解决。于是在从 2012 年开始的第二阶段研究中，学者们普遍引入城市间的经济地理距离构造空间权重矩阵，广泛使用空间计量模型来更精确地分析和测度生产性服务业集聚对制造业转型升级的空间外溢效应乃至衰减边界。宣烨（2012）基于 2003～2009 年我国 247 个城市样本数据，运用空间计量分析方法探讨了生产性服务业集聚对制造业生产效率的空间外溢效应。结果表明，生产性服务业集聚不仅能显著提升本城市的制造业效率，还对周边城市的制造业效率产生了空间外溢效应。盛丰（2014）进一步阐释了促进制造业升级的四种生产性服务业集聚效应，即竞争效应、专业化效应、学习效应和规模经济效应，同时利用 2003～

2011 年全国 230 个城市数据进行空间计量分析，结果进一步证实了生产性服务业集聚对制造业升级具有显著的促进作用，而且存在显著的空间溢出效应。余泳泽、刘大勇和宣烨（2016）还发现，生产性服务业空间集聚对制造业生产效率提升的空间外溢效应存在衰减特征的地理边界（200 公里以内为密集效应区域，500 公里以外为半衰效应区域），同时一省边界会阻碍空间外溢效应的发挥。赵婷和赵伟（2014）考虑空间互动情况，基于 2005～2007 年我国 283 个城市的产业、企业数据，实证研究了生产性服务业典型类别——知识密集型服务业集聚与制造业创新的关系，发现知识密集型服务业集聚不仅具有对本地制造业创新的溢出效应，而且还通过空间关联对其他地区制造业施加了正向的跨区域创新效应，这种效应还因制造企业的技术水平、规模大小的不同而存在异质性。

另一部分则集中于案例研究，主要是结合地方产业转型升级的前沿实践，对生产性服务业集聚外部性的产生机制再提炼、再发展。刘奕和夏杰长（2010）从案例分析切入，在总结我国浙江省义乌小商品城等若干专业市场发展促进当地制造业集群转型升级的基础上，提出中国制造业升级未必一定要低层次加入跨国公司产业链，而完全可以通过重点发展生产性服务业集群为制造业升级融入高端价值要素。吴义爽（2016）阐释了集群商贸平台通过平台的高级化与国际化、研发包络和对集群"品牌文化"的塑造策动本地制造业集群网络协同升级的机制，并以浙江海宁皮革城驱动皮革产业集群升级的案例详细说明。

二、生产性服务业集聚模式与制造业转型升级

一是生产性服务业集聚模式的特征性研究。最初，对生产性服务业集聚模式的传统研究主要是从服务业内部追求集聚经济效应的视角出发，阐释不同集聚模式的成因。但斌、张乐乐和钱文华（2008）总结了基于知识要素密集投入的生产性服务业集聚三种分布模式，并研究了其背后的动力机制：综合性集聚模式源于分工和交易费用的节省，以大都市中央商务区为辐射源的圈层式集聚模式形成于外部规模经济和范围经济，在特定产业集聚区周围形成的体系化集聚模式的根源是基于关键要素的创新机制。王先庆和武亮（2011）则探讨了以纽约曼哈顿金融集聚区为代表的原生型服务业集聚区、以日本东京大都市生产性服务业集聚区为代表的嵌入型服务业集聚区、以印度班加罗尔软件服务业集聚区为代表的外生型服务业集聚区各自形成的结构机理。刘曙华（2012）则从跨组织合作与企业间关系的视角分析了生产性服务业集聚的几种基本模式，主要是围绕单个（多个）大型服务需求者形成的轴轮（多核）集聚模式、众多中小型服务企业原子式集中形成的网状集聚模式、由多核集聚和网状集聚组合形成的混合集聚模式。

二是围绕城市经济增长和转型发展的生产性服务业集聚模式研究。Ooms 等

（2015）基于欧盟 13 个国家 36 个区域的样本分析，发现以应用型创新导向为主的区域适合于发展专业化产业集聚，而以基础型创新导向为主的区域则适合于发展多样化产业集聚。韩峰、王琢卓和阳立高（2014）利用我国城市面板数据进行实证检验，发现生产性服务业集聚空间溢出效应对经济增长的影响存在明显的地区差异，专业化集聚的影响从东部到西部依次递增，多样化集聚的影响则从东部到西部依次递减，因此东中部发达地区和西部欠发达地区应分别侧重发展生产性服务业多样化集聚和专业化集聚。顾乃华和夏杰长（2011）从城市转型视角出发，并以广东城市为样本，探讨了区域性中心城市、先发工业化城市、后发工业化城市和生态型城市服务业发展的重点内容和行业。

三是以制造业转型升级为导向的生产性服务业集聚模式选择及政策研究。学者们注意到，经济发展主要由产业发展进程驱动，那么从制造业部门分离出来的生产性服务业集聚模式不仅会作用于城市整体发展，更会由于生产性服务业与制造业的紧密互动关系而作用于制造业效率提升及其转型升级。Meliciani 和 Savona（2015）指出，生产性服务业集聚模式与区域产业结构紧密相关，要构建区域优势，公共政策制定者必须在选择生产性服务业专业化或多样化发展模式时，考虑产业结构变迁的影响，尤其要注重利用现有的专业化集聚带动传统制造业向知识技术型产业转型升级，以增强对知识密集型服务的需求，进而通过生产性服务业和制造业多样化协同演进，引导区域走向新增长路径。席强敏、陈曦和李国平（2015）运用空间面板杜宾模型，以规模等级对城市进行分类，研究了我国城市生产性服务业在工业效率提升导向下的集聚模式选择问题，结果发现，大型城市应着重发展多样化集聚，而中小城市则应依据主导工业和要素禀赋的现实情况，侧重发展特色鲜明的专业化集聚。于斌斌（2017）基于我国 285 个地级以上城市统计数据，运用空间计量模型进行实证分析，发现生产性服务业集聚的 Jacobs 外部性和 MAR 外部性对制造业生产率分别存在显著的正向和负向影响，而 Porter 外部性并不显著。因此，我国城市不仅要调整生产性服务业内部结构，使之和制造业技术水平和城市规模等级相匹配，还要积极鼓励生产性服务业多样化集聚。刘奕、夏杰长和李垚（2017）利用 2005～2013 年中国地级以上城市的样本数据，基于偏最小二乘估计法的结构方程模型（PLS－SEM），从理论机制和经验证据两方面开拓性地厘清了外部因素经由生产性服务业集聚影响制造业升级的传导路径，将间接影响因素（社会创新体系、综合交易成本、需求规模）和直接、间接影响相结合因素（要素禀赋、政策环境）区隔出来，对于以制造业升级为导向的生产性服务业集聚政策选择具有增量启示意义。

本章小结

综观上述理论和研究，产业集聚理论与应用研究已成为新经济地理学和产业经济学研究的前沿课题。其中，对于制造业集聚的研究已相对比较成熟，它建立在为追求差异化垄断竞争势力的厂商，对规模报酬递增和运输成本的权衡取舍上，解释了经济活动和产业增长的非均衡发展现象，揭示了区域乃至国家经济增长和产业竞争力的源泉所在。

对于生产性服务业集聚的研究兴起得较晚，虽然其内在的形成机制不能简单套用制造业集聚的基本理论，但生产性服务业地理上的集中依然具有规模报酬递增和外部性的特征，是一种内生性的集聚。多年以来，全球范围内生产性服务业的确出现了显著的集聚趋势：一是生产性服务业正形成向一国的主要经济圈、集聚经济圈中的城市增长极、城市中心区和产业园区集聚的态势；二是生产性服务业集聚与城市功能和产业空间结构演变密切相关，伴随着生产性服务业集聚于城市中心和中心城市，制造业往城市外围和经济圈内其他城市迁移，两者协同定位。在一些发达的大都市圈，生产性服务业关联已经成为主导构建城市群经济网络的关键驱动力量。

根据产业转型升级的理论，制造业转型升级是工业以至整个国民经济转型和升级的基础。在经济全球化和后危机时代的背景下，回应实现新型工业化的诉求，我国制造业转型升级不仅包括新兴主导产业的不断涌现，也包括已有产业产品技术含量的提高、在全球价值链环节和价值网络层次的提升、绿色转型及与互联网融合发展等其他重要形式。

在制造业转型升级的过程中，大力发展生产性服务业已成为基本认识。然而，这一认识只涉及"应该发展"和"发展什么"的问题，并未涉及"如何发展"特别是"何地发展"的问题。在当前空间集聚已成为产业发展新范式的背景下，如何通过生产性服务业集聚促进制造业转型升级至关重要，也是本书探讨的中心内容。进一步引发笔者重点思考的问题是，由于生产性服务业对于增加制造业生产的迂回度和知识含量，提升制造业效率和竞争力，以及促进制造业转型升级具有众所周知的重要作用，那么，我们观察到的大量生产性服务业集聚的事实并非单纯是服务企业追求规模报酬递增而在空间上集聚的结果，还很可能是因为集聚能对制造业转型升级产生外溢作用而获得正向反馈后，强化了规模报酬递增的效果。也就是说，生产性服务业集聚与制造业转型升级存在良性的关系和作用。

　　上述已有文献已初步形成了一个新的诠释二三产业动态演变（空间集聚、转型升级）之间关系的主流方向。其中，生产性服务业集聚对制造业转型升级的积极作用已得到关注和重视。但这一作用机理还有待于更系统、更深入地梳理和总结。同时，从本书聚焦于西部地区这一特定后发区域的研究目标出发，还需要重点对西部地区生产性服务业集聚对制造业转型升级影响作用的现状和短板展开全新探索，对西部地区各类城市制造业转型升级过程中适宜的生产性服务业集聚模式进行分析总结，对保障西部地区生产性服务业集聚促进制造业转型升级的政策作出方向提示。这些研究内容及其成果，都将构成本书可能取得的主要建树。

第三章 西部地区生产性服务业集聚对制造业转型升级的影响分析

第一节 生产性服务业及其集聚的基本含义和机理

一、生产性服务业的含义和分类

生产性服务业（Producer Services）属于服务业的一个大类。迄今为止，尽管国内外关于生产性服务业的含义和内涵界定还不完全一致，但生产性服务业至少具备两大特征。首先，它是一种中间需求性服务业，它从制造业部门中脱离出来而逐步形成，并重新服务于制造业部门。其次，它往往体现为知识密集型、技术密集型、人力密集型或资金密集型。其中，生产性服务业的中间需求性是其区别于其他服务业的决定性因素，而且这种中间需求更多地来自制造业部门①。

需要注意的是，生产性服务业与生产性服务是有所区别的。从表现形态来看，生产性服务包括两种形态：一种是仍然内部化在产业或者部门当中还没有外部化的非独立形态，这种形态正是生产性服务业产生的基础；另一种是已经外部化、市场化的独立形态，与这种独立形态的生产性服务相对应的产业部门就是生产性服务业，也就是市场化的生产性服务提供者的集合。本书基于制造业转型升级的背景，主要讨论独立的、外部化的生产性服务业集聚的外溢机制、效应与对策。常见的生产性服务业分类见表3－1。

---

① 魏江，周丹. 生产性服务业与制造业融合互动发展——以浙江省为例［M］. 北京：科学出版社，2011：28.

表 3 - 1　生产性服务业的一般分类

序号	类别	细分行业
1	资本服务类	银行、信托、保险、典当、评估、投资、融资、拍卖、资信、担保等
2	会计服务类	会计代理、审计事务、资产管理、信用管理、财务公司等
3	信息服务类	会展、电子商务、战略咨询、信息咨询、品牌代理、公共关系、广告等
4	经营组织类	物流配送、产品批发、商品代理、监理、经纪、租赁、环保、企业托管等
5	研发技术类	产品研发、技术转让、软件开发、知识产权交易服务等
6	人力资源类	人才招募、人才培训、人力资源配置、岗位技能鉴定等
7	法律服务类	律师事务、诉讼代理、公证、调解等

资料来源：根据来有为等（2010）整理。

二、生产性服务业集聚的含义和成因

经济和产业集聚现象影响着当今的世界经济分布地图。区别于市场和企业等分工的基本组织形态，从空间的视角审视，集聚是指经济活动和大量企业在地理位置上的集中。结合这一概念和生产性服务业空间组织形态的发展趋势，生产性服务业集聚是指生产性服务业向集聚经济圈中心城市、城市中央商务区和制造业产业园区等空间集中的过程和状态。

和制造业集聚一样，生产性服务业空间集聚能够获得规模报酬递增效应。根据微观经济学理论，在长期内，所有的要素数量都可以自由地改变，规模报酬则是用来衡量当所有的要素投入按同一比例变动时产出的变动规律。规模报酬的形式之一便是规模报酬递增。具体地说，设有一个生产函数 $f(x)$，对于所有的 $t > 1$ 和任意的 x，如果有 $f(tx) > tf(x)$，则称之为规模报酬递增。就是说，产出的增加大于要素投入的增加。

生产性服务业集聚所获得的规模报酬递增的来源主要有两个：①制造业企业多样性需求偏好。一般而言，如果消费者表现出来多样化的需求偏好，那么企业便有可能取得规模报酬递增；而且，随着该多样性需求偏好增强，企业规模报酬递增的程度便越高。从上述生产性服务业的概念可知，普通的个人消费者并不直接使用其产出的服务，而由制造企业使用。往往，制造企业对服务产品较之个人消费者表现出更高的质量要求、功能要求和品质要求，体现出更为强烈的多样性需求偏好，于是稍微有些差异的服务创新就能极大地改变生产性服务业在市场上的份额。换句话说，生产性服务业的消费替代弹性较小，所以其多样性需求较强，因而在由多样性需求导致规模报酬递增的吸引下，生产性服务业趋于空间集聚。进而，也正是因为生产性服务业比制造业面临的需求异质性程度更高，前者的集聚报酬递增效益也往往比后者更高。②与制造业集聚通常表现出上下游形成的产业关联不同，空间集聚的生产性服务企业间大多呈现出竞争与合作并存的独特关系，这种特征能产生外溢效应，使生产性服务业在与制造业的互动联系中，优化制造业价值链条，提升制造业竞争力，乃至促进制造业转型升级，进而通过制造业拉动反过来强化了生产性服务业集聚趋势，获得进一步的规模报酬递增。

同时，生产性服务业向集聚经济圈的中心城市或城市中心区域（中央商务区）集聚，能够获得更低的信息成本。这里，新经济地理理论中用运输成本解释集聚的适用性受到了挑战。事实上，尽管有部分生产性服务业如物流、交通运输业等对运输成本的敏感性依然较高，但大部分生产性服务业都属于知识密集型甚至是高技术密集型，其产品无形，通过处理大量的信息生产出来，并可借助于日益发达的各种信息和网络传输手段，向更广泛区域中的制造企业提供服务，这显然极大拓展了生产性服务业的服务半径。在此意义，信息获得及其传输成本对生产性服务业集聚的影响比运输成本更为重要①。因此，生产性服务业特别是知识、高技术密集型服务业在大型城市或者城市中心区域集聚，有利于享受城市化经济带来的更低信息成本，进而形成循环累积因果机制，使这种集聚趋势得到强化。

第二节　制造业转型升级的内涵

在创新驱动国家战略实施的大背景下，我国制造业发展要突破发达国家对技术、知识、信息、平台等高级要素的"封锁"和对中国在初级要素（简单劳动力、土地、原材料等）、资本要素的"锁定"，以及我国自身产业发展对前述两种要素的路径依赖，进而实现经济可持续发展，必须加快产业转型升级。结合前章对产业转型升级理论及其最新实践的阐述，本书所指的制造业转型升级内涵包括：

首先，促进产业微观要素配置结构从低级形态演变到高级形态，实现产业高级升级乃至产业高级升级的提升，即在必要的劳动力、土地、原材料等初级要素和资本要素投入的基础上，不断增加技术、信息、知识、平台等高级要素的投入，使高级要素在产业微观要素配置结构中占据大部分的比重。这又分为两种升级形式。一是产业间升级，即新兴主导产业适应这种转化不断出现，不仅体现在

---

①　陈国亮. 新经济地理学视角下的生产性服务业集聚研究 [D]. 杭州：浙江大学，2010.

高新技术产业、战略性新兴产业在制造业及经济结构中比重的提升，还体现在基于"互联网+"促进资源跨界整合和产业融合程度加深，从而使制造业发展新模式、新业态、新组织大量涌现；二是产业内或产品内升级，如前所述，指现有传统制造业为避免过早衰退而进行的技术创新、产品更新、组织革新和商业模式创新等，主要体现在产业加工程度高度化，新产品不断推出，产品附加价值、产业运行效率及在全球价值分工体系中位置攀升。

其次，以资源集约利用和环境友好为导向，在制造业的发展中突出节能环保、绿色低碳要求，实现产业的绿色转型。制造业绿色转型是突破日益紧张的资源、环境和气候变化约束，实现经济社会可持续发展的紧迫要求，已成为重要共识。不仅如此，它还关系我国生态文明建设这一战略任务是否得以顺利实现。这一转型主要体现在制造业在生产及其前后过程中降低能源消耗，从源头上控制和减少污染排放及温室气体排放，并尽可能通过发展循环经济提高资源利用率，获得经济效益和环境效益的双赢。

依前所述，生产性服务业是逐渐从制造业内部分离出来进而成为独立业态的，它进而再通过提供不同类别的生产性服务重新嵌入制造业价值链，来提升制造业竞争力，而且，生产性服务业在空间上通常不是单独和孤立地存在，而是已呈现出显著的集聚特征。那么，在这种产业发展的空间集聚新范式下，集聚的生产性服务企业除了会取得自身的集聚效益外，是否还会对其主要的服务对象即制造业部门的转型升级产生"额外"的溢出效应呢？这种溢出效应是否会随着生产性服务细分行业特征的不同而产生作用机制的差异呢[①]？在本书中，这种溢出效应指生产性服务业的产品作为中间投入而给制造业带来的产品多样化类型的外部经济，即产业间溢出效应。围绕上述问题，以下将展开重点探讨。

第三节　西部地区生产性服务业集聚对制造业转型升级的影响：机理与实证

一、问题的提出

前章已指出，随着服务经济迅猛崛起，关于生产性服务业集聚对经济增长的

---

① 所谓溢出效应，是指一个组织通过某种活动，不仅影响了组织内的个体，而且无意识中对组织以外的组织或个人也产生了影响，这种无意识影响的间接作用本质上是一种经济外部性的表现。周静．我国生产性服务业与制造业的互动效应研究［M］．上海：上海人民出版社，2015：60.

外部性影响研究日益得到重视，厘清生产性服务业集聚与制造业转型升级的关系则是探寻生产性服务业集聚对经济增长外溢作用的枢纽，成为该领域的重要研究分支。在我国制造业努力摆脱大而不强、产业竞争力弱等劣势，在实现转型升级的大背景下，得益于上述研究进展的启发，国内部分学者就生产性服务业集聚对制造业转型升级的影响展开了研究，主流是利用实证工具、以城市为单位寻找中国情境下的经验证据和现实解决方案（顾乃华，2011；宣烨，2012；盛丰，2014；赵婷、赵伟，2014；余泳泽、刘大勇、宣烨，2016）。

然而，上述基于中国情境的实证研究还存在一些需要改进之处。首先，在指标数据选择方面存在一定瑕疵，它们大多采用工业劳动生产率、工业全要素生产率等非制造业指标，或制造业创新产出等单一指标来衡量制造业升级，但由于不同区域或城市的产业结构存在明显差异，使得研究结论不能反映制造业的客观现实从而不够可靠，此外也未能更全面地反映产业转型升级的内涵。其次，更重要的是，这些文献对生产性服务业集聚与制造业转型升级的关系进行了有益探索，也阐释了有关机制，但还缺乏比较全面、系统的对于服务业集聚微观主体联系互动并产生外部性的内在机理阐释。而且，它们也大多是将生产性服务业作为一大类产业整体进行研究，而未能更深入地探寻不同类型生产性服务业集聚与制造业转型升级的作用机理和关系。事实上，由于嵌入制造业价值链的方式及其职能不同，所集聚的地域特征也具有一定差异，导致不同类型生产性服务业集聚对制造业转型升级外溢机理的异质性，需要更细致地研究。笔者认为，从服务职能及其嵌入制造业价值链方式的异质性出发，不仅可细致地理解生产性服务业集聚作用于制造业转型升级的内在机制，还可望为不同区域或城市制造业转型升级中实施更切实际、更具针对性的服务业集聚政策提供引导。最后，有关西部地区生产性服务业集聚对制造业转型升级影响的专门研究目前仍非常缺乏。

由此，采用更合理的理论框架来分析生产性服务业集聚影响制造业转型升级的机理，采用更适宜的实证方法来揭示和评析西部地区生产性服务业集聚对制造业转型升级溢出效应的整体态势及短板因素，对于从二三产业协同发展的维度优化西部地区制造业转型升级路径具有逻辑开端上的重要意义。

二、生产性服务业集聚与制造业转型升级：一个开创性的理论模型

学界对生产性服务业集聚与制造业转型升级关系的研究起步较晚。进入21世纪之后，这一领域研究的起源在著名空间经济学家有关创新活动集聚与区域经济增长关系的研究中初现端倪。空间经济学家认为，知识溢出是技术进步进行空间扩散的重要渠道，因此知识和信息的空间传播将直接影响经济活动的区位；换而言之，增长总是地方化的，原因在于技术和社会的创新具有规模报酬递增的特

点往往是集群式分布，所以创新活动的区域专业化在地理维度上与经济增长取得了强劲的连接。

不过，尽管对于上述原理的认识并不困难，但对于两者间相互作用的研究却是一项异常艰巨的工作。因为"集聚"或"增长"两个概念本身都是极为复杂的现象，针对两者的整合研究面临着诸多概念和分析方面的障碍。所幸，由于现代增长理论和新经济地理都采用了相同的垄断竞争的基础框架，这两个领域之间的跨界融合存在着坚实的基础①。藤田昌久和蒂斯（2004，2015）正是在这一坚实基础之上，并巧妙地假设从事创新活动的熟练技术工人可在区域间自由流动，将克鲁格曼的"中心—外围"模型与格罗斯曼—赫尔普曼—罗默的基于水平差异化产品的内生增长模型实现自然结合，进而在论证创新活动集聚与区域经济增长关系的过程中，明确体现出基于知识创造和传播的生产性服务部门空间集聚对制造业转型升级的积极溢出效应（正外部性）。以下部分在该模型的基础上，初步解析生产性服务业集聚推动制造业转型升级的经济学含义。

在这个模型当中，制造业部门升级是由制成产品种类数量的增长来表示的。具体地说，该模型是在经典"中心—外围"模型中，添加了一个代表生产性服务业的新部门——研究发展部门，这个新的研发部门在空间集聚的基础上，通过使用可以在区域间自由流动的熟练技术工人为现代化制造业创新，并借助于知识的外溢，从而增加了制造业产品种类，进而实现了全局产业升级。该模型的基本结论是：在均衡状态下，现代化部门产品种类数量稳定增长，而这一增长又取决于生产性服务部门熟练技术工人的空间分布状态。

1. 模型的前提和假设

在本模型中，为研发新产品服务的熟练技术工人是可以自由流动的。该模型是一个两区域、三部门模型，即假设经济中存在两个空间区域 A 和区域 B，三个生产部门：传统（农业）部门 T、现代化（制造业）部门 M、创新研发（生产性服务业）部门 R。投入要素是两种不同种类的人力资源：一是熟练技术工人（H）；二是非熟练技术工人（L）。T 部门和 M 部门雇用非熟练技术工人，每单位 T 部门、M 部门的产品生产需要投入和耗费 1 个单位非熟练技术工人劳动力，并且非熟练技术工人无法在区域间流动，所以每个地区在不同时期拥有的非熟练技术工人的数量都是固定的，为 L/2。R 部门则雇用熟练技术工人，每一个熟练技术工人在单位时间内耗费的劳动力设为 H，在整个经济中熟练技术工人的总量是不随时间而变化的，不失一般性，将该总量标准化为 1。于是，L 就可以看作是非熟练技术工人的数量和熟练技术工人的数量的比值。

① Fujita M., Thisse J. F. New economic geography: An appraisal on the occasion of Paul Krugman's 2008 Nobel Prize in Economic Science [J]. Regional Science and Urban Economics, 2009, 39 (2): 109 - 119.

2. 模型的主要内容

（1）生产差异化产品代表性厂商的需求量。

假设所有熟练技术工人和非熟练技术工人均具有相同的瞬时效用函数，即

$$u = \frac{Q^\mu T^{1-\mu}}{\mu^\mu (1-\mu)^{1-\mu}} \tag{3-1}$$

其中，μ 表示整体经济中消费总支出当中用于制造业产品的比例，$0 < \mu < 1$。T 表示对传统部门生产的同质产品的消费量，Q 表示对现代化部门多种类制造业产品的消费指数，该指数函数形式为不变替代弹性函数（Constant Elasticity of Substitution，CES），是空间经济学的常用典型模型。其计算公式为：

$$Q = \left[\int_0^M q(i)^\rho di \right]^{\frac{1}{\rho}} (0 < \rho < 1) \tag{3-2}$$

其中，M 表示 t 时期整体经济中现代化部门制造业产品的种类，$q(i)$ 则代表对第 i 种产品的消费量，其中 $i \in [1, M]$。这些产品种类连续且存在差异性质，反映了消费者具有多样化偏好，厂商能获得递增的规模报酬，处于垄断竞争地位。换句话说，在这种类型的市场上，每一个厂商可以忽略他们对其他厂商的影响，也不用理会其他厂商所做出的反应，他们自身拥有足够的市场力量，可以不考虑其他所有厂商，像一个垄断者一样按高于边际成本的价格定价①。垄断竞争和规模报酬递增是理解产业集聚动因的重要基础。参数 ρ 则表示的是差异化产品需求弹性的倒数，ρ 值下降，消费者的多样性需求上升；而当 ρ 趋近于 1 时，不同产品接近于完全替代。

传统部门 T 生产同质性强的农产品是在完全竞争的环境下进行的，且前面已假设其回报率恒定；同时，这些农产品跨地区流动不存在成本，所以 T 部门产品的价格不随时间和地区变化而变化，此处标准化为 1。于是，假若消费者在既定时间内的总消费支出为 Y，同时 $p(i)$ 表示第 i 种现代化部门生产的差异化产品的价格，而用 P 代表整个现代化部门 M 的价格指数，其形式仍然采用 CES 函数形式，即：

$$P \equiv \left[\int_0^M p(i)^{-(\sigma-1)} di \right]^{\frac{-1}{(\sigma-1)}} \tag{3-3}$$

其中，σ 代表了任意两种差异化产品的替代弹性。在 CES 函数形式当中，替代弹性 σ 和表征多样化需求程度的参数 ρ 之间，存在着一个十分简明的关系，即

---

① Dixit A. K., Stiglitz J. E. Monopolistic Competition and Optimum Product Diversity [J]. American Economic Review, 1977, 67 (3): 297-308.

$$\sigma \equiv \frac{1}{1-\rho} \text{①} \tag{3-4}$$

那么，对于传统农业部门来说，很明显，消费者的需求函数为：

$$T = (1-\mu)Y \tag{3-5}$$

而对于现代化制造业部门而言，因为差异化产品 i 对 j 的替代弹性 $\sigma_{ij} = \dfrac{\left[\ln \dfrac{q(j)}{q(i)}\right]'}{\left[\ln MRS_{ij}\right]'}$，结合 CES 函数中差异化产品间替代弹性不变的特性，有：

$$\left[\ln \frac{q(j)}{q(i)}\right]' = \sigma \left[\ln MRS_{ij}\right]', \text{即：}$$

$$\left[\ln \frac{q(j)}{q(i)}\right] = \sigma \left[\ln MRS_{ij}\right] = \ln(MRS_{ij})^{\sigma}, \text{得：}$$

$$\frac{q(j)}{q(i)} = (MRS_{ij})^{\sigma} \tag{3-6}$$

又由于 $MRS_{ij} = -\dfrac{\partial U / \partial q(i)}{\partial U / \partial q(j)} = \dfrac{\partial q(j)}{\partial q(i)}$

在预算线约束下，求解效用最大化问题的解表明：边际替代率实际上就是预算线的斜率，或者说差异化产品价格之比，那么有：

$$MRS_{ij} = \frac{\partial q(j)}{\partial q(i)} = \frac{p(i)}{p(j)}, \text{故有} \frac{q(j)}{q(i)} = \left[\frac{p(i)}{p(j)}\right]^{\sigma} \tag{3-7}$$

进一步地，由于任意两种差异化产品的替代弹性相等，因此可把第 j 种产品看作是 $0，1，2，\cdots，M$ 种产品的组合，则：

$$q(j) = Q, p(j) = \left[\int_0^M p(i)^{-(\sigma-1)} di\right]^{\frac{-1}{\sigma-1}} \equiv P, \text{故：}$$

$$q(i) = Q \cdot \left[\frac{p(i)}{P}\right]^{-\sigma}$$

而对现代化部门产品的消费支出比例为 μ，即 $PQ = \mu Y$，因此：

$$q(i) = \frac{\mu Y}{P} \cdot \left[\frac{p(i)}{P}\right]^{-\sigma} = \mu Y \cdot p(i)^{-\sigma} P^{\sigma-1} \tag{3-8}$$

（2）生产差异化产品代表性厂商的定价与利润。

前已述及，传统部门具有稳定的生产回报率（每单位 T 产品的生产均需耗费单位的非熟练技术工人的劳动力投入）。又假设对传统部门产品消费量足够大（比例达到 $1-\mu$），如此一来，在 A、B 两地区都能同时生产传统部门产品。于是，由于两个地区传统部门产品价格均为 1，则 A、B 两地区非熟练技术工人的

---

① ［美］阿维纳什·K. 迪克西特. 经济理论中的最优化方法（第二版）［M］. 冯曲，吴桂英译. 上海：格致出版社，2006.

工资率也相等且为1，有：

$$\omega_A^L = \omega_B^L = 1 \qquad (3-9)$$

对于现代化部门来说，情况则要复杂很多。首先，该部门使用的非熟练技术工人也和传统部门劳动力一样等于1。进而，我们需要注意到，现代化部门 M 的某种差异化产品生产不仅需要非熟练技术工人的劳动力投入，还需要投入一项重要的中间产品——由代表生产性服务业的创新研发部门所生产出来的专利技术，它是制造业厂商形成差异化优势获取垄断利润的源泉。在这里，可以近似地将 M 部门企业获得专利技术的成本或价格理解为劳动力投入的固定成本。综合上述，i 产品生产需使用的劳动力投入函数形式可表达为：

$$l(i) = f + q(i) \qquad (3-10)$$

式（3-10）的经济学含义是，现代化部门的劳动力投入可以分解为固定成本和边际劳动力投入。现代产业部门企业获取了专利技术后，便能以一比一的比例投入劳动力来生产制造业产品了。

下面还涉及一个十分重要的假设：即制造业产品在 A 区域或 B 区域内部运输时不会发生任何运输成本，但如果其运输到另一个区域时，便会只有产品总量的 $1/\tau$ 可以运到，且 $\tau > 1$（即萨缪尔森冰山型运输成本，Transportation Costs of Samuelson's Iceberg Form）[①]。简单地说 τ 就是表示运输过程中产品的损耗。则若差异化产品 i 的生产区域为 $d = A$，B，且销售价格为 $p_d(i)$，产品运送到另一个区域 $x \neq d$ 的销售价格是：

$$p_{dx}(i) = p_d(i)\tau \qquad (3-11)$$

现再设 d 区域、x 区域在某段时间内的总支出为 E_d、E_x，P_d 则是该区域现代部门产品的总价格指数。则根据式（3-8）和式（3-11），易得本区域产品的需求量或总产量为：

$$q_d(i) = \mu E_d p_d(i)^{-\sigma} P_d^{\sigma-1} + \mu E_x [p_d(i)\tau]^{-\sigma} P_x^{\sigma-1}\tau \qquad (3-12)$$

现代产业部门代表性厂商的利润表达式为：

$$\pi_d(i) = p_d(i)q_d(i) - \omega_d[f + q_d(i)]$$

注意到现代化产业部门任一企业的非熟练技术工人的工资率 $\omega_d = 1$，那么上式可以化简得到：

$$\pi_d(i) = [p_d(i) - 1]q_d(i) - f$$

根据厂商利润最大化定价行为，由一阶条件，可以得到：

$$\frac{\partial \pi_d(i)}{\partial q_d(i)} = -1 + p_d(i) + q_d(i)\frac{\partial p_d(i)}{\partial q_d(i)} = 0，则有：$$

---

① Krugman P. Increasing Returns and Economic Geography [J]. Journal of Political Economy, 1991, 99 (3): 483 - 499.

$$p_d(i) - 1 + q_d(i) \Big/ \frac{\partial q_d(i)}{\partial p_d(i)} = 0 \qquad (3-13)$$

而根据式（3-12），显然又有：

$$\frac{\partial q_d(i)}{\partial p_d(i)} = -\left(\mu \sigma E_d p_d(i)^{-(\sigma+1)} P_d^{\sigma-1} + \mu \tau \sigma E_x [p_d(i)\tau]^{-(\sigma+1)} P_x^{\sigma-1} \tau \right)$$

$$= -\frac{\sigma}{p_d(i)} \cdot q_d(i) \qquad (3-14)$$

将式（3-14）代入式（3-13），可得：

$$p_d(i) - 1 + q_d(i) \Big/ \left[-\frac{\sigma}{p_d(i)} \cdot q_d(i) \right] = 0$$

即 $p_d(i) - 1 - \dfrac{p_d(i)}{\sigma} = 0$，得：

$p_d(i) = \dfrac{\sigma}{\sigma - 1}$。又根据式（3-4），则有：

$$p_d(i) = p_d^* = \frac{1}{\rho} \qquad (3-15)$$

式（3-15）体现了垄断竞争的特征，其经济学含义是：差异化产品企业的提价系数与消费者多样性需求有关，且恒定为 $1/\rho$；如果其余条件不发生改变，产品差异化程度越高（表现为 ρ 值下降），则规模经济效应越强，由产业集聚所带来的厂商产品提价系数就越高，导致更高的均衡价格。要满足消费者多样性需求，获得此市场势力，则须知识型创新研发部门的中间产品投入。此时，易得该区域厂商的均衡利润率为：

$$\pi_d^* = q_d^* / (\sigma - 1) \qquad (3-16)$$

而进一步推导可得，任一种差异化产品的均衡产量则为：

$$q_d^* = \mu \rho \left(\frac{E_d}{M_d + \phi M_x} + \frac{\phi E_x}{\phi M_d + M_x} \right) \qquad (3-17)$$

这里，$\phi = \tau^{-(\sigma-1)}$，而 M_d，M_x 则表示两区域现代化产业部门的种类数。

（3）生产性服务部门集聚与制造业转型升级。

我们上面已提到，现代化部门的产品使用的中间投入产品——专利，由创新研发部门生产并提供。这些代表着高人力资本、高智力投入的生产性服务部门使用熟练技术工人，并获益于技术外溢效应。在 Romer（1990）的内生经济增长的经典性文献中，以往积累下来的知识资本显著地对创新研发人员的效率产生正向积极影响，并具有非竞用性、部分排他性特征[1]。进一步地，当区域 d 的知识资

---

[1] Romer Paul M. Endogenous Technology Change［J］. Journal of Political Economy, 1990, 98（5）: S71-S102.

本存量为 K_d 时，这一指标其实也反映了在该区域内从事创新研发工作的熟练技术工人个体的生产能力。由于在前面本模型的基本假设当中，已将全局经济中的熟练技术工人数量标准化为 1，换言之有 $H_A + H_B = 1$。这样的话，若区域 d 中，人力资本占全局经济人力资本的比例为 ε_d，那么在既定时间里该地区研发产出即专利数量可以表示为：

$$S_d = K_d \varepsilon_d \tag{3-18}$$

接下来我们来看知识与技术外溢情况。可以认为某区域中的知识资本存量来自于本区域中熟练技术工人之间的正向外部性，而该种相互影响的程度则受到此类熟练技术工人的空间分布状态约束。若将此思想形式化，设某熟练技术工人 j 的个人知识存量为 $h(j)$，可得到区域 d 享有的总知识资本存量的表达式为：

$$K_d = \left[\int_0^{\varepsilon_d} h(i)^\beta dj + \eta \int_0^{1-\varepsilon_d} h(i)^\beta dj \right]^{\frac{1}{\beta}} \tag{3-19}$$

其中，$1/\beta$ 衡量技术人员之间在知识创造方面的互补性，$0 < \beta < 1$，β 越低，区域知识资本总量越高；同时，η 衡量了不同地区间知识溢出的"空间范围"，它取决于获取知识的难易程度，以及区域的技术人员所具有的吸收新知识和观念的能力。总之，η 具有与知识跨区域扩散关联的空间折扣因子的属性。对于熟练技术工人的知识存量，可以这样理解：它与整体经济中的研发产出即专利数量相关，而为使问题简化，我们可以假设这种存量或者说个人技能以现代制造业部门的产品种类 M 来替代。于是，从式（3-19），能得到：

$$K_d = M[\varepsilon_d + \eta(1-\varepsilon_d)]^{\frac{1}{\beta}} \tag{3-20}$$

容易看出，如 $\eta = 1$，即知识充分在不同地区间共享（变为全局的公共产品），有 $K_d = M$，表示整体经济尤其是作为生产性服务业下游产业的制造业将获得技术进步的动力，为其升级打下基础；反之，当 $\eta = 0$，即知识完全属地化产品时，则得 $K_d = Mf(\varepsilon_d)$。为更清楚地说明问题，不失一般性地可以设 $K_d = Mf[\varepsilon_d + \eta(1-\varepsilon_d)]$，其中 f 为一个严格递增的凸函数，这意味着有 $f' > 0$，$f'' > 0$，并满足 $f(0) = 0$，$f(1) = 1$，其经济学含义十分清楚：即随着某地区人力资本比重的增加，其创新研发产出效率也在提高，并且这种提高呈现不断加速的态势，显示出研发活动收益递增的特性。总之，关于 K_d 假设的经济学含义是：A、B 两区域为对称的关系，那么一个必然的结果是，两个区域中的知识资本存量仅由熟练技术工人的空间集聚状态所决定（这可由作为人力资本的熟练技术工人的自由流动性所保证），则结合式（3-18），得：

$$S_d = Mf[\varepsilon_d + \eta(1-\varepsilon_d)]\varepsilon_d \tag{3-21}$$

我们进一步假设知识产权保护很好地保障了专利的期限无限长，则获得某专利的厂商生产最终产品可始终保持细分领域的垄断地位，于是在一定时期内，衡量现代产业部门产业升级的制造业新产品数就等于新诞生的专利数量，赋予形式化的表示有：

$$\dot{M} = S_A + S_B = M\{\varepsilon f[\varepsilon + \eta(1-\varepsilon)] + (1-\varepsilon)f(1-\varepsilon+\eta\varepsilon)\} \qquad (3-22)$$

此处，熟练技术工人地区集聚参数 $\varepsilon \equiv \varepsilon_A$，$1-\varepsilon \equiv \varepsilon_B$。同时令 $f_A(\varepsilon) \equiv f[\varepsilon + \eta(1-\varepsilon)]$，$f_B(\varepsilon) \equiv f(1-\varepsilon+\eta\varepsilon)$，如此，便有整体经济中现代产业部门产品升级增长率为：

$$g(\varepsilon) = \frac{\dot{M}}{M} \equiv \varepsilon f_A(\varepsilon) + (1-\varepsilon)f_B(\varepsilon) \qquad (3-23)$$

该表达式十分明确地表明：制造业转型升级是知识资本量以及生产性服务（研发）部门空间集聚状态的函数。下面进一步具体讨论。

命题1：$g(\varepsilon)$ 是一条以 $\varepsilon = 1/2$ 为对称轴的 U 形曲线，且有 $g(0) = g(1) = 1$。

证明：由式（3-23），我们有：

$$g'(\varepsilon) = f[\varepsilon + \eta(1-\varepsilon)] - f(1-\varepsilon+\eta\varepsilon) + \varepsilon(1-\eta)f'[\varepsilon+\eta(1-\varepsilon)] - (1-\varepsilon)(1-\eta)f'(1-\varepsilon+\eta\varepsilon)$$

不妨设 $N = f[\varepsilon + \eta(1-\varepsilon)] - f(1-\varepsilon+\eta\varepsilon)$，

$V = \varepsilon(1-\eta)f'[\varepsilon+\eta(1-\varepsilon)] - (1-\varepsilon)(1-\eta)f'(1-\varepsilon+\eta\varepsilon)$

由于 f，f' 单调递增，则显然有

$Sgn(N) = Sgn[\varepsilon + \eta(1-\varepsilon) - (1-\varepsilon+\eta\varepsilon)] = Sgn[(2\varepsilon-1)(1-\eta)]$，那么，当 $\varepsilon > 1/2$ 时，若 $0 \leqslant \eta < 1$，则 $(2\varepsilon-1)(1-\eta) > 0$，必有 $N > 0$；而对于 V，分别有 $\varepsilon > 1-\varepsilon$，$f'[\varepsilon+\eta(1-\varepsilon)] > f'(1-\varepsilon+\eta\varepsilon)$，故也有 $V > 0$，则 $g'(\varepsilon) = N + V > 0$。反之当 $\varepsilon < 1/2$ 时，显然有 $g'(\varepsilon) < 0$。当 $\varepsilon = 1/2$ 时，$g'(\varepsilon) = 0$。这便说明了 $g(\varepsilon)$ 关于 $\varepsilon = 1/2$ 对称。同时，易得 $g(0) = g(1) = 1$。另外，还可容易证明，当 $\varepsilon \in (0, 1)$，$g''(\varepsilon) > 0$，证毕。

这一命题具有十分明确的经济学含义，也是本模型的核心结论。它表明，当知识不完全扩散的时候，若将创新研发部门主要集聚于某个地区（$\varepsilon > 1/2$，且越大越好），那么全局经济制造业升级的速度将不断提高，并且其升级的增速也会越来越高；反过来，当创新研发部门完全分散时（$\varepsilon = 1/2$），全局经济制造业升级的速度将降到最低。因为 f 函数形式不失一般性，这一结论具有普遍的意义。

命题2：给定 ε，如果 η 提高，则有 $g(\varepsilon, \eta)$ 上升。当 $\eta = 1$ 时，无论 ε 取何值，$g(\varepsilon, \eta) \equiv 1$。

证明：进一步将 g 视为生产性服务业集聚状态 ε 和区域间知识外溢程度 η 的函数，有：

$$g(\varepsilon, \eta) = \varepsilon f[\varepsilon + \eta(1-\varepsilon)] + (1-\varepsilon)f(1-\varepsilon+\eta\varepsilon)，\text{所以}$$

$$\frac{\partial g}{\partial \eta} = \varepsilon(1-\varepsilon)f' + \varepsilon(1-\varepsilon)f' = 2\varepsilon(1-\varepsilon)f' \qquad (3-24)$$

因为 $0 \leqslant \varepsilon < 1$，同时 $f' > 0$，因此有：$\frac{\partial g}{\partial \eta} \geqslant 0$。

其中，当 $0 < \varepsilon < 1$，$\frac{\partial g}{\partial \eta} > 0$，$\eta$ 提高导致 $g(\varepsilon, \eta)$ 上升；当 $\varepsilon = 0$ 或 1 时，$\frac{\partial g}{\partial \eta} = 0$，$g(\varepsilon, \eta) \equiv 1$，其值与 ε 无关，证毕。

根据上述，图 3-1 表示随着知识在地区间外溢强度 η 的提高，$g(\varepsilon, \eta)$ 曲线不断上移，且同时变得更为平缓；直至当知识完全在不同区域流动和充分共享时（$\eta = 1$），$g(\varepsilon, \eta)$ 曲线演化为一条水平直线，整体经济中现代制造业部门升级速度保持在 1 不变。这一结论的经济学含义是：在生产性服务业集聚程度（ε）保持不变的条件下，设法提升区域间知识外溢强度，可以获得整体经济中现代产业体系的更高升级速度。这与直觉相吻合，集聚创新成果传播的能力越强，整体经济受益越大；否则，距离衰减效应的存在延缓了全局经济的增长。要加强区域知识溢出的速度和强度，也需要大量的生产性服务业集聚在一起，降低企业间的运输距离，促进知识和技术，尤其是隐性知识在集聚区内外快速传播。总之，生产性服务业空间集聚、外部经济与产业转型升级在此处共同依存，相互作用。

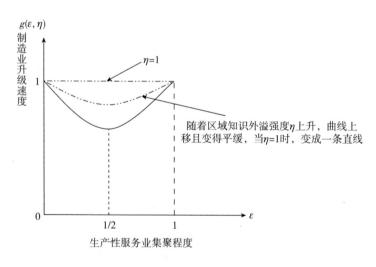

图 3-1　生产性服务业集聚、知识外溢与制造业升级关系曲线

本模型的分析结果有着相应的政策含义，在集聚经济圈及其城市群和区域中

心城市日益显著构成一国参与国际竞争的空间载体的新背景下[①]，"有为"政府应积极推动生产性服务业部门在集聚经济圈及其圈内中心城市集聚，并形成合理分布格局；同时致力于破除服务人才流动的各种政策壁垒，吸引、培育和留住人力资本和创意阶层，构建促进知识传播外溢的制度安排和政府政策，以形成对整体制造业转型升级的重要保障。

（4）对模型的总结。

上述经典模型是最早阐释生产性服务业集聚推动现代制造业部门转型升级内在机制的经济理论之一，也是新经济地理学与现代增长理论交叉融合的崭新成果。其结论主要是：首先，由于存在消费者多样性需求和规模经济效应，制造业厂商使用生产性服务业提供的中间产品投入生产最终产品时，能够获得市场势力，实行最优垄断定价。事实上，形成类似于垄断竞争或寡头垄断的市场结构，也是产业结构高级化的重要表现之一[②]。其次，更为重要的是，在均衡增长路径上，生产性服务业集聚、制造业转型升级与区域间知识外溢之间呈现 U 形曲线关系，即当区域间知识外溢强度不变时，提高生产性服务业集聚水平，可以推动制造业加快升级；而提升区域间知识外溢强度，可以在任意生产性服务业集聚水平下，全面提高制造业转型升级的速度。

三、生产性服务业集聚影响制造业转型升级的内在机理

1. 研究进路：一个基于集群式价值链网络演变的新分析框架

上述具有开拓意义的理论模型为生产性服务业集聚与制造业转型升级关系的研究提供了十分有益的进路和启示，但仍存在一定的不足。主流微观经济数理模型精致的结构设计和严格的假设条件会让我们直观、简明地了解均衡状态，但往往并不能完全打开理论的"黑箱"，即不能完全讲清经济现象发生的内在原因、主要片段和朝向均衡的有效过程。市场价格理论应该也完全可以用非常不同的思路来理解，它应该能帮助我们理解市场的个体参与者怎样决策，从而产生市场压力迫使价格、产出变化，以及生产方法和资源配置的变化[③]。正如前面的模型结果所示，其结论更多展现出的是一种"静止"的状态，而对于集聚的生产性服务企业通过怎样的微观互动机制产生对制造业转型升级的外溢效应相对缺乏明确的阐释。

---

① 胡晨光，程惠芳，俞斌．"有为政府"与集聚经济圈的演进——一个基于长三角集聚经济圈的分析框架 [J]．管理世界，2011（2）：61-69，80.

② 孙波波，张志鹏．第三次工业化：铸造跨越"中等收入陷阱"的国家价值链 [J]．南京大学学报（哲学·人文科学·社会科学），2011（5）：15-26，158.

③ ［美］伊斯雷尔·柯兹纳．竞争与企业家精神 [M]．刘业进译．杭州：浙江大学出版社，2013：3-5.

究其原因，较长时期以来产业集聚和产业集群的研究多是单纯地探究集聚或集群整体的效率，及其相较于企业内部经济的外部经济性，而很少研究集聚企业的个体行为及它们相互的关系。随着近年来对集聚和集群现象的研究逐渐从经济学角度演进至管理学角度，更强调关注在空间上集聚的具有紧密产业关联的企业和支撑机构如何形成良性互动，从而构建持续、强劲集群竞争优势的机理、路径和对策，这无疑要进入战略管理的研究领域。更清楚地说，战略管理视角下的产业集聚理论建立在跨组织合作与企业间关系基础之上[1]，而这正是价值链（供应链）管理理论的思想。在这个意义上，产业集聚与价值链及更复杂的价值网络形成和变迁密不可分，甚至实质性地合二为一，于是产业集聚报酬递增效益与产业集群竞争优势提升两者就极有可能得到有机连接。循此核心思路，笔者在受到前述经典模型启发的基础上，结合产业集聚理论、产业转型升级理论和产业价值链理论，力图构建一个统一分析框架，以微观经济主体竞合互动行为为导向，进一步探讨和阐释生产性服务业集聚对制造业转型升级的作用过程和内在机理。

随着社会分工深化及制造业内部服务职能重要性、复杂性、多样性的发展变化，生产性服务业逐步从制造业内部职能中分离并发展起来。这些独立的中间服务部门及其产出构成了制造业部门的关键外部资源，拓展或优化了制造业"企业家"所能注意并可利用的生产可能性即生产性机会[2]。换句话说，生产性服务业日益成为制造业价值创造的内核和发动机。这两者作为二三产业联动的代表性部门，组成了产业整体发展的联合体，共同为产业优化升级创造价值。而在经济增长与空间结构和地理因素密不可分、相互融合的背景下，上述生产性服务业与制造业组成的联合体在特定区域生发、嬗变，为理解二三产业动态演变（空间集聚、转型升级）的内在机制及表现过程架构了新的桥梁。本书将这一关键而重要的产业联合体称为集群式价值链网络。

集群式价值链网络是特定地理空间因素与产业的生产及服务要素、资源有机结合，由制造业、生产性服务业等企业主体依托产业关联，进而在集聚过程中形成以竞争合作关系为基础的网络组织。这种基于专业化分工、由集聚在一定区域的企业所构成、显现产业链上不同功能节点关联状态的价值网络，是一种介于企业和市场之间的中间性产业网络组织，企业间关系是建立在合作基础上的竞争，是竞争中的合作，其中合作是集群发展的基础[3]。在经济现实中，生产性服务业

① 王岚. 集群式供应链网络下集群特点、服务集成与供应链绩效 [J]. 中国流通经济，2013（9）：48－54.

② [英] 伊迪丝·彭罗斯. 企业成长理论 [M]. 赵晓译. 上海：上海人民出版社，2007：36－37.

③ 黎继子，蔡根女. 价值链/供应链视角下的集群研究新进展 [J]. 外国经济与管理，2004（7）：8－11，44.

既可以围绕与制造业的紧密联系而集聚于本地制造业园区或区域产业集群周围，形成本地集群式价值链网络；也可以集聚于城市商业区或居住区的中心有利位置，从而在一个更广阔的空间范围内协调制造业的价值创造活动，形成广域乃至虚拟的集群式价值链网络。此外，这种中间组织不仅体现出单向、序贯的纵向价值创造关系，还日益表现出由规则设计商、系统集成商控制的横向价值治理关系。

进而，迈克尔·波特（2002）对制造企业内部价值链活动的划分，为我们把握生产性服务业的代表性类别及其空间集聚对制造业外溢效应的异质性提出了有益的分析视角，值得重点参考。一般来说，有利于制造企业强化客户价值的一系列价值链竞争活动可以大致划分为两类：一类是基本性活动，包括生产制造、运输、营销和售后服务等；另一类是支持性活动，包括研究发展、人力资源管理、采购及财务企划等基础建设①。与上述价值链环节外部化相对应，则形成了两种典型类别的生产性服务业：一类是商贸流通业，即媒介制造业商品传递、转移和交换的服务部门；另一类是知识密集型服务业，即为制造业生产和输送知识的服务部门。在空间集聚范式下，商贸流通业、知识密集型服务业分别与制造业在相应地域范围内构建了不同类型的集群式价值链网络。由于生产性服务业在内涵上就是价值网链活动的重要参与者，甚至已发展成为核心服务主体。于是，在虚实结合、虚实互动的环境下，依托集聚区商贸流通业或知识密集型服务业企业之间的竞争与合作，将持续带动集群式价值链网络竞合、重构，并通过一定的传导机制对制造业转型升级产生影响（见表3-2）。于是，基于集群式价值链网络演变的新视角，成为本书研究生产性服务业集聚与制造业转型升级关系的中心枢纽。以下内容将阐发一个诠释集群式价值链网络中企业联系互动的统一分析框架，探寻代表性类别生产性服务业集聚影响制造业转型升级的内在机理，并利用我国西部和东部城市面板数据进行空间计量分析和比较研究，揭示西部地区生产性服务业集聚对制造业转型升级影响效应的整体现状和短板问题，并提出相应的政策启示。

表3-2　生产性服务业集聚、集群式价值链网络竞合与外溢效应

项目	网络竞合路径Ⅰ：价值链竞争	网络竞合路径Ⅱ：价值链合作	网络竞合路径Ⅲ：价值网络竞争	网络竞合路径Ⅳ：价值网络合作
竞合主体	相同行业、不同业态或相同业态、不同企业竞争	不同行业或相同行业、不同业态或相同业态、不同企业合作	不同行业或相同行业、不同业态的企业竞争	不同行业或相同行业、不同业态的企业合作，参与更高层次的竞争

---

① ［美］迈克尔·波特．国家竞争优势［M］．李明轩等译．北京：华夏出版社，2002：39.

项目	网络竞合路径 I：价值链竞争	网络竞合路径 II：价值链合作	网络竞合路径 III：价值网络竞争	网络竞合路径 IV：价值网络合作
竞合区位	生产集散地或消费地	生产集散地或消费地	生产集散地或消费地	生产集散地或消费地
促进制造业转型升级的跨组织网络资源互动路径	价值链内服务业、制造业的合作和信任	价值链间服务业、制造业的合作和信任	价值网络重构中服务业、制造业新的合作和信任	跨界协作的价值网络重构中服务业、制造业新的合作和信任

2. 商贸流通业集聚影响制造业转型升级的机理

作为经济转型发展中重要性日趋凸显的生产性服务部门，商贸流通业在近年来呈现出向城市及其内部核心区、产业园区或产业带集聚的新特征，城市中央商贸区、物流业园区、大型专业市场等商贸流通业空间集中的组织形式不断涌现。这一趋势反映出基于空间布局演变的制造业、服务业分工的持续深化，从根本上有利于制造业价值链迁回延伸，提升专业化水平，实现产业转型升级。独立的商贸流通业是在传统制造业价值链部分基本性活动分离和外包后形成的，如商务贸易、批发零售、物流、会展、维修维护服务等，它们转而以关系型嵌入的方式从外部为制造业提供服务[①]。具体讲，商贸流通业通过媒介原材料、中间产品和最终商品的空间转移，主导构建了供应网链活动[②]。那么，商贸流通业集聚所形成的不同行业、不同业态、不同企业在一定地域范围内的群体组合，实质就是与制造业在相应空间层面形成了集群式供应链网络。

在传统价值链分析范式中，制造企业的价值创造居于主导地位，而运营商品流动的中介主体即商贸流通服务商则被认为仅承担了附属性、辅助性的工作，所创造的价值十分有限，居于次要地位。随着近年来跨组织网络资源互动（Resource Interaction in Inter – organizational Networks）理论的兴起，价值创造的方式得到重新审视。该理论认为，资源不仅存在于企业内部，也存在于外部网络；具有竞争精神的企业家不仅需要利用内部资源，更要善于利用外部资源，才能创造新的生产性机会，即提供新的产品和服务[③]。进而，跨组织网络资源互动就是发生在组织或企业间资源整合、再整合及共生发展的过程。在这一过程中，资源并

① 刘明宇，芮明杰，姚凯. 生产性服务价值链嵌入与制造业升级的协同演进关系研究 [J]. 中国工业经济, 2010 (8)：66 – 75.

② 刘明宇，芮明杰. 价值网络重构、分工演进与产业结构优化 [J]. 中国工业经济, 2012 (5)：148 – 160.

③ [英] 伊迪丝·彭罗斯. 企业成长理论 [M]. 赵晓译. 上海：上海人民出版社, 2007：36 – 37.

没有预先设定的价值和地位，而是需要在嵌入其他资源的过程中才能产生应有的作用和特质①。由此，在完整的价值链中，商贸流通企业并非简单地从属主体，制造企业只有通过与商贸流通企业的资源整合，方可共同为消费者创造价值。随着现代产业发展动力逐渐从生产者驱动转向采购者驱动，商贸流通业作为后端联结制造业、前端联结产品和服务的最终用户即消费者的产业部门，充分利用面向前后端的双重信息和服务优势，适应市场需求的不断变化，运用中介技术，构造了组织、推动和实现客户产品和服务交易的价值网络，愈加表现出在供应链活动中的价值创造主导作用。

由于商贸流通业已显著表现出驱动产业价值链演进的重要作用，则商贸流通业集聚区便成为集群供应链网络的"服务核"。于是，集聚区内商贸流通企业为获取规模报酬递增效应而发生的竞争与合作②，正反映出不同供应链或供应网络之间的竞争与合作。这种竞合性质的转换，为商贸流通企业突破自身集聚收益边界并产生"额外"的溢出效应，实现与制造企业的利益共享，进而推动制造业转型升级提供了基点：一方面，为在激烈的网链竞争中胜出，同一供应链或供应网络中的商贸流通服务商与制造商协同行动，突破产销间的组织边界来整合资源，在满足市场变化和顾客需求的基础上，创新制造业的价值生成模式；另一方面，为共同应对区域及全局产业发展的机会与风险，不同供应链或供应网络中的商贸流通服务商与制造商相互间采取合作行动，共同获取新的产业竞争优势。换言之，商贸流通业集聚生发的竞争与合作将不断引导集群式供应链网络重构，从而降低制造业部门原料和产品的空间转移和交接成本，本书称之为制造业贸易成本，以降低制造业贸易成本为纽带，使制造业获得了成本剩余，发掘和利用新的生产性机会，促进制造业转型升级。

（1）供应链竞争与合作效应。

①竞争的影响。在全球化、区域化市场竞争环境下，每个企业的竞争优势已无法独自从自身获得，而必须紧密联系行业内外的协作企业，建立起资源互用、优势互补的供应链，重新嵌入竞争性的市场环境。供应链通过及时发现和获取最终市场需求信息，降低单位运输成本，提供高效的分销和配送服务，实现成员整体的竞争优势。可以说，当前竞争的基本战略单元已不再是企业，而是供应链；供应链的竞争已取代单个企业的竞争，更深刻地体现出竞争的内在逻辑。为应对新型供应链竞争结构，每个链条中的制造商与商贸服务商必然强化相互依赖和信

①　Baraldi E. , Gressetvold E. , Harrison D. Resource interaction in inter – organizational networks：Foundations, comparison, and a research agenda［J］. Journal of Business Research, 2012（65）：266 – 276.

②　陈建军，陈国亮，黄洁. 新经济地理学视角下的生产性服务业集聚及其影响因素研究——来自中国 222 个城市的经验证据［J］. 管理世界，2009（4）：83 – 95.

任，合作成为链内企业的基本关系。在商贸流通业集聚区，为最大程度地在靠近制造商和消费者的有利区位争夺更大市场，以商户和渠道竞争为外在表现形式的供应链竞争更趋显性化、激烈化，促使商贸流通企业纷纷与所在供应链上的制造企业增强协同合作和信息分享，不断优化制造业产品和服务结构，创新制造业商业模式。

首先，围绕区域性制造业集群集聚的商贸流通业，为持续地向本地制造企业提供增加商业便利的交易通道而激烈竞争，其强烈的竞争压力推动商贸流通服务商向制造商提供来自国内乃至全球的产品制造销售信息及配送服务，并相应动态地对制造商及其产品进行考核和更换，倒逼、激励和帮助制造业加强创新，朝转型升级的目标迈进。浙江义乌专业市场就是一个与产业集群共演互动，以供应链为内核的商贸流通服务集群。经过多年发展，它已形成以义东北和义西南区域20多个本地特色显著的小商品制造业集群为依托，以市场群、市场和专业街为空间层级结构，集中贸易、物流、会展等行业的商贸流通业集聚区。区内市场商户为获取所售产品差异化优势而展开的激烈竞争演变成供应链之间的竞争：占用交易通道的小商品制造商分享来自商户的经贸信息和销售服务，主动接受商户的纵向约束，为避免被淘汰出市场和持续获得低成本销售渠道便利，不断进行品种创新和产品技术升级，保持着较高的产品更新率①。

其次，集聚于大中型城市中央商贸区、核心商住区的商贸流通业，因掌握和控制了接近消费者的市场信息和销售渠道，且在空间上汇聚了众多需求各异的消费者，更显著地成为供应链发展的核心企业以至驱动力量，为展开终端消费渠道竞争并产生外溢效应打下基础。这方面的典型代表是大型零售商，它具有较大规模，并拥有较强议价和纵向控制能力，主要业态是大型连锁超市或百货商店，通常集聚于城市商业居住区域的有利位置而低价连锁扩张②。更重要的是，在顾客价值诉求从内容、过程到预期都不断发生嬗变的背景下，大型零售商之间、大型零售商与其他零售业态之间为捕捉和满足消费者的基本需求和时尚变化展开有力竞争，在此过程中，大型零售商通过深化与供应链中不同空间范围内制造商的密切合作，不断探索制造业升级新模式。

五谷磨房食品公司成立于2006年，是国内一家主营现磨养生食品研发和生产的企业，它将收获的原料进行初步加工后直接进入销售渠道。当前，消费者不仅日益崇尚膳食养生产品的天然绿色口味，而且更为注重购买和消费服务环节的

① 刘奕，夏杰长. 以功能性服务集群策动制造业集群升级的实现路径与政策建议［J］. 宏观经济研究，2010（3）：33－37，47.

② 徐从才，盛朝迅. 大型零售商主导产业链：中国产业转型升级新方向［J］. 财贸经济，2012（1）：71－77.

参与体验。位于城市中心和人流密集地段的大型超市敏锐把握市场趋势，充分利用自身优势，在品牌渠道竞争中纷纷抓住这一有利商机，与五谷磨房展开商超联营。具体地说，大型超市为该公司长期、定点开设品牌专柜，摆脱将商品直接上架销售的常规做法，而由五谷磨房在专柜直接面对消费者现磨现卖，销售额则由零供双方分成。于是，对处于传统食品行业的制造商而言，获得了新的生产性机会，取得了价值创造模式的创新：一是直接享受到了大型超市的品牌优势、与独立商铺相比更低的租金成本以及有保障的销售量；二是现场制作产品的增值服务拉近了与消费者的距离，还能根据不同消费者的需求制定并调整科学的原料配置；三是向消费者展现所有的原材料和完整的养生食品加工过程，极大提升了消费者对产品的信任度。进而，上述商业模式的创新有力推动了制造商产品服务升级和企业成长。全国 200 多个城市中的沃尔玛（包括山姆会员店）、家乐福、大润发、南城百货等大型超市已与五谷磨房建立了 1400 多个联营专柜，该公司2012 年营业额超越 5 亿元①。

②合作的影响。由商贸流通业集聚引领构成的集群式供应链网络，不仅表现出各条供应链平行单向流动、链内各企业协作的特征，还蕴含着跨链协作的充分需求，以增进网络价值链的集体效率，共同应对区域产业发展的机遇和挑战。要实现供应链的有效合作，必须建立起链条间的充分信任和互动平台。这便要求作为集群式供应链网络"服务核"的商贸流通业有机联系、密切合作，进而提升网络价值链的系统集成能力。贸易、物流、会展等主要商贸流通业都具有降低转移成本、减少交易费用、简化交易流程、提高交换效率的重要功能，因而存在着行业内或跨行业合作的逻辑基础。这样一来，区域集聚的商贸流通业合作将为带动供应链协作和服务集成创新，切实推动制造业向新型发展模式转变创造有利条件。

广西是我国甘蔗种植和产糖的重要省区，制糖产业是其区域性支柱产业之一。甘蔗糖蜜则是甘蔗制糖中产生的副产品，但却并非是单纯的废弃物；相反，在努力建设生态文明的背景下，它是可循环利用的资源，原因在于，糖蜜能再次投入化工行业的化肥、酒精生产过程，是构建循环产业链条的重要中间产品。长期以来，广西集中着众多糖蜜制造商、贸易商及物流仓储系统，形成了集群式供应链，糖蜜总体上也保持着比较稳定的供求关系。然而，由于缺乏协调合作的机制安排，区域糖蜜供应链却未能形成有机联系和跨链协作，呈现"散、杂、松"的特征：即缺乏公开的市场信息、缺乏公平的市场价格、缺乏便利的交易组织，经常发生卖家找不到买家、买家找不到卖家的情况，可循环利用的资源产品流通

---

① 王阳，刘美楠，陈福. 五谷磨房：布局上游　掌控下游 [J]. 新财富，2013（2）：89 - 90.

不畅[①]。改善上述状况的关键之处，在于发挥供应链系统集成商的重要作用。南宁（中国—东盟）商品交易所在糖蜜区域供应链合作中承担了组织协调与服务集成的功能。该交易所是由广西南宁市政府组建并于 2007 年开业的大宗商品现货电子交易市场。它有效整合以南宁为中心的有关糖蜜供销的服务资源，推出基于循环利用资源的废弃物交易品种，发掘并稳固糖蜜供应链的相互依赖关系，对推动区域内制糖、化工等具有投入产出关联的产业绿色转型进行了有益探索。在实践当中，该交易所先后于 2009 年、2013 年推出甘蔗糖蜜中远期交易品种、现货购销交易品种，促进了糖蜜供应链的密切协作：首先，广邀交易商参与，并以标准化合约和制度性交易程序规范了商品买卖，从而实现了糖蜜商贸、电子交易、物流仓储等集群服务业的协同合作；其次，借助有组织的交易场所和交易活动，提供了更为稳定、便利的糖蜜交易机会以及公开公平的交易价格；最后，不定期地组织糖蜜专场交易会，组织糖蜜客户学习市场交易规程并开展互动交流，进一步增进了供应链之间的互信与合作[②]。可以说，上述商贸流通服务集成模式的创新推进了区域性糖蜜供应网络的形成和良好运转，进而通过优化商品交易渠道和统一定价体系，引导和帮助制糖和化工企业变"废"为"宝"，以更低的贸易成本循环使用资源，促进区域制造业绿色转型。

（2）供应网络竞争与合作效应。

①竞争的影响。随着知识积累和新兴信息技术的快速发展，价值创造的主导要素已逐渐转为知识和信息，推动供应链向供应网络演变。具体而言，组成供应网络的众多供应链不仅保留着各自单向、序贯的价值运动特征，更为重要的是，它们在系统集成商的协同下形成网络相互依赖关系，进而构建分工深化、相互支撑、互惠共享的层级价值创造和整合活动：商贸流通龙头企业以规则设计商或系统集成商身份，作为高位层级主体掌控核心知识和关键信息，或运用先进信息技术提供综合服务解决方案，或设计运行规则，或提供交易平台，实现对全网络的协同管理，典型的商贸流通类规则设计商或系统集成商有大型零售商、大型电商、大型专业市场、第四方物流商等；其他商贸流通和制造企业则作为供应网络节点，在更低层级结构上有序运行，它们负责供应商品，并使用相关基础设施（交通设施、仓储、运输设备等）完成商品转移配送，这方面典型的商贸流通企业有中小型批发零售商、第三方物流商等。供应网络的出现，进一步拓展了集群式供应链网络的竞合范围，使得不同行业乃至相同行业、不同业态的商贸流通企业集聚不仅生发出供应链之间的竞争，还生发出供应网络之间的竞争。从而，在竞争环境下推动相关供应网络重构，降低网络贸易成本，那么，制造业也就有可

①　谭卓雯. 买卖神速，全托了交易所的福［N］. 广西日报，2010 - 12 - 21.
②　http://www.chinancce.com/NCCE/news/2013 - 11 - 22/9275/html.

能在这一进程中获得转型升级的机会。

比如大型零售商与大型电商在"虚实"集聚中所主导的供应网络竞争。大型零售商通过连锁经营，形成在城市的空间集聚，依靠实体零售终端将商品卖给消费者，并以产业价值链主导者的身份协调整合众多供应链，形成传统零售供应网络。然而，它正受到以大型电商为主导的新兴供应网络的强烈挑战。电商建立在信息技术融合基础上，使其中的产品供应商能利用互联网平台直接向消费者售卖商品。更关键的是，电商虽不像传统零售商那样开设实体零售终端，但却通过自建或外包物流配送系统的方式实现渠道下沉，在不同城市形成虚拟商贸集群，直接与传统零售商争夺市场份额。例如，国内规模最大的自营式电商京东商城就自建了大型物流配送资源，包括：分布于全国 13 个城市的物流配送中心、投递中心，34 个城市的 82 个仓库，遍布 460 个城市的 1453 个配送点，以及约 1.8 万投递人员①。目前，零售类电商所覆盖的商品和供应链越来越广泛，成为泛在的"虚拟商圈"②，价格低廉，交货便捷。这使传统零售商遭遇到了前所未有的冲击，市场份额不断被稀释，规模、业绩及其增速被电商超越，供应商和顾客分流转移。

大型零售商与大型电商作为各自供应网络的规则设计商或系统集成商，都拥有整个网络终端市场的渠道资源、平台资源和客户资源，并集成整个网络的终端产品或服务参与外部市场。前者的优势在于线下的实体销售网络满足了消费者对品牌认知、产品质量和实物体验的需求，从而以之为基点将上游制造商、批发商、供应商组织起来形成一类供应网络；后者的优势则在于线上的虚拟销售网络满足了消费者获取信息、便捷交易的需求，从而以之为基点将上游制造商、批发商、供应商组织起来形成另一类供应网络。在供应网络竞争中，规则设计商或系统集成商必须敏锐地探寻、发掘和利用供应链之间的相互依赖关系，以创造相较于其他网络的差异化竞争优势。更确切地说，商贸流通类规则设计商或系统集成商集聚竞争的结果，归根结底也取决于其主导的供应网络能否以更低的贸易成本助推其中的供应链实现价值。供应网络的贸易成本越低，供应链之间的相互依赖关系越稳固，供应网络愈加扩张和显现竞争优势，反之则相反。近年来大型电商对传统零售商的快速赶超，正体现出新兴供应网络阶段性的低成本优势。

竞争总是动态进行的，处于不利形势的供应网络将在规则设计商或系统集成商协同整合下重构，内核仍是在构建新的自主型价值网络中寻求贸易成本比较优势，进而拓展制造业升级新空间。例如，面对电商的挑战，当前部分大型传统零售商（如苏宁云商、国美电器、沃尔玛等）把握消费者需要更全面购物体验的

① 苏龙飞. 京东 + 腾讯 =？刘强东的合纵连横底牌［J］. 新财富，2014（3）：36 - 47.
② 唐红涛，张俊英. 虚拟商圈集聚：机理和效应分析［J］. 中国流通经济，2014（2）：83 - 87.

时代发展趋势，正在通过转型O2O（Online to Offline，线上到线下）主导供应网络重构。O2O整合实体零售和虚拟零售各自的独特资源，打造虚实融合的零售业集聚竞争升级版。它在充分利用传统零售商的实体网点优势基础上，布局和开拓线上销售平台（如苏宁云商开设苏宁易购、国美电器控股库巴网、沃尔玛收购一号店），追求双线联动乃至双线同价，将线上的消费者引导到线下实体店。用互联网技术再造实体连锁，使过去单一销售导向的实体店，向销售、展示、体验、服务综合功能的"云店"升级。不但发挥互联网作为产品展示、信息发布、数据积累挖掘、支付交易平台的功能，还让消费者享受线下更好的消费体验和贴身服务①。于是，传统零售网络将围绕线上和线下融合的价值创造新导向，以全方位满足消费者对信息接入、产品种类、商品质量、配送效率和维修维护需求为目标，形成新的网络层级运行结构和供应链相互依赖关系，挖掘潜在的竞争优势。零供之间不再是谈判对手的关系，而是要共同去了解和把握用户的需求，运营市场，服务用户。

在这种供应网络重构中，至少从两个方面透视出推动制造业转型升级的明确含义。首先，实体终端渠道是否强势或商品价格是否低廉将不再是制造商体现竞争优势、实现产品价值的简单决定因素；相反，线上线下资源有效互补及价格趋同，将进一步降低制造商贸易成本，并促使其将更主要的精力放在快速满足市场需求变化、改进产品功能质量和提升品牌价值上。其次，线上线下的良性互动将互联网挖掘消费者偏好信息的大数据，和实体店对上述信息的检验印证有机结合起来②，有利于更精准地捕捉、预测和定位消费者的真实需求，从而帮助制造商实现个性化商品定制和推送，增加客户黏性，优化供应流程，提升运营效率。例如，从2015年开始，苏宁云商开始实施极效协同的供应链战略，与美的、海尔等国内知名制造商战略合作。苏宁通过对制造商实现数据资源的全面开放，以需求和趋势驱动双方联合营销、精准引流、产品反向定制等合作。美的超过50%的新产品将在拥有线上线下多渠道优势的苏宁首发，美的、海尔还派出线上项目团队入驻苏宁总部联合办公③。

②合作的影响。随着虚拟经济与实体经济融合程度加深，厂商组织跨越边界

---

① 张育群. 苏宁"云图"[N]. 南方周末, 2013-02-28.

② 以苏宁云商为例，利用大数据打造企业的核心竞争力。在门店端，苏宁在实体店开始布局相关设备进行数据的采集和分析，一是分析门店客流，二是对于用户身份的识别及定位。根据对线下门店用户行为轨迹的跟踪和定位技术，实际上是可以站在消费者角度看到线下门店的出样和整个陈列，哪个展区会比较有价值、流量比较大，哪些商品可能对于门店的客流吸引程度非常高。徐军，何丹. 从+互联网到互联网+：苏宁为什么会赢[M]. 杭州：浙江大学出版社，2015：212-213。

③ 徐军，何丹. 从+互联网到互联网+：苏宁为什么会赢[M]. 杭州：浙江大学出版社，2015：171-173.

成为可能。于是，不同类别的商贸流通类规则设计商或系统集成商不仅要自身实现实体经营与虚拟经营的融合，还可以在更大范围内构建合作型价值网络，进而在更高的价值网络层面竞争中实现网络结构升级，获取更大的垄断租金。例如，2015 年 8 月，阿里巴巴与苏宁云商达成战略合作协议：阿里巴巴以 283 亿元成为苏宁第二大股东，持股 19.9%，苏宁以 140 亿元持股阿里 1.09% 的股份。从两家自身需求而言，阿里在补自营电商的短板，苏宁在补互联网能力短板。从更深远意义看，此番阿里和苏宁的结盟，更是为了与另一家电商和传统零售融合的网络京东商城展开竞争①。可以预见，商贸流通业的跨界协作不仅使其竞合关系变得更为模糊，有竞争还有合作，而且将价值网络中更多的产业边界变得模糊，不同领域、行业和文化形态发生撞击产生新事物，无疑将引领制造业持续创新升级。

综上所述，商贸流通业集聚所导致的竞争与合作引发集群式供应链网络不断重构，优化物质产品的转移和配送过程，降低制造业贸易成本，拓展制造业生产性机会集合的边界，拉动制造业转型升级。反过来，制造业转型升级也对商贸流通业集聚竞合模式多样化创新提出了更高要求，需要不断强化其集聚的规模报酬递增效应，进一步支撑制造业转型升级。

3. 知识密集型服务业集聚影响制造业转型升级的机理

随着价值创造要素从物质、资本等有形要素显著延伸到了知识、信息等无形要素，社会生产的细化分工及价值整合均上升到了知识层面②。融入和构建以知识为主导的价值网络分工日益成为当今制造业价值创造和整合的重要途径。其突出表现就是知识工作商品化，即通过将知识型服务参数和内容标准化、模块化，以及与特定产业或产品用途相分离，制造业可将内部价值链的支持性活动如产品设计、技术开发、财务企划、运营管理等分离外包，从而衍生出了研发服务、软件开发、工程服务、管理咨询、金融财富等独立的知识密集型服务业。知识密集型服务业聚焦于过程创新及通用目的的知识与技术的生产，并结构性嵌入制造业价值链中③，提供高智力和高附加值的中间产品或服务。

知识密集型服务业表现出更加多样化的地理集中特征，它既可与制造业邻近形成协同式集聚，也可很显著地在集聚经济圈的大都市及其中央商务区独立集聚。因为知识型服务企业的发展十分需要与同行和相关行业之间的交流和知识共

① 谢鹏. 苏宁向阿里巴巴开门 [N]. 南方周末，2015－08－13.

② 王树祥，张明玉，郭琦. 价值网络演变与企业网络结构升级 [J]. 中国工业经济，2014 (3)：93－106.

③ 刘明宇，芮明杰，姚凯. 生产性服务价值链嵌入与制造业升级的协同演进关系研究 [J]. 中国工业经济，2010 (8)：66－75.

享，需要更为便捷有效和低成本的信息传输，这要求多样化经济作为支撑。大型城市以良好的经济和社会性基础设施、多样化的产业配套、完善的公共服务、融洽的社会氛围吸引了这类服务业空间集聚。

知识密集型服务业集聚展现出典型的技术外部性，即一种基于技术交流和知识扩散的产业关联。它不仅发生在服务业内部，还发生在其与制造业之间，对制造业转型升级产生了有力的助推作用。这种知识溢出的渠道有：一是面对面交流。独立的知识密集型服务业，相比内化在制造业部门内类似的职能有更高的专业化水平，可以通过集聚加快服务技术和产品创新，生产了大量知识：包括可编码知识、缄默知识或黏性知识。通过知识型服务业与制造业从业人员的面对面交流以至持续重复的接触，使知识尤其是后两种极具地方化色彩的知识能及时输入制造业中，转化为产品、技术升级或绿色转型的动力。二是熟练劳动力的行业间流动。熟练劳动力在一定程度上可视为知识的载体。知识型服务业集聚地提供了一个区域熟练劳动力的共享池，使得不同知识密集型服务业之间、知识密集型服务业和制造业之间的人员流动成为可能并频繁进行，起到知识传播和扩散加速器的作用①，使知识密集型服务业不断根据制造业的发展现状和趋势生发，并提供更有效的创新服务支持。三是通过信息网络传播。知识密集型服务业集聚地的知识信息不断汇聚、筛选、整合，借助优良的信息网络渠道向不同半径的制造业传输扩散，使其获得持续不断的市场、技术、行业新信息和增值服务，满足转型升级的需要。

正是在此背景下，知识密集型服务业集群不仅成为集聚高技能性、高创新性知识服务要素的空间组织形态，还可以协同本地及周边城市的制造业形成集群式知识型价值链网络。那么，为追求规模报酬递增效应，知识型服务企业在空间集聚的过程中将通过竞争与合作，加快和优化通用性过程知识的生产及扩散，持续引领集群式知识型价值链网络竞合与重构，从而帮助制造业企业改善资源配置效率，即提高人力资本水平、增进产品附加价值、改进管理流程、汇聚市场大数据信息等，本书将上述经济绩效概括称为制造业专业化水平提升。以此为联结点，制造商得以逐步蓄积知识、技术和信息等高端要素，发掘和利用新的生产性机会，实现转型升级。

（1）知识型价值链竞争与合作效应。

①竞争的影响。知识密集型服务企业通过提供支持性链条环节的服务重新嵌入制造业内部，从而共同形成了知识型价值链。在知识密集型服务业集聚区内，

---

① 例如，证券公司受益于原制造业部门人员加盟的知识溢出，更为加深对制造业的熟悉和了解，在此基础上，提供上市、并购、重组等金融增值服务促进制造业资源再配置和产业重组，成为制造业生产率增长的不可忽视的推动力。

相同或相近行业的企业之间竞争激烈，作为制造业客户的"智力核"，知识型服务企业唯有与传统制造商共同回应提升所在知识型价值链竞争优势的诉求，才能在集聚竞争中胜出，否则将会由于服务产品的高通用性、低专用性而面临被竞争对手替代、淘汰的威胁。因此，集聚范式下的知识型服务企业会特别注意围绕制造商技术、管理需求乃至商业模式的持续变化而逆向学习，在打造高效、优质、可信、守诺的服务外包关系基础上，提供规划、研发、咨询乃至标准制定等一揽子服务，为不断优化制造业产品和服务结构创造新的生产性机会。例如，与新兴的 IT 行业、3C 产业存在显著不同，传统制造业很难实现颠覆性创新。随着近年来生产要素成本特别是劳动力成本的加速飙升，我国珠三角经济圈的陶瓷、建材、家电等传统制造业通过降成本、精细化、个性化进入转型升级的进程。由此，这一区域的智能服务类企业大量涌现并形成集聚，为很多中小型制造企业提供了因地制宜的智能改造方案，推进了从生产过程的单个环节到全流程的智能化转型①。

②合作的影响。知识密集型服务企业通过集聚发生合作，能够带动不同的知识型价值链形成协作关系，将服务的散点联结成服务的线面，汇聚和创造高度异质性且满足小众市场客户需求和价值创造的知识，从而使制造业专业化水平提升的平台从流程和环节跃迁到整体和战略，大幅提升制造业资源配置效率。上述现象广泛存在于知识密集型服务业的城市化集聚和大都市集聚当中。由于大型城市尤其是区域性中心城市提供了灵活优质的劳动力市场、便捷的国内外资讯信息和高质量的基础设施，从而成为知识密集型服务业企业形成、衍生并扩展与客户间需求—供给关联及代理—咨询关联的最佳区域。于是，不仅促成了知识密集型服务业专业化发展和规模经济效益，更促成了知识密集型服务业多样化发展和范围经济效益，这就为知识型价值链相互合作并产生对制造业转型升级的外溢效应提供了前提条件。例如，在大型中心城市集聚的金融、会计、审计、律师、资产评估、管理咨询、经纪等服务行业，原先是各自为制造企业降低管理成本、追求企业价值最大化提供创新性服务；现今，它们还可以协同合作，有效整合生产性服务业价值链的资源，实现优势互补，不断为制造业培育和嵌入层级更高的知识型服务，如证券投行、审计、律师、资产评估等一起联手升级制造企业的资本运作模式，推动优化制造企业的资源配置。

（2）知识型价值网络竞争与合作效应。

①竞争的影响。当今在知识与物质生产要素交织发展的经济形态中，知识生产要素逐渐成为社会生产分工与协作过程中的结构主导，以知识密集型服务企业

①　李在磊，游晓丹，杨滢纬. 从制造到智造［N］. 南方周末，2017－08－24.

为典型代表的独立知识生产部门在价值链中的地位实质性地显著提升，从而推动知识型价值链向具有更大分工差异性的知识型价值网络演变。知识型价值网络中企业的网链结构表现为知识的网链结构。一个相对独立的价值网络实质就是一个相对完整的知识体系：规则设计商或平台企业一般掌握着体系化知识、共享知识和核心知识，系统集成商或链主企业一般掌握着价值链上的核心知识或关键知识，模块供应商或节点企业一般仅掌握专业领域的专业知识或局部领域的专门知识。一方面，企业在知识型价值网络中的知识层次越高，其在这一网络结构中的层级就越高、地位就越稳固；另一方面，整个价值网络将在企业个体知识创新和网络协同知识进步中得到全面提升①。

随着新经济、新业态、新模式的快速涌现，越来越多的知识密集型服务业以前瞻的意识、深刻的洞察、专业的服务，成为知识型价值网络的高位层级治理主体。举个例子，新兴制造企业的健康成长与其发展周期中持续、匹配的融资密不可分，从而使能为新兴制造企业提供特色融资的服务企业成为这一特定价值网络的规则设计商或系统集成商。那么，在知识密集型服务业空间集聚的条件下，为应对集群式知识型价值网络之间的竞争压力，特定价值网络内的各类层级主体企业将充分合作，整合模块知识，加速系统知识的创新和积累，从而在引发集群式知识型价值网络重构的过程中拓展制造业转型升级空间。

例如，集聚在高技术制造业园区的科技银行（或商业银行的科技支行）在激烈的同业竞争压力下，与风险投资公司、担保公司密切合作，在解决科技型制造企业未来成长性评估、无形资产抵押担保等"痛点"问题的基础上，创新开发适合新兴中小制造企业快速成长的知识产权质押融资产品②，以金融知识更新为突破口重构本网络的竞争优势，同时促进制造业向高新端升级。又如，互联网平台强化了在信息和沟通技术下商业模式的安排能力，可以用来强化已经设计出的商业逻辑，还可以帮助提升厂商或厂商战略联盟的决策水平③。于是，以集聚在经济圈中心城市的信息技术服务企业为主导，通过与金融机构创新合作模式，涌现了一批金融垂直搜索互联网平台。这些平台通过大数据和智能推荐技术，将复杂的、非标准化的金融产品信息集成并转化成可供搜索和比价的标准化信息，在推动区域及更广空间范围内不同投融资网络间良性竞争的同时，使大批金融机构及中小微制造企业得以缓解信息不对称，达成金融产品

① 王树祥，张明玉，郭琦. 价值网络演变与企业网络结构升级［J］. 中国工业经济，2014（3）：93 - 106.

② 罗琼. 如何给企业的未来定价"天使"银行来了［N］. 南方周末，2012 - 11 - 01.

③ 罗珉，李亮宇. 互联网时代的商业模式创新：价值创造视角［J］. 中国工业经济，2015（1）：95 - 107.

和客户的撮合匹配①，从而为更好地满足制造业转型升级的多样化需求提供了融资便利。

②合作的影响。知识密集型服务业集聚通过加速知识生产和积累，以及知识的空间外溢，推动了制造业转型升级。进一步地看，在一个较大的经济发展区域，比如由各种经济活动和产业集聚所形成的集聚经济圈内，知识密集型服务业和制造业若在中心城市和外围不同类型城市间形成错位发展、优势互补的空间分布格局，则可在构建不同层次的知识型价值网络的基础上加强网络之间的合作，从而优化配置区域产业发展资源，获取广域集聚经济，促进制造业效率的提高。

在一个典型的集聚经济圈中，不同类型城市（如区域中心城市、工业化较发达的城市、工业化欠发达的城市）的产业基础、要素投入特征和区位环境具有显著差异，这就为城市群产业分工交易并获取整体经济性创造了条件。国外学者所指的空间职能分工反映了这一广域范围内城市产业分工的新变化②。一方面，整机组装、智能制造等高端制造业和总部经济、金融财富、创意服务、基础研发等高端知识密集型服务业向大型中心城市集聚，形成高端集群式知识型价值网络；另一方面，零部件、原材料供应、劳动密集型制造等中低端制造业和工业设计、应用研发、电子商务、技术咨询等中低端知识密集型服务业向中小外围城市集聚，形成中低端集群式知识型价值网络。这种知识密集型服务业和制造业在区域内不同地方的交错集聚，其实质就在于集聚经济圈中的不同城市利用各自的比较优势生产相应的服务、产品和参与相应的企业职能环节，实现不同层次的集群式知识型价值网络协作，于是便有可能在城市间协调合作、优势互补的基础上实现二三产业的资源优化配置，进而提高制造业效率，促其转型升级。以我国长江三角洲经济圈汽车产业为例，尽管"十一五"期间该地区16个城市中有11个将汽车产业作为主导产业，但却通过城市间恰当的知识型汽车生产性服务部门和生产部门的空间分布，实现了高端生产要素和中低端生产要素之间在经济圈内的较好搭配（见表3-3），在充分发挥各地比较优势的基础上，优化了制造业的空间资源配置，提升了行业专业化水平，促进了区域汽车制造业的转型升级。

综上所述，知识密集型服务业集聚所导致的竞争与合作引发集群式知识型价值链网络不断重构，加速了通用性过程知识的生产、积累和扩散，以提高专业化水平为纽带增进制造业产品和服务的智力含量和附加价值，从而创造更多的生产性机会助力制造业转型升级。在此基础上，制造业转型升级又对知识型服务提出

---

①　王阳，刘美楠，古杨．融360：金融垂直搜索平台［J］．新财富，2014（4）：58-59.

②　Duranton G.，Puga D. From sectoral to functional urban specialisation［J］. Journal of Urban Economics，2005，57（2）：343-370.

了更高层次的多样化需求，需要进一步强化知识密集型服务业集聚的规模报酬递增效应，为制造业转型升级的动态、深入延续提供支持。

表3-3 我国长江三角洲经济圈汽车产业生产性服务和制造部门空间分布

城市 \ 职能	管理部门	研发部门	零部件生产	整车组装
上海（中心城市）	√	√	—	√
杭州（副中心城市）	√	√	—	—
南京（副中心城市）	—	√	—	√
苏州（工业发达城市）	—	—	√	—
无锡（工业发达城市）	—	—	√	√
宁波（工业发达城市）	—	—	√	√
台州	—	—	√	—
上海远郊汽车城	—	—	√	—
杭州外围工业园	—	—	√	—
仪征汽车园	—	—	√	√

资料来源：根据苏红键、赵坚（2011）整理。

4. 生产性服务业集聚影响制造业转型升级的机理总结

一方面，为制造业承担基本性活动服务的商贸流通业集聚通过企业的竞争与合作，推动集群式供应链网络竞合和重构，为制造业提供了基于商业便利的外部性，其关键是降低了制造业的贸易成本，也就是说使制造业取得了一种成本上的剩余，从而促进制造业转型升级。另一方面，为制造业承担支持性活动服务的知识密集型服务业集聚通过企业的竞争与合作，推动集群式知识型价值链网络竞合和重构，为制造业提供了基于知识加速创新的外部性，其关键是提高了制造业的专业化水平，也就是说使制造业取得了一种收益上的剩余，从而促进制造业转型升级。在此基础上，制造业转型升级反过来也将对生产性服务业提出更多的差异化需求，从而强化后者集聚的规模报酬递增效果，促进生产性服务业升级和集聚程度的加深，这又进一步对制造业效率改进及其升级提供了支持，形成了一个良性的循环累积因果机制。如图3-2所示：

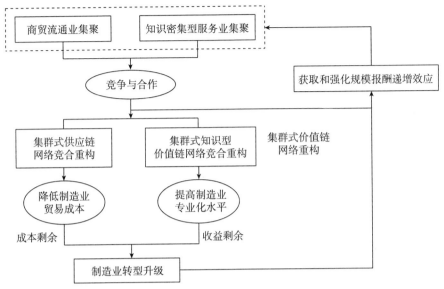

图 3-2　生产性服务业集聚对制造业转型升级的影响机理

四、西部地区生产性服务业集聚对制造业转型升级影响的空间计量分析

1. 样本与变量说明

城市是二三产业协同动态演变的主要空间载体，因而本书的实证研究以城市为单元探析生产性服务业集聚对制造业转型升级的影响。在考虑城市制造业数据可得性的前提下，选取 22 个西部地级以上城市作为研究对象。这些城市主要属于西部超（特）大型城市、区域性中心城市和重要工业城市，在产业基础和区位要素方面已具备了通过积极推动生产性服务业集聚实现制造业转型升级的内生潜力。同时，还选取了 33 个长三角、珠三角和环渤海经济圈等东部地级以上城市作为比较研究对象，以期通过与国内先行区域的比较，更好地揭示西部生产性服务业集聚支持制造业转型升级的现存不足和优化方向。实证研究的样本城市具体范围如表 3-4 所示：

表 3-4　实证研究的样本城市

西部地区（22 个）	东部地区（33 个）
贵阳、遵义、昆明、西安、咸阳、兰州、嘉峪关、西宁、银川、南宁、柳州、桂林、重庆、成都、德阳、绵阳、宜宾、乐山、乌鲁木齐、呼和浩特、包头、鄂尔多斯	上海、南京、苏州、无锡、扬州、常州、南通、镇江、杭州、宁波、湖州、嘉兴、绍兴、舟山、台州、广州、佛山、深圳、东莞、珠海、江门、肇庆、惠州、北京、天津、济南、青岛、潍坊、威海、烟台、沈阳、大连、石家庄

这里以国民经济行业分类标准规定的制造业及其细分两位数行业（C13～43）为研究对象，同时划分出不同要素密集程度的制造业行业，劳动密集型制造业包括 C13～C29、C41～C43 的行业，资本密集型制造业包括 C25、C30～C35、C40 的行业，技术密集型制造业包括 C26～C28、C36～C39 的行业。根据前文对生产性服务业代表性类别的划分，实证研究中的商贸流通业包含批发零售业，交通运输、仓储和邮政业；知识密集型服务业包含科学研究、技术服务和地质勘查业，信息传输、计算机服务和软件业、租赁和商业服务业、金融服务业。本部分实证研究时间跨度为 2006～2012 年，在该样本时期内，我国开始矫正世纪之交以来片面追求的"重化工业化"[1]，在转变经济发展方式和国际金融危机的内外影响下全面启动产业转型升级，因此可以利用这种"准自然实验"环境，以辨析不同区域和城市生产性服务业集聚发展对制造业转型升级的异质性效应。对本部分实证分析的各变量说明如下：

（1）被解释变量。

产业转型升级的实质是产业工具效用和价值实质间内在关系的再调整，是产业创新能力的再释放，其内涵丰富且不断演变，不仅指通过递进式创新和跨越式创新实现物质生产过程的技术进步，还日益彰显出绿色化的产业发展取向[2]。因而，单一的比率指标并不适合测度制造业转型升级。本书从制造业结构高度化和价值链高度化两个维度综合构建城市制造业转型升级评价指标来表征被解释变量。

①制造业结构高度化指标。它反映由制造业主导产业不断更替升级而形成的产业结构演进，一般是从劳动密集型经由资本密集型并朝附加值更高的技术密集型为主攀升，该指标可评价制造业升级的累积效果或跨越式创新绩效。在马珩（2012）的基础上[3]，本书进一步做了改进，构造了综合反映城市制造业结构与各种要素密集行业典型状态接近程度的制造业结构高度化指标 S_{it}（i 为城市，t 为年份）。设 P_L、P_C、P_I 分别为劳动密集型、资本密集型、技术密集型产业总产值占制造业总产值比重，$a_L(1, 0, 0)$、$a_C(0, 1, 0)$、$a_I(0, 0, 1)$ 分别为三种典型的制造业结构，继而使用欧氏距离 R_L、R_C、R_I 测度城市制造业结构与各种要素密集行业典型结构的接近程度，有：

$$R_L = 1 - [(P_L - 1)^2 + (P_C - 0)^2 + (P_I - 0)^2]^{1/2}/\sqrt{2} \qquad (3-25)$$

$$R_C = 1 - [(P_L - 0)^2 + (P_C - 1)^2 + (P_I - 0)^2]^{1/2}/\sqrt{2} \qquad (3-26)$$

---

① 吴敬琏. 中国增长模式抉择（增订版）[M]. 上海：上海远东出版社，2008：109.

② 金碚. 工业的使命和价值——中国产业转型升级的理论逻辑 [J]. 中国工业经济，2014（9）：51-64.

③ 马珩. 制造业高级化测度指标体系的构建及其实证研究 [J]. 南京社会科学，2012（9）：30-35.

$$R_I = 1 - \left[(P_L - 0)^2 + (P_C - 0)^2 + (P_I - 1)^2 \right]^{1/2} / \sqrt{2} \qquad (3-27)$$

由此，设 $S'_{it} = 3R_{Iit} + 2R_{Cit} + R_{Lit}$，式中权重值设置的含义为制造业结构越接近技术密集型则结构越优。进一步对该指标做归一化处理，并解决其值较小的问题，确定制造业结构高度化指标：

$$S_{it} = \frac{S'_{it}}{\sum \sum S'_{it}} \times NT$$

其中，N、T 分别为城市单元数和年份数。S_{it} 的均值为1。

②制造业价值链高度化指标。它反映制造企业向研发、品牌、终端渠道等高端环节攀升而改变自身在价值链的位置，或是通过加工程度高度化提升制造加工环节的附加值与技术、产品结构素质[1]。考虑到数据可得性，本书在制造业利润率、劳动生产率和单位工业产值废水排放量的基础上构建制造业价值链高度化指标 V_{it}（i 为城市，t 为年份）。设制造业利润率、劳动生产率指标为 V'_{Rit}、V'_{Pit}，并将上述唯一的逆向指标即单位工业产值废水排放量转化为正向指标 V'_{Eit}，进而对这些指标作归一化处理，使之均值为1，得：

$$V_{*it} = \frac{V'_{*it}}{\sum \sum V'_{*it}} \times NT$$

其中，N、T 分别为城市单元数和年份数。则本书确定制造业价值链高度化指标 $V_{it} = 0.4V_{Rit} + 0.3V_{Pit} + 0.3V_{Eit}$。

最后，将上述两类指标合成为制造业转型升级指标 MTU_{it}。考虑到西部和东部城市具有不同的工业化阶段特征、产业结构基础和区位环境，故其制造业转型升级各自的目标和内涵有所区别：后发的西部城市重在产业内升级，即不断实现高加工度化、高附加价值化；先发的东部城市重在产业间升级，即加快发展高新技术产业和战略性新兴产业[2]。因此，本书对西部、东部城市制造业结构高度化、价值链高度化指标的权重予以差别化设置，西部城市 $MTU_{it} = 0.4S_{it} + 0.6V_{it}$，东部城市 $MTU_{it} = 0.6S_{it} + 0.4V_{it}$。

（2）核心解释变量。

本部分实证分析关注的核心解释变量是生产性服务业集聚程度。结合数据可得性和行业分类，采用基于从业人数的区位熵指标表征各城市商贸流通业（$AGCC_{it}$）、知识密集型服务业（$AGKIS_{it}$）的集聚水平。之所以选取生产性服务业的从业人数作为基准计算各样本城市的生产性服务业集聚度，有两方面的原

① 朱卫平，陈林. 产业升级的内涵与模式研究——以广东产业升级为例［J］. 经济学家，2011（2）：60-66.

② 詹浩勇. 生产性服务业集聚与制造业转型升级研究［D］. 成都：西南财经大学，2013.

因：一方面，虽然大量文献使用工业总产值等产业规模类指标来计算和衡量制造业的集聚程度，但需要注意的是，由于制造业产品是有形的，在统计口径和统计方法上都已经比较成熟，采用这样的指标有一定的合理性。但由于当前对服务业的核算体系尚不健全完善，统计遗漏较多，服务业的真实规模和比重往往为统计数据所低估，因此采用产业规模类指标来测度城市生产性服务业集聚不够合适①。另一方面，由于生产性服务业的专业化程度和规模随着从事生产性服务业的劳动力或人力资本投入增加而不断提高，且该指标在统计中更容易获得真实数据，因此使用行业从业人数来计算区位熵指数可以反映区域的生产性服务业集聚程度。

（3）控制变量。

为尽量消除回归方程的内生性，本书对与生产性服务业集聚相关，同时又影响制造业转型升级的城市经济基础和区位环境因素加以控制，以捕捉不同城市间生产性服务业集聚水平差异对制造业转型升级的影响作用。①知识密集度（KI）。城市知识密集度不仅是影响生产性服务业集聚的关键因素，也为制造业转型升级提供有力支撑。它一般体现为人力资本或创意阶层在区域空间分布的水平，反映新知识、新模式和新技术涌现的潜力。本部分以城市每万人拥有的高校专任教师数的对数衡量该变量。②信息化水平（INF）。信息化可推动制造业在以终端顾客需求为导向的互联网商业模式牵引下向柔性化制造和大规模客户化定制不断攀升；同时，生产性服务业集聚也有赖于获得更低的信息成本，许多生产性服务特别是知识型服务通过大量信息输入生产出来，并经由日趋先进的信息网络远距离传输与贸易。本部分选取城市每万人拥有的互联网户数作为衡量指标。③交通基础设施（TRA）。发达的交通基础设施是城市及其内部空间单元物质和人员流动的重要连接纽带，更是运送、集散制造业原料和产品的硬件载体，因此它不仅影响生产性服务业集聚，还为本地及周边制造业升级开辟更广的市场空间。本部分采用各城市人均货运总量的对数作为该变量的测度指标。④外商直接投资（FDI）。一方面，跨国公司尤其是领导型国际企业的进入能够显著延伸产业链条，有效启动对高端服务的外包需求，从而促进本地生产性服务业形成集聚；而生产性服务业集聚水平较高的城市也能提供更好的配套设施，从而吸引 FDI 流入。另一方面，外商直接投资也通过技术溢出等途径拉动了当地制造业转型升级。本部分以城市工业总产值中的外资企业产值占比表征。

上述各类变量的原始数据主要从样本期各城市《统计年鉴》《中国城市统计

---

① 陈建军，陈国亮，黄洁. 新经济地理学视角下的生产性服务业集聚及其影响因素研究——来自中国 222 个城市的经验证据 [J]. 管理世界，2009 (4)：83-95；江小涓. 服务业增长：真实含义、多重影响和发展趋势 [J]. 经济研究，2011 (4)：4-14，79.

年鉴》直接获取或整理而得。其中，制造业指标的基础数据直接取自于样本期各城市《统计年鉴》，或将样本期各城市《统计年鉴》中工业的相应指标数据扣减掉采掘业，电力、燃气和水的生产和供应业相应指标数据之后得到。另外，对于少量城市个别年份缺失的数据，笔者做了插值处理。由于纳入计量检验的指标大多为比例值，故无须平减。对计算制造业劳动生产率、单位工业产值废水排放量时使用的制造业总产值、工业总产值，本部分以 2005 年为基期，以各城市所在省份的消费价格指数为平减指数进行了平减，各省消费价格指数来自各年《中国统计年鉴》。

2. 实证模型设定和检验

理论和实践均表明，生产性服务业可以在区位上趋近于制造业从而在城市内部形成协同式集聚，也可以基于城市间产业分工协作形成"生产性服务业中心—制造业外围"的分离式集聚，即生产性服务业不邻近制造业而选择在周边知识、技术、人才分布密集的大中型城市集聚[①]。于是，生产性服务业不仅对本地制造业转型升级具有促进作用，还会呈现出对周边城市制造业的空间溢出效应。这样一来，基于各城市单元均质性假定及其数据无关联的普通面板计量模型已不适用，而需采用考虑空间相关性的空间面板计量模型。本部分分别利用西部、东部样本城市的地理中心距离，构建其各自的空间权重矩阵 $W = \{w_{ij}\}$，其中，

$$w_{ij} = \begin{cases} 1/d_{ij}, & i \neq j \\ 0, & i = j \end{cases}$$

其中，d_{ij} 表示两个城市 i，j 之间地理中心的距离。

以下运用 Matlab R 2013 软件，并借鉴 Elhorst（2014）中关于空间面板模型设定检验的方法[②]，从三个方面逐次检验从而设定模型。

（1）空间效应检验。

空间效应分为空间自回归效应和空间残差自相关效应两种。根据普通面板回归模型的估计结果分别构造 LMlag、Robust - LMlag 或 LMerr、Robust - LMerr 统计量，运用 LM 检验和 Robust - LM（稳健性 LM）检验两种方法进行检验判断。这两种检验方法的原假设均不存在空间自回归效应或空间残差自相关效应，若拒绝原假设，则表明存在相应的空间效应，反之则不存在。

由表 3 - 5 中的 LM 及 Robust - LM 的检验结果可看出，在不考虑空间效应的四种普通面板模型中，在 10% 的显著性水平下，西部和东部城市的 LM 及 Robust -

---

①　席强敏，陈曦，李国平. 中国城市生产性服务业模式选择研究——以工业效率提升为导向［J］. 中国工业经济，2015（2）：18 - 30.

②　Elhorst J. P. Matlab software for spatial panels［J］. International Regional Science Review，2014，37（3）：389 - 405.

LM 统计量均显著,因此两大区域均存在显著的空间效应,应采用空间面板模型。

表 3 - 5　空间效应检验结果

变量	西部地区				东部地区			
	混合回归	地区固定效应	时期固定效应	时期和地区双固定效应	混合回归	地区固定效应	时期固定效应	时期和地区双固定效应
LMlag	14.4261***	11.0464***	3.6854*	4.843**	9.891***	19.586***	6.4577**	6.7291***
Robust - LMlag	10.358***	21.5391***	5.6831**	4.3587**	9.0714***	18.837***	3.4137*	5.0000**
LMerr	10.4808***	3.1529*	4.2955*	5.0035**	5.3276**	8.9314***	6.1148**	6.7582***
Robust - LMerr	6.4127**	13.6456**	6.2933**	4.5191**	4.5080**	8.1823***	3.0708*	5.0291**

注:***表示在 1% 的显著性水平下显著。

(2)空间面板模型检验。

空间面板模型主要有以下三大类模型:

空间自回归模型(SAR):$y_{it} = \delta \sum_{j=1}^{N} w_{ij}y_{jt} + \alpha + x_{it}\beta + \varepsilon_{it}$　　(3 - 28)

空间误差模型(SEM):$y_{it} = \alpha + x_{it}\beta + \mu_{it}, \ \mu_{it} = \rho \sum_{j=1}^{N} w_{ij}\mu_{jt} + \varepsilon_{it}$　　(3 - 29)

空间杜宾模型(SDM):$y_{it} = \delta \sum_{j=1}^{N} w_{ij}y_{jt} + \alpha + x_{it}\beta + \theta \sum_{j=1}^{N} w_{ij}x_{jt} + \varepsilon_{it}$　(3 - 30)

其中,y_{it} 为第 i 个城市第 t 期的观测值,w_{ij} 为空间权重矩阵 W 第 i 行第 j 列元素,x_{it} 为含有 K 个解释变量的行向量,β、θ 为 K 维列向量,ε_{it} 服从 $i.j.d.\ N(0, \sigma_{\varepsilon}^2)$。

对于模型(3 - 30),用 Wald 检验和 LR 检验分别检验以下假设:

$$\begin{cases} \text{假设 1}: H_0: \theta = 0; \ H_1: \theta \neq 0 \\ \text{假设 2}: H'_0: \theta + \delta\beta = 0; \ H'_1: \theta + \delta\beta \neq 0 \end{cases}$$

假设 1 是对 SAR 模型的检验,分别构造 Wald - lag 和 LR - lag 统计量,若接受原假设,则表明适宜采用 SAR 模型,反之则不适合;假设 2 是对 SEM 模型的检验,分别构造 Wald - err 和 LR - err 统计量,若接受原假设,则表明适宜采用 SEM 模型,反之则不适合;若同时拒绝假设 1 和假设 2 的原假设,则表明应采用 SDM 模型。

进而,考虑到以上三种模型都可能存在地区(时期)的非固定、固定和随机效应的情况,为了使在确定模型具体形式时的比较选择更加明确,在进行 Wald 检验及 LR 检验之前,运用地区固定效应模型和时期固定效应模型估计结果构造 LR 统计量来排除或接受非固定效应模型,其检验的原假设为不存在地区

（时期）固定效应。表3-6给出了各检验的统计量值和P值，可以看出西部和东部的地区、时期固定效应检验均拒绝原假设，表明地区、时期的非固定效应模型均被否定。另外，由于本书中的样本时期是2006～2012年，并非随机抽取，因此不存在时期随机效应；而城市的选择虽然带有一定的主观性，但无论是东部还是西部均是选取了其中的部分城市，则有可能存在地区随机效应。所以可以选择的应该是时期和地区双固定模型和时期固定、地区随机的随机效应模型。

表3-6 时期和地区固定效应检验结果

区域	检验类别	LR 统计量	自由度	P 值
西部	时期固定效应检验	37.801***	7	0.0000
	地区固定效应检验	64.1391***	22	0.0000
东部	时期固定效应检验	47.6353***	7	0.0000
	地区固定效应检验	112.0641***	33	0.0000

注：***分别表示在1%的显著性水平下显著。

表3-7是在时期固定、地区固定或随机的条件下，对是否选择SDM模型的检验结果，其中第1、第3列是基于时期和地区双固定SDM模型的Wald和LR统计量，第2、第4列是基于时期固定、地区随机SDM模型的Wald统计量。表3-7显示：固定效应模型中，西部和东部的Wald-err和LR-err统计量均在10%的显著性水平下显著，而Wald-lag和LR-lag统计量均不显著；随机效应模型中也显示出Wald-lag统计量不显著，而Wald-err统计量在10%的显著性水平下显著。因此拒绝SEM、SDM模型，接受SAR模型。

表3-7 西部地区与东部地区的SDM模型检验结果

变量	西部地区		东部地区	
	时期和地区双固定效应模型	时期固定、地区随机效应模型	时期和地区双固定效应模型	时期固定、地区随机效应模型
Wald-lag	6.8342	8.4345	6.5198	0.4394
LR-lag	8.357	—	8.0255	—
Wald-err	13.7046**	12.952**	12.4799*	11.0381*
LR-err	14.8874**	—	13.9086**	—

注：**、*分别表示在5%、10%的显著性水平下显著。

（3）固定效应与随机效应模型检验。

由上一步的检验可知西部和东部均应采用 SAR 模型。但具体是采用地区固定效应还是地区随机效应模型,还需最后采用 Hausman 检验来判断,其检验的原假设是存在地区随机效应。表 3-8 给出了时期和地区双固定效应模型及时期固定、地区随机的随机效应模型估计结果及 Hausman 统计量值。

表 3-8　SAR 固定效应模型和随机效应模型估计及检验结果

变量		西部地区		东部地区	
		时期和地区双固定效应模型	时期固定、地区随机效应模型	时期和地区双固定效应模型	时期固定、地区随机效应模型
AGCC		−0.0161	0.084 *	−0.3194	0.0961 *
AGKIS		−0.0315	0.0109	0.0439	0.08 **
KI		−0.1249	−0.0751	0.0811	−0.146 **
INF		0.1755	−0.0722	−0.151	−0.0125
TRA		−0.1201	0.1602 ***	0.008151	0.1556 ***
FDI		−0.8275 *	0.2798	0.171265	0.1442
$W \times MTU$		−0.0806	0.743 ***	−0.0891	0.5630 ***
φ		—	0.4666 ***	—	0.5328 ***
R^2		0.5462	0.3752	0.5639	0.4033
$corr^2$		0.0349	0.0167	0.0511	0.1835
Hausman 检验	自由度	7		7	
	H 统计值	7.27		5.2786	
	P 值	0.4013		0.626	

注:***、**、*分别表示在 1%、5%、10% 的显著性水平下显著。

由表 3-8 的 Hausman 检验结果可知,在 10% 的显著性水平下均接受原假设,因此西部和东部均采用时期固定、地区随机的 SAR 模型。

3. 实证结果讨论

(1) 西部模型主要回归结果讨论。

①西部城市商贸流通业集聚对本地制造业转型升级具有显著的促进作用,而知识密集型服务业集聚作用不显著。表 3-8 显示,在 10% 的显著性水平下,西部城市商贸流通业集聚度系数为 0.084,显著异于 0;而知识密集型服务业集聚度系数为 0.0109,但不显著。这表明当前阶段西部城市主要通过商贸流通业集聚的贸易成本缩减效应带动制造业升级,而知识密集型服务业集聚虽也体现出提升制造业专业化水平的正向效应,但促进制造业升级的作用还不明显。

②西部城市交通基础设施的改善对本地制造业转型升级具有显著的拉动作用。表 3 – 8 中，交通基础设施的系数为 0.1602，在 1% 的显著性水平下显著，这表明西部交通基础设施的不断完善不仅是促进其制造业升级的直接因素，还间接为商贸流通业集聚降低制造业贸易成本提供了有力的基础设施支撑。

③西部城市制造业升级与周边城市制造业升级显著相关。在 1% 的显著性水平下，W × MTU 的系数显著，为 0.743，这说明西部城市间的制造业升级存在正向的联动效应。

（2）与东部的进一步比较。

①西部与东部城市不同代表性类别服务业集聚对本地制造业转型升级的作用存在差异。首先，西部只有商贸流通业集聚对制造业升级有促进作用，系数为 0.084；而东部商贸流通业集聚对制造业升级也存在显著的促进作用，系数为 0.0961，西部比东部的作用弱。一方面，从经济发展水平、工业化进程、集聚服务要素的区位禀赋审视，集聚商贸流通业将是当前和今后一段时期西部城市推动本地制造业转型升级应坚持的基本着力点；另一方面，与东部相比，西部城市还缺乏大型零售商、大型电商、大型专业市场和第四方物流商等商贸流通类规则设计商或系统集成商，对集聚竞合模式创新与供应网链重构的引领作用有待进一步加强。前文曾介绍了位于东部地区的浙江义乌专业市场策动本地小商品制造集群升级的情况。同样在这方面，东部地区另一商贸平台型龙头企业浙江海宁皮革城实施"以市场升级带动产业升级"，向众多皮革制造企业传递升级压力，进而为皮革制造企业搭建研发平台，帮助创建区域集群企业在本土、国际两个层面的品牌，进而引发皮革制造集群整体从低端生产到自主研发、品牌创建的深度蜕变，使得海宁皮革集群成为目前国内皮革产业集群转型升级成功的典型个案①。东部地区集聚发展商贸流通类规则设计商或系统集成商促进制造业转型升级的经验值得西部地区借鉴。

其次，西部知识密集型服务业集聚虽然显示出对本地制造业转型升级的一定积极影响，但却并不显著，而东部城市在 5% 的显著性水平下该项作用显著为正，系数为 0.08。这与西部知识密集型服务工作外包发展滞后，知识密集型服务业集聚规模较小，缺少品牌的知识密集型服务业集群密切相关，体现出当前西部地区生产性服务业集聚及其对制造业转型升级外溢效应的主要短板。从表 3 – 9 可以进一步清晰地看出，西部地区与东部地区在知识密集型服务业集聚程度上显著存在着程度不同的差距。

① 吴义爽. 基于商贸平台型龙头企业战略创业的产业集群升级——以海宁皮革集群为例［J］. 科研管理，2016（7）：54 – 61.

表 3 – 9　西部地区与东部地区知识密集型服务业集聚度对比

项目　　　　年份	西部地区				东部地区			
	信息传输、计算机服务和软件业	金融服务业	租赁和商业服务业	科学研究、技术服务和地质勘查业	信息传输、计算机服务和软件业	金融服务业	租赁和商业服务业	科学研究、技术服务和地质勘查业
2006	0.97514	0.98589	0.87508	1.63853	1.62283	1.0978	1.80625	1.3547
2007	0.94981	0.99338	0.95603	1.59709	1.49433	1.08893	1.79028	1.3459
2008	0.93035	0.9958	0.90844	1.54753	1.52392	1.08742	1.74968	1.3735
2009	1.0372	1.02855	0.9409	1.59739	1.49372	1.08333	1.80544	1.3822
2010	1.00078	1.04076	0.89876	1.5008	1.51922	1.08804	1.79739	1.4039
2011	0.94109	0.94401	1.06146	1.53123	1.51151	1.1259	1.66247	1.3188
2012	1.06648	0.81638	1.05483	1.22248	1.49678	1.16385	1.72063	1.358

其中，信息传输、计算机服务和软件业是西部地区与东部地区在知识密集型服务业集聚程度上差距较大的细分行业之一。2006～2012 年，西部城市该行业集聚度平均比东部城市低 0.5 左右，如图 3 – 3 所示：

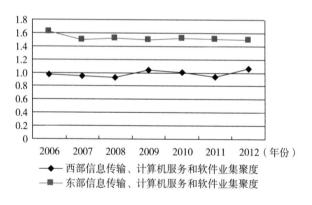

图 3 – 3　西部地区与东部地区信息传输、计算机服务和软件业集聚度对比

在金融服务业集聚方面，西部地区与东部地区原本差距不大，但在 2010 年以后此消彼长，拉开了集聚程度的差距，如图 3 – 4 所示：

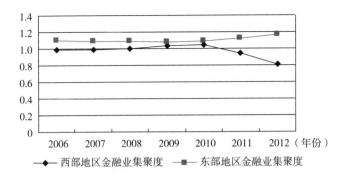

图3-4　西部地区与东部地区金融服务业集聚度对比

租赁和商业服务业是西部地区与东部地区在知识密集型服务业集聚程度上差距最大的细分行业。2006~2012年，西部城市该行业集聚度平均比东部城市低0.9左右甚至更多，如图3-5所示：

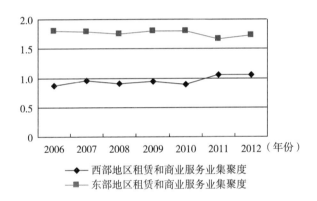

图3-5　西部地区与东部地区租赁和商业服务业集聚度对比

科学研究、技术服务和地质勘查业是西部地区唯一集聚度高于东部地区的知识密集型服务细分行业，但随着2009年以后西部地区该行业集聚度缓慢下滑，已经逐步失去了集聚优势，如图3-6所示。

笔者认为，尽管西部地区存在着上述短板，但需要深刻地注意到，近年来世界范围内知识密集型服务业集聚呈现出一个重要的转化趋势，即后发区域依托本地丰富的高技能、低成本知识型劳动力，愈加得到先发区域知识型服务发包方的重视，成为知识密集型服务业集聚的新高地。事实上，西部城市不仅拥有培养知识型服务人才的基础，具备知识型服务人才劳动成本的比较优势，而且部分核心城市多年来也积累了良好的知识密集型服务业集群发展基础。这为西部地区扭转不利局面，更大规模地参与知识型价值分工体系，通过强化集聚知识密集型服务业从而优化制造业转型升级提供了前提条件。

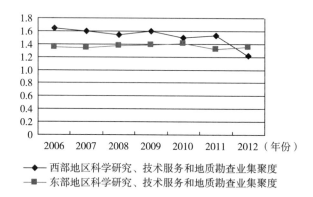

图3-6　西部地区与东部地区科学研究、技术服务和地质勘查业集聚度对比

　　最后，从时期固定、地区随机的 SAR 模型各控制变量的回归结果看，与西部一样，东部的交通基础设施变量对制造业升级产生了显著的正向影响，但弱于西部，这说明经济后发区域交通发达程度的改善对产业转型升级的边际贡献更大。但其他控制变量的回归结果均未体现出理论预期。一是对于知识密集度的作用，西部不显著，东部则展现出对制造业升级负向的作用。这一方面与本书选取的高校教师代理指标可能不够恰当有关，另一方面更透视出我国城市蓄积的知识资本和人力资本还无法顺利转化为满足产业升级动态需求的服务能力。结合东部知识型服务业集聚对制造业升级的积极作用还可看出，静态的知识资本、人力资本只有深度融入区域产业发展的网络，以产业集聚人才、以人才引领产业，才能在市场浪潮中有效锤炼知识生产和运用能力，发挥出对制造业应有的积极作用。二是对于信息化水平的作用，西部和东部均不显著。这与我国企业利用互联网促进产业转型升级的商业模式还不够成熟有关。较长一段时期以来，我国制造业企业虽通过互联网设施创设了平台，集聚了大批社群消费者，但还未能积极而广泛地使用大数据、云计算等智慧技术来挖掘和汇聚顾客的碎片化信息从而实现大规模客户化定制，影响了制造业升级的速度。三是对于外商直接投资的作用，西部和东部城市虽体现出对制造业升级一定的正向影响，但却并不显著。原因在于我国引进的 FDI 多为劳动密集型制造企业，在全球价值链低端锁定的特征明显，难以对制造业产生较大的技术溢出。

　　②西部生产性服务业集聚对制造业转型升级的空间溢出效应弱于东部。基于表3-8中SAR随机效应模型回归结果，笔者利用 Matlab R 2013 软件进一步测算

出西部和东部城市各解释变量对周边城市制造业转型升级的空间溢出效应，如表 3 - 10 所示。

表 3 - 10　西部地区与东部地区回归各解释变量对制造业转型升级的空间溢出效应比较

空间溢出效应	西部地区		东部地区	
	系数	P 值	系数	P 值
AGCC	0.2366	0.1232	0.1181	0.1269
AGKIS	0.0286	0.9021	0.0990 *	0.0610
KI	- 0.2277	0.2354	- 0.1814 **	0.0440
INF	- 0.1460	0.7355	- 0.0123	0.9217
TRA	0.4493 ***	0.0027	0.1944 ***	0.0001
FDI	0.7870	0.3877	0.1729	0.1955

注：＊＊＊、＊＊、＊分别表示在 1%、5%、10%的显著性水平下显著。

从表 3 - 10 中可以看到，西部和东部城市商贸流通业集聚对制造业转型升级的促进作用仅局限于本城市，空间溢出效应均不显著；而在 10% 的显著性水平下，西部城市知识密集型服务业集聚对其他城市制造业转型升级的作用不显著，东部城市则存在显著的正向溢出效应。这一结果为认识不同类别生产性服务业集聚空间溢出效应的异质性提供了新的证据。我们知道，和制造业贸易类似，当一个地方生产的服务超过本地的需求而销售到外地，便产生了服务贸易，并需要付出跨越城市的服务贸易成本，它会抵消生产性服务业集聚空间溢出的部分收益①。从产业属性上说，商贸流通业媒介有形的商品流，主要依靠交通基础设施为制造业实现服务；知识密集型服务业提供无形的知识流，主要依靠信息网络设施为制造业实现服务。两相比较，前者的服务贸易成本通常高于后者，从而限制了商贸流通业集聚经济效应的空间溢出；与之对比，知识密集型服务业则更容易在克服贸易成本的情况下获取集中布局的收益，扩大可贸易服务的市场范围，从而形成较强的空间溢出。因此，商贸流通业集聚在西部和东部的空间溢出效应均不显著；知识密集型服务业集聚在东部存在显著的空间溢出效应，但在西部却不显著，原因在于西部知识型服务业的总体服务能力还比较弱，不仅无法满足本地制造业的服务需求，更缺乏跨区域溢出的能力。可见，提升西部

① 高翔，龙小宁，杨广亮. 交通基础设施与服务业发展——来自县级高速公路和第二次经济普查企业数据的证据 [J]. 管理世界，2015（8）：81 - 96.

城市生产性服务业集聚的空间溢出效应是推动其制造业转型升级的又一努力方向。此外，西部交通基础设施对制造业转型升级存在显著的正向空间溢出效应，并比东部更强，凸显出改善交通条件有利于从整体上拉动西部城市经济转型和产业升级。

4. 结论与启示

通过空间计量分析发现，西部城市商贸流通业集聚显著促进了本地制造业转型升级，知识密集型服务业集聚尚未对本地制造业转型升级产生显著推动作用，且两者的影响效应均弱于东部。同时，西部两大典型类别生产性服务业集聚均缺乏跨城市的空间溢出效应，而东部知识密集型服务业集聚则具有显著的空间溢出效应。这些实证研究结论不仅揭示了西部地区生产性服务业集聚对制造业转型升级影响的现状及其短板，还对西部地区进一步以生产性服务业集聚促进制造业转型升级提出了导向性的启示：

其一，优化生产性服务业集聚的方向。一是合理制定扶持政策，在西部城市培育或引进一批融合商品流、资金流和信息流的商贸流通类新兴龙头企业，担当规则设计商或系统集成商，更好地组织和协调集群式供应链网络不断重构，增强对制造业转型升级的积极影响。二是以西部区域性中心城市和重要工业城市为主要空间载体，积极融入国家价值链，构建与东部的新型产业协作，努力承接东部知识密集型服务企业或服务外包项目，克服当前西部难以源发产生对高端生产性服务需求的问题，并通过培养和输送大批高技能、低成本的年青服务人才，深入推动知识密集型服务业更大规模的集聚，从而优化竞合效应，带动集群式知识型价值网络不断重构，为西部制造业转型升级提供新的重要动力。这正是本书下一章将要突出探讨的内容。

其二，加强城市间二三产业的协同发展。依托集聚经济圈建设，着力构建西部省内、省际城市间推进生产性服务业合理集聚的长效合作与协调磋商机制，形成以区域性中心城市为龙头、重要工业城市为节点的生产性服务业集聚格局，努力消除地方保护和市场分割，强化空间溢出，增进城市联动，提升核心城市生产性服务业集聚对周边中小城市制造业转型升级的直接和间接作用。本书其后章节将基于城市分类进一步探讨以制造业转型升级为导向的西部地区生产性服务业集聚模式与对策。

其三，为先进服务要素集聚创造良好的区位环境。西部地区应进一步改善城市城际交通基础设施，努力促进先进信息网络和大数据、云计算等智慧技术的运用，通过构建城市或城市群虚拟商圈、虚拟创新集群等途径切实降低生产性服务的贸易成本，并为制造业实现大规模客户化定制传递精准的个性化顾客信息。注重营造城市的多样、便利和宽容氛围，打造有利于知识创新、传播及有效融入产业集聚发展的适宜环境。努力引导和推动技术密集型外商投资企业外包服务工作，拓宽积累高端服务要素以促进制造业转型升级的渠道。本书其后章节也将围绕这一主题探讨增强西部地区生产性服务业集聚对制造业转型升级的保障政策体系。

第四章　国家价值链构建视阈下知识密集型服务业集聚与西部产业升级的关键路径突破

前章的实证分析表明，西部地区知识密集型服务业集聚缺乏对制造业转型升级的促进作用，是生产性服务业集聚发挥外溢效应的显著短板，需要重点加以突破。对此，西部地区要尽快实现从参与劳动分工到知识分工的超越，在更加广阔的市场中激发和获得知识工作需求。国家价值链作为新常态下推动大国产业转型升级的全新价值链分工体系，其产业发展内核从制造业转变为生产性服务业，区域协作机制从劳动分工上升为知识分工，这就为西部地区融入起点和平台更高的知识型价值链，并依托知识密集型服务业集聚创新区域产业转型升级路径创造了难得的战略机遇。那么，国家价值链构建与生产性服务业集聚、知识分工之间有什么样的内在关系？进而，后发的西部地区如何依托适宜的生产性服务业集聚和知识分工组合来参与国家价值链构建进程，实现促进区域产业转型升级的关键路径突破？本章将通过探索性的分析来探讨回答这些问题。

第一节　生产性服务业集聚、知识分工与国家价值链构建

国家价值链构建是我国经济新常态下实现产业转型升级与区域协同发展的战略选择和根本路径。生产性服务业集聚与知识分工的内生互动与循环累积效应，有利于促进专业化市场的形成、系统集成商的培育和技术创新，为国家价值链的生发提供了基础性条件。

一、问题的提出

我国正处于经济增速趋缓、结构调整任务紧迫的新常态，产业升级与区域经

济协调发展是这一新形势下的必然选择。改革开放以来，我国东部地区通过融入到由跨国公司主导的全球价值链分工体系并定位在 GVC 底部环节的方式，实现了工业化水平的大幅度提升。但是，中国制造业并未顺利按照预想沿着全球价值链"工艺升级—产品升级—功能升级—链条升级"的路径实现产业升级①，反倒笼罩在国际跨国公司主导的"瀑布效应"之下，面临掉入"中等收入陷阱"的危险，失去产业升级的主动性②。同时，东部地区在全球价值链低端嵌入在一定程度上把中、西部地区压制在原材料和劳动力等低端要素供应商的地位，形成了双重"中心—外围"格局③，以价值链为主要内容的东、中、西部地区之间的产业联系被割裂，导致区域发展差距的扩大④。

为了实现我国产业的整体升级，摆脱在全球价值链中被"俘获"的处境，刘志彪和张杰（2009）提出通过构建凭借国内市场需求而生发、拥有自主研发能力及品牌和终端销售渠道等高端资源、由本土企业主导和治理的国家价值链，将竞争模式由"环节对链条"过渡为"链条对链条"，将其作为实现我国产业优化升级的有效途径。同时，通过产业内迁和产业链延伸，重新调整区域间的产业关系，进而缩小区域发展差异，消除东部地区对中西部地区的挤出效应⑤。

对于国家价值链构建，张杰和刘志彪（2009）提出了双边交易平台载体模式（专业化市场）和单边交易平台载体模式（领导型企业网络）的主要运行模式⑥；贾根良和刘书瀚（2012）基于发达国家跨国公司在 GVC 治理中的经验，提出生产性服务业集聚式发展是构建国家价值链的关键⑦。不过从整体而言，对国家价值链的研究，还局限于概念的提出及其运作原理的分析⑧，尽管已经意识到生产性服务业在国家价值链构建中的重要地位，但对生产性服务业的发展与集聚促进国家价值链构建的内在机理，仍缺乏系统梳理和深入分析。

知识分工是指产生了独立的知识生产部门，其中包括企业内部的知识生产部

①⑦ 贾根良，刘书瀚．生产性服务业：构建中国制造业国家价值链的关键［J］．学术月刊，2012（12）：60 – 67．

② 刘明宇，芮明杰．价值网络重构、分工演进与产业结构优化［J］．中国工业经济，2012（5）：148 – 160．

③ 易顺，韩江波．国内价值链构建的空间逻辑及其实现机制——基于双重"中心—外围"格局视角的探讨［J］．学习与实践，2013（12）：38 – 46．

④ 高煜，杨晓．国内价值链构建与区域产业互动机制研究［J］．经济纵横，2012（3）：41 – 44．

⑤ 刘志彪，张杰．从融入全球价值链到构建国家价值链：中国产业升级的战略思考［J］．学术月刊，2009（9）：59 – 68．

⑥ 张杰，刘志彪．全球化背景下国家价值链的构建与中国企业升级［J］．经济管理，2009（2）：21 – 25．

⑧ 徐宁，皮建才，刘志彪．全球价值链还是国家价值链——中国代工企业的链条选择机制研究［J］．经济理论与经济管理，2014（1）：62 – 73．

门和社会独立的知识生产部门①，而且后者将在服务经济崛起之下成为知识分工的主要形式。与全球价值链类似，国家价值链也是一种价值链分工体系，其分工的实质就是知识分工，所产生的专业化收益来源于知识分工所带来的知识累积效率提高。因此，一方面，生产性服务业的发展与集聚有利于知识的外溢、整合与创新，知识分工网络在更大规模上得以实现，提高了知识积累和创造的专业化水平与效率；另一方面，通过深化组织间的知识分工，并融入特定的空间组织形态，将更好地共享知识专业化分工所产生的集群租金，从而进一步提高生产性服务业的集聚程度。在生产性服务业集聚与知识分工这样一种内生互动、循环累积的效应下，构筑起国家价值链生发的有利条件，从而真正掌握我国产业升级的主动权，为新常态下产业结构优化调整打开更为广阔的空间。

二、生产性服务业集聚与知识分工

生产性服务业包括了金融财务、信息通信技术、产品研发、技术服务、物流、品牌营销等，它是产出知识与人力资本的产业，往往体现为知识密集型、技术密集型产业。从产业链的角度看，在产业链中间的制造环节更多地表现为显性知识，而两端即研发和销售环节，隐性知识的比重则更高，即生产性服务业环节的缄默型知识比重会相对较高②。显性知识具有相对完全的流动性，而隐含经验类知识由于默会性、专用性和文化根植性等原因较易形成流动惰性，因此隐性知识的空间溢出具有一定的局域性或空间根植性特征。因此，生产性服务业尤其是知识密集型服务业具有明显的空间集聚特征③。拥有分立性或互补性知识的不同个体之间需要交流互动，并在交流互动中进行知识要素资源的优化配置，实现知识的整合与创新，这是知识分工的基本动因。

1. 生产性服务业集聚促进知识分工的形成与深化

组织间知识的互动可分为现有知识的"利用"（Exploitation）和潜在知识的"开发"（Exploration），前者通过常规性合作得以实现，而后者必须通过跨组织大规模的创新性协作④。笔者认为，生产性服务业在特定空间的集聚具有知识外溢效应和知识整合效应，从而促进了组织间有效的知识分工。

---

① 王树祥，张明玉，郭琦. 价值网络演变与企业网络结构升级 [J]. 中国工业经济，2014（3）：93 – 106.

② 吕乃基，兰霞. 微笑曲线的知识论释义 [J]. 东南大学学报（哲学社会科学版），2010（3）：18 – 22.

③ Manning S. New silicon valleys or a new species? Commoditization of knowledge work and the rise of knowledge services clusters [J]. Research Policy, 2013（42）：379 – 390.

④ 罗珉，王雎. 组织间关系的拓展与演进：基于组织间知识互动的研究 [J]. 中国工业经济，2008（1）：40 – 49.

（1）生产性服务业集聚的知识外溢效应。

生产性服务业在地理空间上的集聚使得分立个体之间在协作的过程中产生了交流的外部性或者说知识的溢出效应，这种以知识空间溢出为代表的外部性不仅发生在生产性服务业之间，也包括生产性服务业与制造业之间。①从企业网络到知识分工网络。由于地域的接近性和产业的相关性，容易建立起基于以多种纽带为联系的、连通度很高的企业网络，这种动态的、开放的企业网络为经济主体之间的知识共享提供了更为便利的渠道和平台，知识和经验在产业链内获得更大范围的传播，拥有分散知识的主体，在频繁的交流互动中对原有知识系统进行不断地融合与补充，逐渐汇聚为组织间的知识分工网络。②知识的集群学习优势。当地域文化具有了经济内容，便逐渐演化为产业文化，在共同的产业文化氛围下，知识拥有者由于相互之间的信任与彼此的认同感而更有意愿成为知识的传播者，知识的接受者也由于相似的产业相关基础知识、管理风格以及商业预期而提高了吸收能力，进而大大提高了知识的学习效率。同时，在共同的产业文化下，人员在集群内流动使得调整与适应成本大大降低，较低的切换成本使以知识尤其是缄默型知识流动为主要载体的人员流动经常发生，极大地促进了集群内企业集体学习的效率。

（2）生产性服务业集聚的知识整合效应。

知识分工程度既受到知识自身结构的限制，也受到合作、协调成本的限制，只有将因为专业化分工而被不同个体掌握的知识片段组合起来，按照一定的逻辑联系在一起，才能最大限度发挥知识的作用①。在很多情况下，那些对企业知识积累和技术创新至关重要的外部知识资源在空间上是相对分散的，企业往往置身于区际的甚至国际的知识共享网络之中②。随着生产性服务业在城市或者工业园区及其周边集聚，有关研发、技术创新、市场的知识资源在地理上高度集中，构成了一个相对密集的知识场。由于知识的互补性，不同的知识分工单元均需面临与其他单元片段知识的有效利用与协调问题。这个知识场集聚的规模越大，知识的异质性与互补性也就越强，生产性服务业集聚不仅提高了知识生产的规模经济效应，更为重要的是，集聚为多样化知识之间的协作与匹配提供了更多的可能，而由于地域的接近性和交往的频繁性，也大大降低了知识的合作与协调成本，从而有利于知识专业化分工的深化。

2. 知识分工诱致生产性服务业集聚发展

知识经济时代，企业的价值创造从物质性生产要素向知识性生产要素转变，

———

①　齐讴歌，赵勇，王满仓. 城市集聚经济微观机制及其超越：从劳动分工到知识分工［J］. 中国工业经济，2012（1）：36 - 45.

②　王发明. 创意产业集群化：基于知识分工协调理论分析［J］. 经济学家，2009（6）：26 - 32.

知识以及融合了知识的复合生产要素成为价值创造的重要源泉，价值创造空间从企业内部延伸到企业外部①。深化基于空间接近而形成的知识分工，能够获得空间非自由流动资源的使用权和控制权，从而获得空间租金；同时，知识要素在特定的空间集聚，形成持久稳定的网络组织，每一个体知识资源的价值在与其他知识资源的关联运用中得到体现并使其贡献得以放大，体现为更大的生产力，产生超额收益，也就是所谓的组织租金②。从这一意义上说，生产性服务业集聚发展是一个渐进累积和自我增强的系统演化过程，是为了获取由知识分工和专业化所产生的集群租金的一种空间组织形式③。

（1）空间租金。

企业因为地理空间与社会空间的邻近具有良好环境，这种特有的生产经营环境为生产要素带来超额利润，可以称之为空间租金。在诸多生产要素中，知识要素因具有较强的活性和较高的价值创造水平，成为企业发展和价值提升的主要推动因素。知识分工在特定区域不断展开，在适宜的制度和人文环境下，初始的生产性服务企业便可能沿着纵向或横向两个方向裂变、繁衍，同时知识与技术便在当地扩散开来，这将有利于吸引外部异质性创新资源的进入。当知识与其他生产要素相结合成为复合生产要素，知识以及融合了知识的复合生产要素就构成了区域的特质性资源，成为价值创造的主要源泉。地方组织的特质性资源与特定的社会文化、社会资本相结合，形成诸如要素禀赋、社会资本、市场条件、政府和中介组织等方面特有的优势，这些优势既不能被集群内个体要素所独占，也不会被个体要素带走，只有嵌入产业集群集体之中才具有更大的经济意义，只有在特定的空间中才能获得，要素与空间具有了不可分割的特性。空间租金的存在，是生产性服务企业区位选择的重要因素之一。

（2）组织租金。

随着知识分工在生产性服务业企业之间的实现与不断深化，将促使企业价值链条的价值创造要素从物质、资本等有形生产要素延伸到信息、知识等无形生产要素，形成知识型价值链。知识存量的增加促使生产性服务业各环节专业化程度进一步提高，从而加快生产性服务业内部各行业的进一步融合或分离④。在这样一个以知识分工为主导的价值网络中，各模块化的"行星"企业基于资源、规

---

① 王树祥，张明玉，郭琦. 价值网络演变与企业网络结构升级 [J]. 中国工业经济，2014（3）：93 - 106.

② 臧旭恒，何青松. 试论产业集群租金与产业集群演进 [J]. 中国工业经济，2007（3）：5 - 13.

③ 魏旭，张艳. 知识分工、社会资本与集群式创新网络的演化 [J]. 当代经济研究，2006（10）：24 - 27.

④ Duranton, G., Puga, D. From sectoral to functional urban specialisation [J]. Journal of Urban Economics, 2005, 57（2）：343 - 370.

模、区位、技术等所形成的优势，往往还需要通过"恒星"企业的体系优势才能够充分地发挥出来，各种位势的能力要素通过柔性契约网络结合在一起，才能实现资源和能力要素的有效整合，知识价值在关联运用中才能获得超额收益，获取生产要素重新组合的"熊彼特租金"（Schumpeterian Rent）。由于空间邻近的生产性服务业企业之间的竞争与合作，提高了创新效率，形成持久稳定的网络组织，产生出具有更大生产力的组织租金，不断吸引新的进入者，促进了生产性服务业集聚程度的不断提升。

三、生产性服务业集聚与知识分工交互作用下国家价值链的构建路径

综合前述，国家价值链依托本土市场与本土企业，在一国范围内形成高、中、低端不同环节相互衔接的完整的产业体系，并掌握产业升级的主动能力[1]。因此，国家价值链的构建，离不开品牌树立基础上专业化市场的培育以及对销售渠道的掌控，离不开自主研发能力为核心的知识创新，离不开以系统集成商为中心的网络组织内企业间的协同合作，而建立在知识分工基础上的生产性服务业集聚式发展为这些条件的促成提供了良好平台和有效途径。

1. 专业化市场的形成

生产性服务业的集聚发展，将更为有力地促进市场调查、渠道建设与维护、促销、品牌提升等业务的专业化分工与协作，经由各节点的竞争与合作，每个成员都可以扮演资源调度员或者知识经纪人的角色，构建起资源互用、优势互补的供应链[2]。集聚使得有关市场的知识来源将更为广泛，知识也更容易在集群内传递，认知成本与交易成本更低，外溢效应更加明显。从而在知识分工的诱致效应下，生产性服务业集聚区极易形成各种类型的专业化市场，如原材料、物流、产品、信息服务等专业化市场，专业化市场中集聚了制造商、原材料供应商、批发商、零售商、物流企业、诸多的中介服务机构，成为制造商与上下游环节整合的核心平台。例如，在我国产业集群尤其是生产性服务业集聚高度发达的区域，专业化市场一般都比较发达，如浙江义乌的小商品市场、深圳华强北电子商品交易市场等，这些专业化市场的形成与发展，有效促进了各类市场信息的交汇，为本土市场的开拓提供了更为便捷的渠道。

2. 系统集成商的培育

在企业的经营要素中，土地、物质资本、规模、区位、劳动力等生产要素是初级资源或低位资源，技术、专利和知识等属于中位的资源，而组织能力、技术

① 孙建波，张志鹏. 第三次工业化：铸造跨越"中等收入陷阱"的国家价值链 [J]. 南京大学学报（哲学·人文科学·社会科学），2011（5）：15 – 26，158.
② 罗珉. 价值星系：理论解释与价值创造机制的构建 [J]. 中国工业经济，2006（1）：80 – 89.

标准、品牌、市场网络、社会资本等属于高位的资源，由此形成基于体系的优势，使之成为价值星系中的"旗舰"企业的核心能力要素，知识的系统整合成为组织最为重要的能力①。在生产性服务业集聚与知识分工的交互作用下，掌握着关键知识、核心知识或者有着较强知识整合能力的组织就会在网络竞合过程中脱颖而出，这里的组织可以是单个企业，也可以是多个企业结成的联盟，或是某个企业集群，他们作为价值链系统整合者掌握市场网络、核心技术或者体系化知识，从而可以主导价值链。系统集成商通过知识整合最终确定模块之间的联系规则，并形成标准以知识共享的形式传播给各模块生产企业，而模块供应商或节点企业一般仅掌握专业领域的专业知识或局部领域的专门知识。我国东南沿海一些企业利用区域生产性服务业集群相对比较发达的良好环境，及其长期在全球价值链底部"干中学"所积累的经验，将某些生产的低端环节外包给外围其他企业，而仅专注于研发、设计与销售等高端环节，具备了一定的系统集成能力与国家价值链治理能力，某些产业已经具有了国家价值链的雏形。

3. 技术知识的创新

当产品知识复杂性增加，传统"市场 + 科层"的组织间二维平面协作关系已经难以满足以技术研发为代表的知识创新的内在要求，知识互动与知识整合成为组织间合作的主要内容，合作的本质是新知识的创造，知识创新需要跨组织大规模协作才能得以实现②。生产性服务业集聚为跨组织大规模协作提供了极为有利的平台，众多生产性服务企业与制造业企业一起围绕某一产品或多个产品，建立在知识流的互换和知识联结体系基础上形成一个大规模协作。在这种跨组织大规模协作簇群中，产品设计、生产、营销和服务都是通过组织间协作来实现的，承担某一个阶段任务的企业不是只有一家而是若干家，强化了产业链的分工迂回程度，也分担了创新的风险。多个经济主体聚集、连接在一起，作为一个整体或集体存在和行动，通过同侪生产的方式有效汇集单个组织的技能与创造能力，对知识的认知不再局限于显性知识与隐性知识的划分，而是更多关注和强调知识的创造，因此，跨组织大规模协作在本质上是一种知识层面的协作，即更加强调通过对分布性知识的整合来创造更大的价值：它一方面有比市场或科层更低的知识机会成本，这些成本的节约主要来自于整合以创造能力为主的隐性知识的能力，参与者能够在较少约束下，充分发挥其创造能力；另一方面保证了专业技术知识在群体内的高密度集聚和积累，促进了知识的溢出效应、默会性知识的传递和学习，从而提升了创新的成功率。同时，因为集聚缩小了企业间的空间距离，技术

---

① 罗珉. 价值星系：理论解释与价值创造机制的构建 [J]. 中国工业经济，2006（1）：80 - 89.
② 罗珉，王雎. 组织间关系的拓展与演进：基于组织间知识互动的研究 [J]. 中国工业经济，2008（1）：40 - 49.

创新的空间扩散效率将得以大大提高①。

四、启示

综上所述，生产性服务业集聚使得拥有分立知识的主体在频繁的交流互动中不断实现知识的融合与补充，逐渐演变为组织间的知识分工网络，提升了知识利用、整合与创新的效率，知识分工的专业化程度得以提高。当生产性服务企业发展到一定程度，知识的获取与创新成为影响其进一步发展与区位选择最重要的因素，通过深化组织间的知识分工，并融入特定的空间组织形态，既能获得由非自由流动资源的使用权和控制权所形成的空间租金，又能获取运用组织的体系优势实现知识资源在关联运用中得以体现的组织租金，从而吸引更多的生产性服务企业在特定区域集聚。于是，在生产性服务业集聚与知识分工这样一种内生互动、循环累积的效应下，有利于专业化市场的形成、系统集成商的培育和促进技术创新，构筑起国家价值链生发的基础性条件，如图4-1所示。

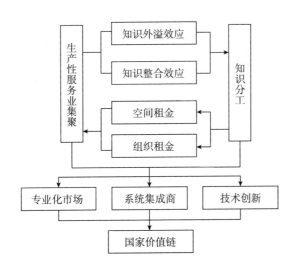

图4-1　生产性服务业集聚与知识分工交互作用下国家价值链的构建机理

以上研究具有如下重要启示。

1. 强化城市间与区域间的功能分工

知识分工条件下知识使用和创造的结构匹配机制正在促使城市之间、区域之

---

① 张秀武，林春鸿. 产业集群内技术创新扩散的空间展开分析及启示［J］. 宏观经济研究，2014(11)：114-118，137.

间的分工由部门专业化向功能专业化转变①，城市或区域应根据比较优势，以动态的方式积极融入区域或经济圈的分工体系。首先，推动不同类型城市之间的功能分工。充分发挥区域性中心城市的人力资本集聚效应和规模经济效应，及其较强的影响力与辐射力，推动公司总部、知识密集型服务业和高端服务业形成以CBD为核心的圈层式专业化集聚，使中心城市成为区域经济发展的知识、思想和创意的创造中心及溢出中心；发挥中小城市或专业化城市在生产制造方面的成本外部性优势，根据自身经济与区位禀赋特征，积极承接中心城市转移出来的制造业，并围绕主导或支柱产业形成依附于制造业周边与特定产业集群配套的生产性服务业体系化集聚，不断提高中小城市的技术应用效率和制造效率。其次，推动区域之间的功能分工。国家价值链的构建，离不开具有不同比较优势的区域间的通力合作。对我国而言，应以知识分工为引导方向推进东部地区和西部地区之间的崭新产业合作，实现价值链在国内空间的合理分工。东部地区将劳动密集型和资源密集型等产业转移到西部地区，腾出空间侧重发展研发、设计、品牌等核心生产性服务业，并利用其长期在全球价值链底部"干中学"所积累的经验，实现对生产性服务业国家价值链的系统集成；而西部地区在承接产业转移的基础上，侧重发展中间和外围价值环节②，形成高低端环节协调发展的区域间价值链多元分工体系，获得技术优势与市场优势，从而实现价值链向高端环节的攀升和产业的整体升级。但是值得强调的是，国家价值链的构建，不是要完全将不同区域限制在某种功能定位中，而主要是为了增强区域产业发展的联系和提高产业升级的自主性，西部区域性中心城市或工业先发城市也可以积极与东部地区开展知识型服务合作，承接服务外包，共建区域创新平台，其具备条件的企业或集群亦可成为国家价值链的系统整合者。

2. 发挥政府在国家价值链构建中的积极作用

首先，在培育生产性服务业集群方面，通过制定规划、出台产业政策和改善发展软硬环境等方式，发挥"有为"政府的调控与引导作用，积极介入生产性服务业集聚发展进程，构建区域间优势互补的生产性服务业集聚格局。其次，在打造专业化市场方面，一方面打破市场的地区封锁，破除阻碍市场一体化的体制机制，规范交易秩序、竞争秩序、市场进入壁垒标准，促进专业化市场的可持续发展；另一方面适应互联网时代商业模式的创新，抓住电子商务革命的大好时机，制定相关政策鼓励O2O、M2C等互联网营销手段与模式的运用，力争早日

① Duranton G. , Puga D. From sectoral to functional urban specialisation［J］. Journal of Urban Economics, 2005, 57（2）: 343 – 370.

② 韩艳红，宋波. 产品内分工、产业转移与我国产业结构升级——基于构建国内价值链视角［J］. 工业技术经济, 2012（11）: 42 – 46.

实现"中国制造、全球直销"的目标。再次，在培育系统集成商方面，基于市场优胜劣汰机制，对已成为或有潜力成为系统整合者的核心企业，运用产业政策给予大力支持，包括专业人才的引进、核心技术的开发、产业联盟的构建、产业链的扩展与升级，等等，以利于更好地发挥对整个价值链的系统整合作用。最后，在技术创新方面，运用财政、税收等手段，引导和鼓励企业成为技术创新主体，加大企业研发投入力度，提高自主创新能力，形成自身异质性核心知识；深化产学研合作制度，构建产业技术创新战略联盟，突破产业发展的核心技术；培育技术中介服务机构，发挥知识密集型服务业的枢纽和支撑作用，促进科研成果的商品化与产业化，从而形成以知识共同体为载体，以企业创新网络为核心、汇聚国家有关部门和机构的国家创新网络系统，通过整合内部与外部的各种资源、信息与知识进行"网络中学"，实现知识的开放式创新。

第二节　国家价值链构建、知识密集型服务业集聚与西部产业转型升级

西部地区能否依托知识密集型服务业集聚，加快制造业转型升级，是欠发达地区实现产业升级跨越式突破的典型诉求。部分学者曾基于价值链主导产业升级的理论和实践范式，提出了有益的研究导向和分析视角。他们认为，欠发达地区应该整合现有资源或培育新资源，在资源禀赋结构升级尤其是加强人力资本投资的基础上，参与到更广空间范围的价值链分工与竞争中，谋求产业升级[1]。构建和融入以内需为本、区域协同、服务拉动为内核的国家价值链，将为后发地区站在新的竞争起点突破产业升级困境提供难得的机遇，西部一些中心城市应积极发展能够进入国家价值链高端的本地产业，并完全可以承接服务外包[2]。

根据前一小节的分析，生产性服务业集聚是知识分工的重要载体，更成为国家价值链构建的重要载体，基于生产性服务业集聚与知识分工内生互动所形成的国家价值链构建进程，丰富了区域和城市功能分工和产业协同发展的内涵，为后发的西部地区产业转型升级提供了新的解决方案。关键在于，西部地区必须以动态视角转换竞争优势，更加注重在价值链竞合中寻求产业转型升级的崭新模式和

① 王海杰，吴颖. 基于区域价值链的欠发达地区产业升级路径研究 [J]. 经济体制改革，2014 (4)：38-42.

② 孙建波，张志鹏. 第三次工业化：铸造跨越"中等收入陷阱"的国家价值链 [J]. 南京大学学报 (哲学·人文科学·社会科学)，2011 (5)：15-26.

路径。也就是说，西部地区必须着力摆脱工业发展水平落后的束缚，整合现有资源或者培育新资源，在知识主导价值创造的时代升级要素禀赋，进而在更加平等的竞合起点上融入更广范围的价值链分工，形成新型产业集群优势，推动区域产业升级。作为新兴产业升级驱动核的知识密集型服务业集群，正是当前给后发的西部地区寻求产业转型升级关键路径突破所提供的适宜平台。

一、知识工作商品化视角下知识密集型服务业集群的价值创造机制

知识密集型服务业集群（Knowledge – Intensive Services Clusters）是一种在全球范围内新兴的现代服务业组织网络。2008 年发生的金融海啸是全球知识密集型服务业集群发展过程中遭遇的第一次重大考验，尽管增速有所放缓，但并未扭转其持续增长的态势。作为一类典型的生产性服务业空间组织形态，知识密集型服务业集群依托具有低成本、高技能特征的本地知识型劳动力资源而生发，营造知识分工和知识工作商品化浪潮的关键节点，呈现出广泛的产业关联与丰富的价值创造空间，日益成为后发国家或地区产业升级和经济转型的驱动核。在构建国家价值链的导向下，通过重塑竞争的优势要素禀赋来集聚发展知识密集型服务业，将成为西部地区产业升级新的战略选择。笔者将知识密集型服务业集群和国家价值链的作用纳入一个统一的框架，基于国家知识分工视角，对西部地区在多元情境中构建产业升级能力的典型路径与对策进行尝试性的思考。

迄今为止，学界主要从要素和服务的供给属性审视知识密集型服务业，将其界定为高度依赖专业知识的生产、应用和传播，并向客户提供基于高智力附加值知识的中间产品或服务的公司和组织，它具有高知识度、高技术度、高互动度、高创新度的显著特征[①]（见表 4 – 1）。

表 4 – 1　典型的知识密集型服务业

服务类别	研发服务类	工程服务类	软件开发类	产品设计类	管理咨询类
工作内容	代码开发、新材料研发、技术开发	CAD 设计、工程支持、测试、质量监理	应用开发、软件架构、数据库设计	原型设计、系统设计	数据挖掘、市场分析、记账和财务企划、绩效分析、预测分析

资料来源：根据相关资料整理。

---

① Miles I., Kastrinos N., Flanagan K. Knowledge – intensive business services—Users, carriers and sources of innovation［R］. EIMS publication, 1995；魏江，陶颜，王琳. 知识密集型服务业的概念与分类研究［J］. 中国软科学, 2007（1）：33 – 41.

不过，这一认识虽从知识生产的供给本质阐释了知识密集型服务业的内涵，但却未能完整地揭示其价值创造机制。事实上，近年来知识密集型服务业地理格局演变呈现出一个重要的转折性趋势：许多新兴经济体或发展中国家及其城市正取代已进入服务经济时代的欧美发达国家，成为知识密集型服务业集群形成和发展的新中枢，如亚洲的印度（班加罗尔、海德拉巴、钦奈、浦那）、中国（北京、上海、广州、深圳、新竹）、越南（胡志明），东欧的罗马尼亚（布加勒斯特）、捷克（布拉格）、俄罗斯（莫斯科、圣彼得堡），美洲的巴西（累西腓）、阿根廷（科尔多瓦）等（见表4-2），甚至在产业发展更加滞后的非洲也出现了若干小规模的次级集群。

表4-2　全球后发国家或区域的知识密集型服务业集群

细分行业	已经建立的集群	新兴集群
商业分析	班加罗尔、钦奈、都柏林、海德拉巴、孟买	胡志明市、浦那、深圳
工程服务	班加罗尔、钦奈、广州、浦那、圣彼得堡	新德里、莫斯科、布拉格
产品开发服务	班加罗尔、钦奈、胡志明市、莫斯科、上海	布加勒斯特、浦那、圣保罗
研发服务	班加罗尔、都柏林、莫斯科、上海、圣彼得堡	北京、布加勒斯特、钦奈、布拉格
测试	班加罗尔、钦奈、胡志明市、海德拉巴、上海	布加勒斯特、开罗、圣保罗

　　资料来源：根据 Manning（2013）整理。

　　这清楚地表明，后发国家或地区不仅参与全球制造型价值链，还能够十分广泛地参与到全球知识型价值链中，知识密集型服务业集群则成为连接国家或地区间知识分工和知识网络价值实现的独特空间载体。如果将知识密集型服务业集群的核心资源比喻成一棵苗壮成长的"树"，那么它的"树根"透视出类似于高技术产业集群的高知识密度特征，是知识型服务的内在供给要求；而不断生长演化的"树干"则映射出类似于传统制造业集群的低劳动成本特征，是知识型服务寻源的现实需求导向。可见，从要素和服务的需求属性看，知识密集型服务业集群是以满足日益增长的知识工作商品化（Commoditization of Knowledge Work）需求为导向而形成，集聚低成本、高技能知识服务要素的空间组织形态。它具有两大重要特征：

　　首先，知识密集型服务业集群的演变内生于知识分工进程。随着经济社会的发展进步，价值创造要素从物质、资本等有形生产要素显著延伸到了知识、信息等无形生产要素，并使价值创造空间从实体空间拓展到了虚拟空间。当知识积累和创新达到一定水平后，细化分工及价值整合均上升到了知识层面，以劳动为主导的社会生产分工转变为以知识为主导的模块化生产分工[①]。换言之，如果说传统价值链是以劳动分工为基点建构、传输和整合价值，那么在服务经济和知识经济时代，价值链向知识端升级，以知识为主导的价值链分工则成为价值创造和整合的基本内涵。其突出表现就是知识工作商品化，即通过将知识型服务工作标准化、模块化，以及与特定产业或产品用途相分离，从而可大规模地外包给控制型知识服务中心（集群）或外部知识型服务商代工，并"像商品一样"被寻源购买的进程。举例来说，软件开发就是一类由标准化驱动而商品化的知识型服务。软件开发是一项容易出错、成本高昂和耗费时间的服务过程；更重要的是，由于缺失软件开发服务过程的标准，长期以来软件产品的质量难以得到有效保证。近年来，诸如软件能力成熟度模型（CMM）等软件开发国际标准的普及和实施，为测度软件工程进度及比较不同服务商的软件开发过程提供了客观基础，进而促进了软件开发服务商品化，并推动了印度、中国等新兴国家离岸软件服务集群的快速成长。根据一项全球范围内的调查，产品设计、工程服务、IT 服务、分析服务、研发和软件开发的商品化程度从 2007 年的 0 ~ 41%，显著上升到了 2012 年的 31% ~ 70%（见表 4 - 3）。在这一浪潮下，知识密集型服务业集群成为知识型价值链的关键节点。

表 4 - 3   IT 服务和知识型服务商品化度   单位:%

年份 行业	2007	2009	2011 ~ 2012
IT 服务	41	52	70
软件开发	—	45	55
工程服务	19	26	37
研发服务	6	23	31
分析服务	0	12	35
产品设计	11	24	35

资料来源：根据 Manning（2013）整理。

更值得注意的是，在传统制造型价值链分工中承担产品生产环节的后发区域制造业集群，虽然也融入了更广空间范围的分工体系，但却主要聚焦于产业内或产品内分工，一般只为特定产业生产最终产品，或为生产特定最终产品提供中间投入品和零部件；即使创造更高价值的高技术产业集群，也是侧重发展特定产业

---

① 王树祥，张明玉，郭琦. 价值网络演变与企业网络结构升级 [J]. 中国工业经济，2014 (3)：93 - 106.

或产品的专用知识和技能。在新兴知识型价值链中承担知识生产环节的知识密集型服务业集群，则主要提供产业或产品专用性较低的技术分析类服务。更确切地说，它聚焦于过程创新，产出的主要是具有通用性质的过程知识，可广泛应用到不同产业或商业环境中。这种产业关联性有利于知识型服务企业围绕客户化定制构建全面的服务能力，从而不仅获取规模经济与范围经济，还将为后发区域渐进增加知识和技能积累，突破以劳动密集型制造业集群参与并被套牢于价值链低端的单一模式，优化和丰富产业升级路径提供新的可行性选择。

其次，知识密集型服务业集群依托本地丰富、低劳动成本的技术分析类服务能力而生发。与"肢体"式、重复进行的劳动密集型制造活动不同，从事知识型服务需要运用抽象性分析能力，产出部分或完全的无形产品，也就要求所密集投入的人力资源具有相对更高端的服务专长，尤其是具备准确理解市场需求和服务产品架构并能直接创造知识的能力。所以，知识型服务业通常集聚于培养年青专业人才的科技商科型高等院校周围。在知识工作商品化与知识分工网络不断跨界拓展的情境下，先发区域的知识型服务需求方越来越重视并愿意使用后发区域兼具低成本、高技能特征的知识型劳动力来完成知识型工作，以降低寻源成本，这正凸显出知识型价值链治理的逻辑起点和价值整合思维。适应这一需求，知识密集型服务业集群要在后发区域生发，通过本地高校培养和输送大批低成本、高技能的知识型劳动力是第一要务①。总之，知识密集型服务业集群兼容了高技术产业集群和劳动密集型制造业集群的价值特征，却又体现出显著相异的发展取向（见表4－4）。

表4－4　知识密集型服务业集群与其他类型产业集群的比较

项目	知识密集型服务业集群	传统制造业集群	高技术产业集群
分工机制	知识分工	劳动分工	知识分工
劳动密集度	知识密集型（低成本）	劳动密集型（低成本）	知识密集型（高成本）
劳动要素	大学学历、高专业技能（通常为新毕业生）	非大学学历、低专业技能	大学学历以上，高专业技能
产品/服务类型	面向不同产业的通用知识型服务	嵌入特定产品价值链和生产网络中的中间投入品（零部件）或低附加值制成品	面向特定产业的高技术、高附加值产品、服务或系统

---

① Manning S. New silicon valleys or a new species? Commoditization of knowledge work and the rise of knowledge services clusters [J]. Research Policy, 2013（42）：379－390.

项目	知识密集型服务业集群	传统制造业集群	高技术产业集群
典型产业/服务	软件开发、工程服务、产品设计、研发服务、管理咨询	服装、玩具、电子产品等	生物、纳米、光纤、下一代信息通信技术
集群区位	后发国家/地区	后发国家/地区	发达国家/地区
本地高校关联	知识型劳动力培养和输送	较弱	产学研联盟、高端人才培训

资料来源：根据 Manning（2013）整理。

二、知识分工主导下的国家价值链构建与西部地区产业升级

1. 基于东西部地区知识分工的国家价值链构建思路

铸造以本土市场需求为基础的国家价值链，是我国产业升级突破在全球价值链底部套牢困境新的战略选择。构建国家价值链，并非要放弃融入全球价值链，而是与之并行发展，适时嵌入，相互竞争。国家价值链依托庞大的国内市场需求发育而成，并由本土企业掌握产业价值链的核心与高端环节，如自主研发创新能力、品牌、终端销售渠道等①。它内在地要求生产性服务业特别是知识密集型服务业取代加工制造业成为国家核心产业。更明确地说，国家价值链实质上就是知识型价值链，清晰地透视出大国产业转型升级的崭新内涵：不再简单依靠低端劳动力和自然资源参与和塑造价值链分工协作而重走传统工业化弯路，而主要通过知识、技术等高位资源要素构建国家知识分工体系，全面激发庞大国内需求，从而获取产业链高端竞争力。进而，在国家价值链形成和运作中，单个区域难以独立发挥作用，需要不同区域在比较优势基础上形成合理的价值链分工。那么从空间结构上看，把握构建和融入国家价值链的重要机遇，是我国不同区域和城市又一个展开竞合的新起点和新平台。如果能够积极顺应以知识分工为主导的价值创造趋势，区域和城市就能够在国家价值链中找到自身产业升级的合理方向。例如，从先发大国美国的情况看，该国早期的知识型服务外包就出现在本国内部，主要是从成本较高的东海岸流往成本较低的西部。直至今天，虽然并无确切数字证实，据一些著名咨询公司估计，全球范围内的国内（在岸）服务外包规模远远超过了离岸外包，后者仅占 5%②。可以说，西部地区跨越式集聚发展知识密集型服务业面临着新的机遇。

---

① 刘志彪，张杰. 从融入全球价值链到构建国家价值链：中国产业升级的战略思考 [J]. 学术月刊，2009，(9)：59 - 68.

② 江小涓等. 服务经济：理论演进与产业分析 [M]. 北京：人民出版社，2014：245.

一方面，东部地区在将传统劳动密集型产业转移到西部地区以实现"腾笼换鸟"的同时，更要率先在发展先进制造业和高端服务业上取得实质突破，其关键在于增加生产迂回程度，拉伸产业链条，成批培养出产业链系统集成商①。当前，东部地区一批大型企业已具备了较强的系统集成能力，例如华为（全球化的电信设备产业链系统集成商）、阿里巴巴（全球化的平台型网络市场）、深圳华强北电子商品交易市场（由几万家电子元器件厂商构成的电子资源要素调配平台）、深圳科通芯城的硬蛋平台（全球第一大智能硬件创新平台）；等等。大型系统集成商或规则设计商对外可以主动嵌入全球创新链，汇聚全球更优质的生产、创新和智慧要素为我所用②；对内则可引领国家知识分工和国家价值链重构，即以产业链系统集成商为主要发包方，将产业链中一部分模块化、标准化、低成本的知识工作外包给西部地区，从而在带动国内区域分工深化、启动国内知识服务需求的同时，聚焦于产业链分工网络制度设计及竞合规则的制定和维护，强化产业链系统集成能力，提升一体化的产业链利润，引领形成国家价值链整体竞争优势，有力参与全球产业竞争。

另一方面，西部地区通过升级竞争优势要素，积极培养和积累低成本、高技能知识型劳动力，承接东部地区知识型服务外包项目，进而依托本地服务企业集聚，发展知识密集型服务业集群，主动蓄积知识技能，将能够在融入国家价值链分工中优化产业升级路径。基于区域协同、互补、共惠，一条崭新的以东部地区为发包方、西部地区为代工方的国内知识型价值链可望形成。它内源而生，立足于自主发展、自主协调，相较于直接参与全球知识型价值链，将为西部更广范围的后发区域提供知识工作需求。

从西部地区的现实情况看：一是拥有培养知识型服务人才的基础。重庆、成都、西安等特大型城市及兰州、昆明、南宁等区域性中心城市历来高校相对集中，具有比较扎实的服务技能培养基础；绵阳、柳州等重要工业城市的高校在科技工程服务技能培养方面也形成了特色优势。二是具备知识型服务人才成本的比较优势。笔者以东西部地区部分知识密集型服务业集群所在城市的职工平均工资粗略代替知识劳动成本估算，2012 年东部地区的北京、上海、广州、深圳、南京、大连六市平均为 6.8 万元，西部地区的成都、西安、重庆、南宁四市平均为 4.6 万元，东部地区比西部地区高出近 50%。三是西部地区部分核心城市已经在主动参与知识型价值链体系，承接服务外包，拥有一定的产业集群基础。例如，

① 刘明宇，芮明杰. 价值网络重构、分工演进与产业结构优化［J］. 中国工业经济，2012（5）：148－160.

② 刘志彪. 从全球价值链转向全球创新链：新常态下中国产业发展新动力［J］. 学术月刊，2015（2）：5－14.

陕西西安市高新区发展创新型服务业集群，以知名国内外服务企业落户园区带动发展软件和服务外包、信息咨询服务、技术研发服务等一批服务行业①；广西南宁市近年来积极承接富士康电子信息产业，形成知识密集型服务业的关联产业积累；四川成都市则是英特尔制造体系中芯片封装测试环节在世界范围内最大的基地之一。可见，西部地区已具备了更大规模地参与知识分工和知识工作商品化进程，从而优化产业升级的可行条件。

归纳上述，基于东西部地区知识分工构建国家价值链，是对我国产业价值链传统区域分布模式和演进路径的双重跨越。一方面，西部地区发展知识密集型服务业集群，塑造东部发达地区与西部欠发达地区以知识分工为基点的新分工格局，是对原有基于劳动分工而产生的"东高西低型"产业价值链区域分布模式的跨越。换言之，在承接东部地区逐渐舍弃的传统劳动密集型制造业的同时，西部地区可依托知识密集型服务业集群，在更高的价值起点上参与更为平等的知识服务合作，从而在承接产业转移和促进产业升级的权衡取舍中找到新的突破点。另一方面，从知识代工开始承接和发展知识密集型服务业集群，是对西部地区单纯承接低端劳动代工或追求一步到位地发展自主创新体系等产业升级路径的积极矫正，它强调提升起点、固本培元、逐步递进，可以在代工链、本地网、消费云等丰富环境中构建产业升级能力，综合推动区域产业升级。

2. 发展知识密集型服务业集群与西部地区产业升级三维能力构建

（1）构建产业链型升级能力。

西部地区特大型城市、区域性中心城市和重要先发工业化城市要更积极地摆脱以劳动分工为基石的城市集聚经济束缚，梳理本地高等学校、职业院校中知识生产与知识型劳动力培养的优长领域，从而规划或优化集聚发展知识型服务业并加入国内知识型价值链的主攻方向，以此作为产业链型升级能力构建的逻辑开端。在这一能力的构建中，西部地区应重在落实"引"和"创"的二阶进程，夯实知识密集型服务业集群持续发展的基础。首先，努力承接东部地区知识型服务企业及其项目落户，并培养和输送大批合格的知识型劳动力，使之不仅在从事代工的同时逐步锤炼和蓄积知识型服务的专业实践技能，并通过对知识溢出的学习积淀一定厚度的知识基础，为其后的产业升级播种宝贵的"知识种子"。其次，在上述基础上，孵化和创设一批西部本地的中小型知识服务代工企业，集中全部资源于某一方向潜心耕耘，针对特定的代工客户，朝纵深处钻研、往小众处聚焦，提供更专业化、更顾客化定制的知识型服务，从而与东部地区转移过来的大型服务企业取长补短，共同支撑集群的可持续成长。同时，西部地区本地服务

---

① 张克英，郭伟，姜铸. 创新型服务业与总部经济发展研究［M］. 北京：科学出版社，2013：8－9.

代工企业还应特别注意围绕所在价值链东部地区旗舰企业或系统集成商技术需求的动态变化，向其进行客户化导向的逆向学习，渐进推动服务产品的客户化创新，并依托低成本和快速反应兼备的价值生成优势，满足与时俱进的多样性订单需求，打造高度专业、可信、守诺的代工关系①，从而在知识型价值链分工中逐步站稳脚跟，并占据相对有利的位置，为进一步积累本地知识创新和核心技术能力建立良好基础。可见，在国家知识分工下，以知识密集型服务业集群推动构建产业链型升级能力，将打造西部地区产业从主要利用传统劳动力和自然资源向广泛利用人力资本跃迁的升级版，也能弥补当前西部产业难以源发产生对知识型服务大量需求的不足，并提升产业结构高级化水平，是西部地区产业升级新路径的起点，具有承上启下的转折意义。

（2）构建产业网型升级能力。

西部城市还应将知识密集型服务业集群的价值创造效应向本地、本区域产业延伸，通过促进传统制造业转型升级，积累高技术产业发展的元素，构建产业网型升级能力。如前所述，知识型服务一般不仅适用于某一特定产品或产业，而且适用于众多产业部门，原因在于，知识型服务业主要是从企业内部价值链中分离和外包支持性活动后形成的。换言之，知识型服务并不需要很高的产品或服务专用性，否则会减少超出特定用途的服务能力运用，不利于获取规模经济和范围经济。知识型服务的这一功能特性蕴含着明确的产业升级含义，即可以依托知识密集型服务业集群开拓数量更多、更差异化、角色更丰富的本地产业客户，编织一张知识型服务业、传统制造业和高技术产业之间良性互动的网，拉动本地、本区域产业整体升级。

往后侧看，研发服务、工程服务、软件开发、产品设计、管理咨询等知识型服务依靠自身专业化技能，结构性嵌入制造业价值链中，能帮助众多异质性的制造企业客户提高人力资本水平和专业化水平，从而提升企业资源配置效率，最终增加产出。部分传统制造业如汽车、电子制造业等通过增添工程支持服务和技能，甚至还可以直接升级为知识型服务业②。那么，知识密集型服务业集群就是本地及周边次级经济圈传统制造业集群的智力服务核。集聚区内知识型服务企业为获取规模报酬递增效应而发生的竞争与合作，将加速过程知识的生产和积累，并基于技术交流和知识扩散的产业关联，对传统制造业转型升级产生有力的助推作用。向前端看，通过产业创新环境的有效重构，知识密集型服务业集群还可以

---

①　项丽瑶，胡峰，俞荣建. 基于"三矩"结构范式的本土代工企业升级能力构建 [J]. 中国工业经济，2014（4）：84-96.

②　Altenburg T. , Schmitz H. , Stamm A. Breakthrouth？China's and India's transition from production to in-novation [J] . World Development, 2008, 36（2）：325-344.

升级为高技术产业集群。例如，在从本地高校吸收高素质知识型劳动力基础上，知识型服务企业进一步与本地高校、科研机构共创开放融合的创新系统，构建全方位合作的产学研联盟，逐步提升区域自主创新能力，将纵深拓展知识密集型服务业集群的发展空间和网络，并在此过程中实现向高技术产业集群的攀升。

总之，西部城市应借助编织本地、本区域产业客户网络来增强知识密集型服务业集群的根植性，拓展其获取集聚规模报酬递增效应的崭新空间。需要进一步指出，相比于知识代工链中相对单一、明确的客户需求，本地产业客户需求"束"具有更高的个性、动态性甚至不确定性，导致产业升级前景更趋复杂和丰富。因此，西部知识密集型服务业集群除了基于产业共性需求积累通用性知识生产能力外，还要在本地产业网络中主动采取逆向学习实现客户化，尤其是在服务城市及区域主导产业、特色产业乃至战略性新兴产业的转型升级中钻得更深做得更专，在力求集群差异化发展中深化服务外包，强化集聚收益。

（3）构建产业云型升级能力。

伴随着互联网信息技术的迅速发展和日益渗透，信息传播呈现碎片化趋势。最新兴起的云技术则通过大数据互联和管理，推动社会发展和商业模式进入云经济时代。大数据技术为海量源信息的精准搜寻和动态管理奠定了基础，经过数据挖掘的有效信息与其他生产要素一样，可以独立参与价值创造活动。因此，云经济时代价值创造的逻辑起点将实质性地切换为以终端消费者或用户的信息主导，而满足顾客的个性化需求将成为价值创造活动的新核心环节[①]。西部地区与我国其他地区乃至发达国家几乎同时步入云经济时代，站在相同的竞争起点。原因在于，信息化时代要解决的是人与人之间的信息传递，而人与人之间的联系是与人口增长成几何级数增长的。中国是世界上人口最多的国家，其人与人之间的交往也是世界最多的，全社会信息交流总量极为巨大[②]，为基于深度利用信息的知识密集型服务业崛起创造了战略性机遇。面对国内和国际市场潜力广阔的云需求，西部地区知识密集型服务业集群完全可以直接面对终端顾客构成的云，聚集、利用和开发大数据，充分回应顾客追求满意使用过程的诉求，深入挖掘市场需求信息与知识，进而形成持续为终端顾客提供增值服务的能力，在更具生态系统特征的云中构建区域产业升级能力。

这将是西部推动产业升级中更具跳跃意义的一步：它使知识型服务创造的价值绕开供应链的各种中间环节而直接输送到终端消费者，达到商业模式的深刻转

① 金帆. 价值生态系统：云经济时代的价值创造机制［J］. 中国工业经济，2014（4）：97－109.
② 李德伟等. 中国发展模式与失衡预警机制——大国发展经济学［M］. 北京：人民日报出版社，2012：112.

型。构建由交易平台及在其上栖息的顾客群落所组成的价值生态系统（Value Ecosystem）[1]，是云经济时代知识型服务企业探寻和拓展价值空间的基本方式。在基础层面，知识型服务企业通过创设功能丰富的平台，以向终端客户提供免费的信息、交易、通信、存储媒介等服务为先导，积累高数量、高活跃度、高互动频率的顾客群落，提升客户黏性，为今后获取服务收益打牢根基。例如，腾讯微信便是一个将基础通信功能做到极致，拥有强大外围功能和极强扩展性的独特产品，进而演变成数亿终端顾客栖息的价值生成平台。在延伸层面，知识型服务企业可积极利用大数据处理技术，在价值生态系统中汇集、挖掘、整合、协调终端顾客的碎片化信息，或者直接交由顾客反向创造新的需求，从而经由不断促进服务创新并将其货币化来实现增值收益。腾讯微信就是依靠海量流量集聚，目前已在移动互联网领域延展出移动互联平台社区、线上到线下（O2O）的移动电子商务、移动多媒体沟通、全面移动搜索和移动互联娱乐等新型服务，并正向商业化迈进。更为重要的是，参与云价值创造的知识型服务企业，其实并不需要过多的固定资产或基础设施投入，而可以是任何形式的新创服务企业，只要它们具有真正的企业家精神，对以前未被认识到的机会充满敏感和警觉[2]。这对资本缺乏的西部地区借助知识生产实现产业后发赶超提出了有益启示。

　　通过构建和嵌入国家价值链，西部地区以城市为主要空间载体集聚发展知识密集型服务业，就可以充分利用集群内服务企业竞争与合作所带来的外溢效应，共同积累和分享云端客户化学习体验，加速聚合分散的知识和创造新知识、新服务，从而更好地适应和捕捉具有更高异质性、不确定性、隐含性及动态性的终端市场需求。这是一个螺旋上升的进程：西部地区首先可以围绕消费需求演变趋势，大胆切入手机游戏、在线教育、移动端个人记账理财、金融产品互配搜索等新兴云端市场，优化知识密集型服务业集群发展方向，构建初步的云服务集群竞争优势；进而，不断跨界拓展潜在的云需求和商业机会，实现服务多元化、精品化，并最终像腾讯、小米一样，形成西部的云服务自主品牌乃至集群品牌。

　　最后，上述产业链型、网型和云型升级能力还具有交叉溢出、动态切换的良性互动效应，使得产业升级动力更为持久。例如，对西部知识密集型服务业集群而言，在将国家价值链分工中积累的知识运用到本区域产业网络或云端市场的同时，还可以将其在服务本区域产业网络或云端市场中获取的丰富多元化知识和宝贵信息输入所在的知识型价值链，提升在链条博弈中的价值层级，争取更高的代工价值，乃至更大程度地直接参与国际知识分工。概括起来，以知识密集型服务

① 金帆．价值生态系统：云经济时代的价值创造机制［J］．中国工业经济，2014（4）：97－109.
② 伊斯雷尔·柯兹纳．竞争与企业家精神［M］．刘业进译．杭州：浙江大学出版社，2013：9－13.

業集群为中枢推动西部地区产业升级，逻辑起点在于从动态比较费用视角审视潜在优势资源，培育和积累一种新型生产要素——低成本、高技能知识型劳动力；并以此投入知识工作商品化浪潮，构建和融入国家价值链，打破封闭的知识生产边界，在西部地区播撒具有突破意义的知识"种子"；继而，积极在本区域或云端市场拓展价值空间，探寻知识"种子"持续生长的动力机制，从而走出一条交叉性、螺旋递进式发展的区域产业升级新路子（见图4-2）。

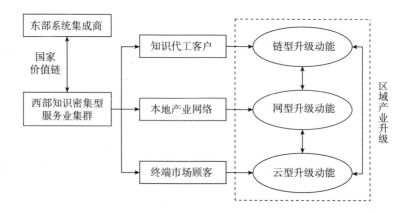

图4-2　国家价值链构建视阈下以知识密集型服务业集聚推动西部地区产业转型升级的路径

·90·

第五章 西部地区生产性服务业集聚与制造业转型升级的城市分类研究

本书前面的内容已从理论机制与经验证据两个不同角度说明了生产性服务业集聚对于制造业转型升级积极而重要的作用，初步解决了"为何集聚"的问题。同时，本书前面的研究也表明，生产性服务业集聚与制造业转型升级事实上呈现出双向的作用关系：不仅是生产性服务业集聚外溢于制造业转型升级，而且制造业转型升级越来越高的要求，将强化生产性服务业集聚经济，带动区域生产性服务业空间布局优化。那么，在西部地区制造业转型升级的过程中，生产性服务业应该怎样有效合理地集聚，从而形成与制造业的良性互动呢？本章主要解决"怎样集聚"的问题。

从宏观视角来看，生产性服务业主要集聚于城市，并同时以一定规律分布于集聚经济圈（城市群）。那么，在集聚经济圈的城市等级体系中，不同级别与支配力的城市往往集聚着不同档次与实力的生产性服务企业。换而言之，生产性服务业集聚并不适宜也没有可能"遍地开花"，即在各地各城市都形成高、中、低端服务业兼具，"大而全"或"小而全"的生产性服务业集聚模式。因为，发展生产性服务业集聚要求相应服务要素的集聚，缺乏支撑要素便难以真正形成集聚，而支撑要素的集聚又和区域或城市的经济发展水平密切相关。比如，研发、金融等价值链高端服务需要有人力资本甚至是创意阶层的集聚，以及信息渠道、交易平台的集聚，则这种集聚更可能发生在经济发达的集聚经济圈中心城市或特定产业集聚区。同时，正如前章实证研究所看到的，生产性服务业集聚的空间溢出效应也存在一定的约束，从而生产性服务业也不能全都集聚于特大型城市或区域性中心城市，否则也会削弱其对区域整体制造业转型升级的有利影响。

进而，不同发展阶段和结构类型的城市制造业面临着不同的转型升级目标，所需发展的生产性服务业集聚模式不但会不尽相同，更需要从不同地理尺度的区域层面出发，构造合理搭配、优势互补的生产性服务业集聚格局。换言之，为顺利推进制造业转型升级，各类城市应积极融入区域分工体系，深化产业分工协作，合理发展生产性服务业集聚，从而发挥各地比较优势，优化产业空间布局，促进二三产业协调发展。

本书认为，区域制造业转型升级中若要形成合理的生产性服务业集聚格局，一要考虑不同区域或城市的经济和区位现实状况，重点在于产业基础条件和服务要素禀赋：前者的制造业内部结构是决定城市生产性服务业集聚模式的基本影响因素，后者的高端服务要素则是影响生产性服务业集聚模式层次的重要外部条件，两者共同构成了影响区域或城市生产性服务业集聚模式的静态因素；二要考虑反映二三产业耦合发展的空间组织形态——集群式价值链网络演进的前沿情境，在制造业和生产性服务业协同发展的内涵升级和区域联动基础上合理选择和灵活调整，这一产业价值网链组织的演变构成了影响区域或城市生产性服务业集聚模式的动态因素。总之，不同区域尤其城市制造业转型升级中的生产性服务业集聚模式及其具体内容需要分类加以讨论。

本章的研究思路正是沿着从影响区域和城市生产性服务业集聚模式的静态因素到动态因素的路径展开，首先厘清以制造业转型升级为导向的生产性服务业集聚模式选择的主要规律，从而为西部城市分类确定生产性服务业集聚模式提供基本的导引；继而结合西部地区若干城市的典型案例分析，在具体的空间节点上应用理论研究成果，为西部地区发展适宜于制造业转型升级的生产性服务行业和区位集聚提供更有针对性的指导。

第一节　城市生产性服务业集聚模式选择：基于制造业内部结构的分类研究

一、问题的提出

前文的研究已表明，生产性服务业空间集聚已经成为城市服务经济体系发展的显著趋势，并对制造业转型升级产生了积极的促进作用。那么对特定城市而言，生产性服务业集聚对制造业转型升级产生溢出效应的具体路径则在于，生产性服务业应通过合理的集聚模式与制造业形成良性互动。生产性服务业集聚模式指一定区域空间范围内生产性服务业集中发展的形式和程度的分布特征，它为城市确定生产性服务业重点发展内容提供方向指引。可见，以制造业转型升级为导向探寻城市生产性服务业集聚模式的选择机制，对推进二三产业动态协调演进具有较强的理论意义和实践价值。

学界基于特定地域或案例分析的背景讨论了生产性服务业集聚的若干具体模式或重点发展内容（但斌、张乐乐、钱文华，2008；刘奕、夏杰长，2010；顾乃华、夏杰长，2011；刘曙华，2012）。这些研究并未侧重于从集聚经济或集聚外部性的角度分析生产性服务业集聚模式及其对产业和经济部门的影响。事实上，对于区域和城市产业政策制定来说，选择合适的生产性服务业集聚模式需要回答一个更为基本的问题：究竟是专业化集聚抑或是多样化集聚能更好地发挥生产性服务业发展对制造业转型升级的促进作用？

Glaeser 等（1992）指出，产业集聚的动态外部性或总体报酬递增来源于两种不同的集聚模式。具体来说，当产业内部重点集中于少数行业时，为专业化集聚；当产业内部相对均匀地分布于不同行业时，则属于多样化集聚[①]。由此，根据生产性服务业在特定空间范围发展的内部结构特征，也可以划分为专业化集聚和多样化集聚两种模式。一方面，由于地方产业前向关联和后向关联所带来的中间需求，生产性服务业在区域内密集使用服务职能的客户行业——制造业更早之前形成的专业化诱致下，在空间上靠近制造业形成专业化集聚，从而强化服务过程的面对面交流，将专业信息的单向传递转变为二三产业知识创新的协同进行[②]；另一方面，生产性服务业多样化集聚基于城市化外部性而生发，它强调依托大都市区域充足的熟练劳动力和人力资本来集聚发展以跨国公司为典型代表的大型企业总部职能，从而扩展多样化的知识密集型生产性服务在本地和外部区域的外包和交易，以满足规模更大、日趋复杂的知识创造、溢出和积累的需求[③]。

近年来，针对构建创新系统、促进经济增长、提升工业或制造业效率等发展问题，国内外学者展开了对区域和城市生产性服务业专业化或多样化集聚模式选择的研究（Ooms 等，2015；韩峰、王琢卓、阳立高，2014；席强敏、陈曦、李国平，2015；于斌斌，2017）。然而，当前基于城市产业结构特征探寻生产性服务业专业化或多样化集聚选择机理的研究还较少。Guerrieri 和 Meliciani（2005）曾分析了制造业结构与若干个生产性服务部门中间需求之间的关系，发现制造业内部结构变化对金融服务、通信服务和商务服务的中间需求程度有影响[④]。Meliciani 和 Savona（2015）的研究则进一步指出，生产性服务业集聚模式与区域产

① Glaeser E. L. , Kallal H. D. , Scheinkman J. A. Shleifer A. Growth in cities ［J］. Journal of Political Economy, 1992, 100（6）: 1126 - 1152.

② Ciarli T. , Meliciani V. , Savona M. Knowledge dynamics, structural change and the geography of business services ［J］. Journal of Economic Surveys, 2012, 26（3）: 445 - 467.

③ Duranton G. , Puga D. From sectoral to functional urban specialisation ［J］. Journal of Urban Economics, 2005, 57（2）: 343 - 370.

④ Guerrieri P. , Meliciani V. Technology and international competitiveness: The interdependence between manufacturing and producer service ［J］. Structural Change and Economic Dynamics, 2005, 16（4）: 489 - 502.

业结构紧密相关，要构建区域优势，公共政策制定者必须在选择生产性服务业专业化或多样化发展模式时，考虑产业结构变迁的影响，尤其要注重利用现有的专业化集聚带动传统制造业向知识技术型产业转型升级，以增强对知识密集型服务的需求，进而通过生产性服务业和制造业多样化协同演进，引导区域走向新增长路径①。上述文献对深化有关生产性服务业集聚模式与制造业内部结构之间联系机制的研究提供了有益启示。

本书认为，以制造业内部结构为代表的产业结构透视出城市的产业基础条件和经济发展阶段，进而决定着城市产业长期竞争优势的形成。因此，相比于规模等级、要素禀赋等侧重反映城市外部特征的因素，基于城市制造业内部结构因素来考察其生产性服务业发展模式选择，更有利于把握生产性服务业与制造业协同演进的核心机制，也可望为区域和城市探索以生产性服务业集聚推动制造业转型升级的可行路径提供更有针对性的指导。本节的以下内容将阐释基于制造业内部结构的城市生产性服务业集聚模式选择机理，进而利用我国城市面板数据进行实证研究，剖析不同产业结构类型城市的生产性服务业集聚基本模式和选择基准，尝试为探索生产性服务业集聚促进制造业转型升级的具体路径提供新的理论框架和经验证据。

二、机理分析

生产性服务业依托产业分工深化中生发的先进服务要素演进而成，它具有替代或补充制造业内部职能的专业化服务功能，为制造业提供重要的中间投入，从而增进生产活动及其制造产品的效率和质量，是实现制造业价值链升级的有力支撑。也就是说，从产业关联的视角看，制造业和生产性服务业分别是服务产出的需求方和供给方。伴随着工业化、信息化、城市化进程，制造业不仅需要扩大规模，而且需要优化结构，这就使得对生产性服务的需求日趋细分化和多元化，并提出了生产性服务业空间集聚模式选择的问题。

从生产性服务业与制造业协同演进的一般规律来看，两者呈现出各自内部行业间清晰的差异化关联特征。在制造业依次由劳动密集型到资本密集型，再到技术密集型行业升级的过程中，生产环节渐趋复杂，产业链不断延伸，对生产性服务的需求从交通运输、批发零售等传统商贸流通业，逐步向金融服务、商务服务、科技研发、信息服务等新兴知识密集型服务业延伸拓展，需求的广度和深度

① Meliciani V. ，Savona M. The determinants of regional specialization in business services：Agglomeration economies，vertical linkages and innovation［J］. Journal of Economic Geography，2015，15（2）：387 - 416.

显著增强①。唐晓华和张欣钰（2016）运用灰色网格关联度模型测算2003～2013年我国生产性服务业与制造业不同子行业的关联程度，发现两者各细分子行业间内部关联发展存在差异性，其中生产性服务各子行业与制造业关联度由强到弱依次是：科研服务业，批发零售业，金融业，交通运输、仓储和邮政业，租赁和商业服务业，信息传输、计算机服务和软件业，知识密集型服务业对制造业升级的作用显著提升②。基于这种二三产业关联，从空间集聚视角审视，生产性服务企业则相对应地经历了从专业化集聚向多样化集聚演进的过程，集聚的服务企业通过竞争与合作产生溢出效应，为制造业转型升级拓展新的空间。可以说，由制造业内部结构决定的对生产性服务需求的异质性程度是影响生产性服务业合理集聚模式的基本因素。

一方面，如果制造业对生产性服务需求的异质性程度较低，生产性服务业应选择满足制造业主导需求的服务功能发展专业化集聚。通过同一行业或相近行业的企业形成专业化集聚，生产性服务业与制造业在地方形成集群式价值链，那么生产性服务业就能与制造业在关键环节直接而高效地优化投入产出关联，从而在竞争效应主导下降低制造业的贸易成本，加速制造业的关键知识创新，对制造业转型升级产生有利影响。现实当中具有该类需求特征的城市主要是劳动密集型制造业占主导的城市，它的产业链环节最少，链条也最短，只适合于发展生产性服务业专业化集聚。

另一方面，如果制造业对生产性服务需求的异质性程度较高，生产性服务业就应选择充分满足制造业综合型发展需求的服务功能发展多样化集聚。通过互补性强的不同行业的企业形成多样化集聚，生产性服务业与制造业在本地以及更大的区域空间范围内形成集群式价值网络，构建起更为柔性、迂回的投入产出关联，表现为生产性服务各行业既分别向制造业提供服务，还通过相互之间的紧密合作向制造业提供服务③，从而在合作效应主导下创造出多元化、高端化的知识、技能和技术，全面提升本地乃至周边城市制造业分工深化程度及其资源配置效率，对制造业转型升级产生积极推动。但值得注意的是，一个城市能否在现实中发展生产性服务业多样化集聚，表现出多种约束条件下的复杂选择机制，需要着重进一步辨析。

首先，制造业对生产性服务所产生的高异质性需求既可能是由于城市制造业

①　李善同，高传胜．中国生产者服务业发展与制造业升级［M］．上海：上海三联出版社，2008：168－169．

②　唐晓华，张欣钰．制造业与生产性服务业联动发展行业差异性分析［J］．经济与管理研究，2016（7）：83－93．

③　Yeh A. G.，Yang F. F.，Wang J. J. Producer services linkages and city connectivity in the mega－city region of China：A case study of the Pearl River Delta［J］．Urban Studies，2015，52（13）：2458－2482．

内部结构均衡化造成的，也可能是由于城市制造业内部结构高度化引起的，这些更细致的制造业结构差异化特征是决定城市生产性服务业多样化集聚发展阶段的内在基础，由此也间接决定着集聚对城市制造业竞争力提升的影响效果。

其次，区域要素禀赋尤其是综合反映知识信息、人力资本、创意阶层、交易平台等因素的高端服务要素禀赋状况，则是决定城市生产性服务业多样化集聚是否可行和难易程度的外部条件。这里所指的高端服务要素禀赋，与刘奕、夏杰长和李垚（2017）所解析的生产性服务业集聚与制造业升级耦合当中的外部影响因素在内涵和范围方面大体一致，都反映了创新体系、交易成本、要素供给、政策环境等内容①。只有借助于高端服务要素禀赋，城市实现从劳动分工到知识分工的跨越，才能有利于支撑不同类型的服务经济主体在有限的城市空间中实现异质性知识的匹配、对接、创造和积累，进而促进集群创新网络的发展和创新产出的增长。全国性的超大型、特大型核心城市以及以省会城市为典型代表的各集聚经济圈核心城市或区域性中心城市通常是全面集聚高端服务要素的区位。

根据上述分析，可以将城市制造业内部结构具体特征和高端服务要素禀赋状况两者结合起来，得到四种不同的组合，以考察制造业转型升级导向下不同城市发展生产性服务业多样化集聚的可能性和现实路径。

1. 制造业内部结构均衡化，高端服务要素禀赋较差

如果高异质性需求是由城市不同类别制造业均衡发展引起的，即城市制造业结构中劳动密集型、资本密集型和技术密集型行业分别占有相近的比重，说明这类城市大体上还处于工业化中期或从中期到后期的发展阶段。在这一产业结构及其反映的工业化阶段背景下，高异质性生产性服务诱发的感应度在范围上虽然广泛，但在强度上却仍然较弱。于是，城市若仅简单注重堆积不同类型的服务企业数量，而相对忽视高水平专业化服务的发展与积淀，很可能会被锁定于低层次的多样化集聚困境。事实上，这类城市在现实中往往表现出一定程度甚至是高水平的生产性服务业多样化集聚特征，但却"泛而不精"，呈现"小、散、杂、弱"的状况，层次偏低，这对制造业转型升级并不一定合意。进一步地，高端服务要素禀赋的缺乏更无法为多样化集聚提供坚实的要素支撑。因而这类城市的生产性服务业显然不宜盲目多样化发展，而应围绕主导制造业转型升级为突破口形成专业化集聚。

2. 制造业内部结构均衡化，高端服务要素禀赋较好

由于与前类城市产业结构基础相同，这类城市也需要摆脱低层次的生产性服务业多样化集聚对制造业转型升级造成的困境。良好的高端服务要素禀赋则使其

① 刘奕，夏杰长，李垚. 生产性服务业集聚与制造业升级［J］. 中国工业经济，2017（7）：24－42.

具有发展高级生产性服务业多样化集聚的潜能。因此，这类城市仍应选准主攻方向，优先围绕主导制造业转型升级来强化生产性服务业专业化集聚，以制造业结构高度化激发更高层次的异质性服务需求，进而充分发挥高端服务要素禀赋优势，固本培元，循序渐进地发展高层次的生产性服务业多样化集聚。

3. 制造业内部结构高度化，高端服务要素禀赋较差

如果高异质性需求是由城市制造业结构高度化引起的，即城市制造业结构中由技术密集型或资本密集型行业占据主导，则说明这类城市已大体上进入工业化末期。在这一产业结构及其反映的工业化阶段背景下，高异质性生产性服务诱发的感应度不仅在范围上十分广泛，而且在强度上也比较高，已经具备了形成多样化集聚的产业基础。然而，由于缺乏高端服务要素禀赋的外部支撑，其直接发展大规模的生产性服务业多样化集聚却仍有相当大的现实难度。对于该类城市而言，主要有两种可能的路径选择：一是着重服务于主导制造业转型升级而发展具有鲜明特色的生产性服务业专业化集聚，并通过与所在集聚经济圈的核心城市或区域性中心城市构建紧密的产业协作来获取更多样化的生产性服务，从而充分满足制造业结构不断高度化的需求；二是集中资源，依托本地特定的制造业集群，通过紧密嵌入产业链全环节来发展体系配套的生产性服务业多样化集聚①。

4. 制造业内部结构高度化，高端服务要素禀赋较好

这类城市已总体进入工业化末期或后工业化时期，发展生产性服务业多样化集聚的内在基础和外部条件都同时具备，主要包括全国性的超大型、特大型核心城市和各个集聚经济圈的重要核心城市。这类城市具有最高的服务功能层级，不仅要通过多样化集聚服务于升级前沿新动态和新情境都十分丰富的本地制造业，还要努力扩大服务辐射的空间范围，依托区域间服务合作网络的构建，发展成为高级生产性服务业多样化集聚高地，为集聚经济圈乃至全国范围内的制造业转型升级提供多样化的服务。

总结上述，可归纳出一个基于制造业内部结构的城市生产性服务业集聚模式选择机理，如图 5-1 所示。

三、基于制造业内部结构的城市聚类分析

本部分选取我国 65 个地级以上城市作为实证研究对象（见表 5-1），涵盖我国东部、中部、西部三大区域，主要包括全国性超（特）大型核心城市、各主要集聚经济圈的区域性中心城市和重要工业城市，一方面既考虑到它们在产业基础条件和要素禀赋状况等方面已具备了通过积极推动生产性服务业集聚实现制

① 但斌，张乐乐，钱文华. 知识密集型生产性服务业区域性集聚分布模式及其动力机制研究［J］. 软科学，2008（3）：5-8.

造业转型升级的现实条件或内在潜力；另一方面也结合考虑了数据的可获得性。

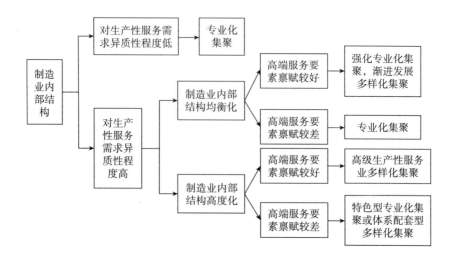

图 5 - 1　基于制造业内部结构的城市生产性服务业集聚模式选择机理

表 5 - 1　实证研究的样本城市

西部地区（22 个）	东中部地区（43 个）
贵阳、遵义、昆明、西安、咸阳、兰州、嘉峪关、西宁、银川、南宁、柳州、桂林、重庆、成都、德阳、绵阳、宜宾、乐山、乌鲁木齐、呼和浩特、包头、鄂尔多斯	上海、南京、苏州、无锡、扬州、常州、南通、镇江、杭州、宁波、湖州、嘉兴、绍兴、舟山、台州、广州、佛山、深圳、东莞、珠海、江门、肇庆、惠州、北京、天津、济南、青岛、潍坊、威海、烟台、沈阳、大连、石家庄、合肥、芜湖、马鞍山、武汉、长沙、衡阳、南昌、九江、郑州、太原

　　由于不同类型制造业与生产性服务业之间的关联度具有明显的差异性，因此首先需要按照制造业内部行业的要素特征对城市进行分类，进而再对不同类别城市制造业转型升级导向下生产性服务业集聚模式的规律进行考察。以下采用聚类分析法实现这一分类，并以样本城市 2006～2012 年制造业 30 个行业总产值作为聚类分析的依据。制造业包含的行业范围与前一章相同，且根据国民经济行业分类标准划分不同要素密集程度的制造业行业，劳动密集型制造业包括 C13～C24、C29、C41～C43 等 16 个行业，资本密集型制造业包括 C25、C30～C35、C40 等 8 个行业，技术密集型制造业包括 C26～C28、C36～C39 等 6 个行业（其中，由于部分城市的统计年鉴将 C36 汽车制造业与 C37 铁路、船舶、航空航天和其他运输

设备制造业合并统计,因此笔者也将它们合并为一类行业分析)。

为了消除不同城市在产值规模上存在的显著差距,用各城市各制造业细分行业年平均产值占该城市制造业年平均产值的比例作为反映各城市制造业内部结构特征的具体指标,并在此基础上展开聚类分析。具体而言,将65个城市30个制造业细分行业历年总产值剔除通货膨胀因素的作用,转化为以2006年工业产品出厂价格指数计价的实际总产值,然后计算各城市各行业年平均总产值在该城市制造业年平均总产值中的占比,形成各城市30个行业占比指标,进而利用SPSS18.0,采用K-均值聚类法进行聚类,将样本城市聚集成四大类,如表5-2所示:

表5-2　基于制造业内部结构的城市聚类分析结果

类别	城市
I	深圳、珠海、惠州、东莞、苏州、台州、舟山、合肥、绵阳
II	北京、上海、广州、天津、南京、沈阳、大连、济南、武汉、芜湖、衡阳、成都、重庆、西安、柳州
III	佛山、肇庆、江门、扬州、杭州、无锡、宁波、镇江、绍兴、湖州、嘉兴、南通、常州、石家庄、青岛、威海、烟台、潍坊、南昌、九江、南宁、桂林、贵阳、遵义、宜宾、德阳、咸阳、呼和浩特
IV	长沙、郑州、太原、马鞍山、乐山、西宁、乌鲁木齐、兰州、银川、鄂尔多斯、包头、昆明、嘉峪关

为了进一步明确考察各类城市的制造业内部结构特征,笔者将I~IV类每一类别中的所有城市分别视为一个整体,设$manu_{dlg}$代表第d类城市中第g个城市第l个行业的制造业年均总产值,令$manu_d = \sum\limits_{g=1}^{m_d} \sum\limits_{l=1}^{30} manu_{dlg}$($m_d$为第$d$类城市的个数),代表第$d$类城市整体的年均制造业总产值;再令$manu_{dl} = \sum\limits_{g=1}^{m_d} manu_{dlg}$,代表第$d$类城市整体中第$l$个行业的年均制造业总产值。同时,按要素投入密度将30个行业划分为技术密集型、资本密集型、劳动密集型三大类行业,分别用$f=1$,2,3表示,则第d类城市中第f大类行业的年均制造业总产值为f大类包含的各细分行业年均制造业总产值$manu_{dl}$之和,用$manu_{df}$表示。于是,第d类城市第f大类制造业年均总产值的占比为$manustru_{df} = manu_{df}/manu_d$,本部分以该占比表征不同类别城市的制造业内部结构特征。结果如表5-3所示:

表5-3   不同类别城市的制造业内部结构特征   单位:%

制造业内部结构	I	II	III	IV
技术密集型行业比重	59.26	45.22	35.53	21.18
资本密集型行业比重	20.24	36.59	32.76	61.24
劳动密集型行业比重	20.50	18.19	31.71	17.58

由表5-3可知,第I类城市中技术、资本和劳动密集型行业占比分别为59.26%、20.24%和20.50%,显著表现出以技术密集型行业占主导的制造业内部结构特征。第II类城市制造业内部结构呈现明显的梯度特征,技术密集型行业占比最大,其次是占比略低的资本密集型行业,而劳动密集型行业占比最小,且只有资本密集型行业占比的一半,总体上看这类城市以发展技术密集型制造业为主、资本密集型制造业为辅。第III类城市的三大类型行业占比都在30%左右,且差距较小,表现出技术、资本、劳动密集型行业均衡发展的特征。第IV类城市中资本密集型行业占比超过60%,而技术和劳动密集型行业占比均在20%左右,显著呈现出以资本密集型行业为支柱产业的特征。

四、城市制造业效率测算

本书前面的研究曾经从制造业结构高度化和制造业价值链高度化两个维度构建了反映制造业转型升级的综合指标。事实上,上述两个维度的制造业转型升级,最终必然要体现在产业的投入—产出效率提升上。因为,处于高技术产业或者产业高端部分的效率通常要比低技术产业或者产业低端部分的效率要高。如果一个城市制造业效率较高,就表明该城市产业层次也比较高,相对于效率较低的城市呈现了一定程度的产业升级状态[1]。由此,本部分更进一步,采用制造业效率作为衡量城市制造业转型升级的指标。

产业效率的评价方法主要有两类:一类是以随机前沿生产函数(Stochastic Frontier Analysis,SFA)为代表的参数法;另一类是以数据包络分析法(Data Envelopment Analysis,DEA)为代表的非参数法。与SFA等参数法相比,DEA方法不需要考虑生产函数的具体形式,样本容量要求比较低,不受投入和产出指标的量纲性影响,也不必事先确定各指标的权重[2]。由于制造业效率是体现多方面投

---

① 盛丰.生产性服务业集聚与制造业升级:机制与经验——来自230个城市数据的空间计量分析[J].产业经济研究,2014(2):32-39,110.

② 刘迎春.中国战略新兴产业技术创新效率实证研究——基于DEA方法的分析[J].宏观经济研究,2016(6):43-48,57.

入和产出的综合结果，很难确定其影响函数，因此本部分采用 DEA 方法具体测算制造业效率。不过，传统的 DEA 方法只能分析各个决策单元在某一时刻的相对效率，即静态分析。本部分研究的是 2006～2012 年各城市的制造业效率，不仅要做静态分析来比较各城市的相对效率，而且还要比较各城市在多个时间段内的制造业效率。因此，笔者通过建立具有跨期投入、产出依赖关系的动态面板数据广义 DEA 模型，测算不同时期内各城市具有可比性的制造业效率。

1. 评价方法

（1）评价指标选取及数据来源。

为了评价和分析样本城市 2006～2012 年的制造业效率，本部分以制造业资本投入、年末从业人数作为投入指标，以制造业总产值、利润和废水排放量作为产出指标。其中，制造业资本投入用各城市制造业固定资产投资年平均余额来表示，由于相关统计年鉴中只统计工业固定资产投资年平均余额，因此用各城市工业固定资产投资年平均余额乘以该城市制造业总产值在工业总产值中的占比来近似替代；制造业废水排放量也缺乏直接的统计资料，处理方法类似。

根据制造业生产的特点，资本投入并不能在投入当年消化完全从而转化为产出，其效果往往需要在以后年度才可体现出来，这种滞后的产出近似相当于以后年度资本投入所产生的效果。因此在测算各城市的制造业效率时，针对资本投入这一特殊的决策变量，需要根据其特点构造相应的 DEA 模型，从整个样本期来观测各城市的制造业效率。参考 Sueyoshi 和 Sekitani（2005）的方法，这里将投入划分为两种不同的形式，即准不变投入（Z^t）和变动投入（X^t）[1]：其中，当年的资本投入为准不变投入，劳动力投入为变动投入。产出也有两种不同形式，即正常产出（Y^t）和特殊产出（Z^{t+1}）：其中，正常产出（Y^t）为当年产出，用制造业产值规模、盈利状况及对环境的影响（负向产出）综合反映，而特殊产出（Z^{t+1}）则用下一年度的资本投入表示。具体的投入和产出变量指标如表 5－4 所示。

为了使不同年份的指标具有可比性，制造业年总产值和年总利润均用工业产品出厂价格指数进行了平减，制造业固定资产投资年平均余额用各省固定资产投资价格指数进行了平减。以上所有变量数据均为全市数据，来源于历年各样本城市《统计年鉴》《中国城市统计年鉴》《中国区域经济统计年鉴》。

---

① Sueyoshi T. , Sekitani K. Returns to scale in dynamic DEA［J］. European Journal of Operational Research, 2005, 161（2）: 536－544.

表 5-4　投入和产出变量指标

变量	类别	指标
投入	准不变投入（Z^t）	当年制造业固定资产投资年平均余额（亿元）
	变动投入（X^t）	制造业年末从业人数（万人）
产出	正常产出（Y^t）	制造业年总产值（亿元）
		制造业年总利润（亿元）
		制造业废水年排放量（万吨）
	特殊产出（Z^{t+1}）	下一年制造业固定资产投资年平均余额（亿元）

（2）模型设定。

为了测度各城市制造业在样本期内各年的相对效率，本部分使用了动态面板数据广义 DEA 模型。该模型设定的说明如下：首先，在以上投入、产出要素的基础上，通过资本这一准不变投入既可作为上期产出、又可作为本期投入的双重身份，可构造出各城市在不同时期决策变量相互依赖、相互影响的关系，进而将不同时期的城市制造业生产联系起来，形成一个动态评价过程（见图 5-2）。其次，为了避免传统 DEA 方法中由于各期的技术条件及有效前沿不同而导致各期得到的相对效率具有不可比性的问题，这里采用面板数据广义 DEA 模型的思想，指定某一技术层面的观测数据为对照组，从而固定各期的有效前沿，使各城市的制造业效率在不同时期具有可比性[①]。最后，由于 DEA 方法常见的规模报酬不变模型（CCR）、规模报酬可变模型（BCC）在效率测算中未能综合考虑全部松弛变量，也就无法剔除松弛所造成的非效率因素，从而使决策单元之间的相对效率评价产生偏差。Tone（2001）提出的 SBM 模型很好地解决了这一问题，其效率值的测算不仅包含了每个投入和产出的差额，而且其结果不受投入和产出项的衡量单位影响，稳定性较好[②]，具有借鉴意义。综上，最终选定根据面板数据特点改进的 SBM 模型——动态面板 SBM 模型，来测算各城市历年制造业效率。

令决策城市单元为 DMU_i，评估窗口期为 2006～2012 年共七年，则在第 t 年的投入、产出向量分别为：

$X_i^t = (X_i^t)$：第 i 个决策城市单元在时期 t 的变动投入；

① 李春顶. 中国制造业行业生产率的变动及影响因素——基于 DEA 技术的 1998～2007 年行业面板数据分析 [J]. 数量经济技术经济研究，2009（12）：58－69；马占新，马生昀，包斯琴高娃. 数据包络分析及其应用案例 [M]. 北京：科学出版社，2013：154－156；赵萌. 中国制造业生产效率评价：基于并联决策单元的动态 DEA 方法 [J]. 系统工程理论与实践，2012（6）：1251－1260.

② Tone K. A slacks－based measure of efficiency in data envelopment analysis [J]. European Journal of Operational Research，2001，130（3）：498－509.

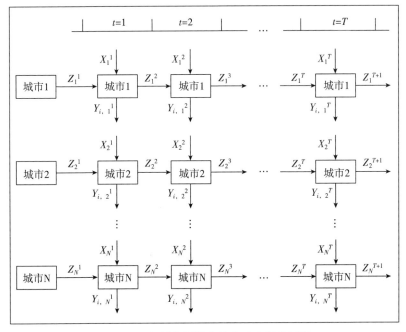

图 5 - 2　各城市制造业效率动态评价过程

$Z_i^t = (Z_i^t)$：第 i 个决策城市单元在时期 t 的准不变投入；

$Y_i^t = (Y_{1i}^t, Y_{2i}^t, Y_{3i}^t)$：第 i 个决策城市单元在时期 t 的三种正常产出。

以第 1 期（2006 年）作为对照组构造生产可能集，从而得到第 i 个决策城市单元第 t 年的效率测算模型如下：

$$\min\theta_i^t = \frac{1 - (S_1^-/X_i^t + S_2^-/Z_i^t)}{1 + (\sum_{r=1}^3 S_r^+/Y_{r,i}^t + S_4^+/Z_i^{t+1})}$$

$$st\begin{cases} X_i^t = \sum_{k=1}^N \lambda_k^t X_k^1 + S_1^- \\ Z_i^t = \sum_{k=1}^N \lambda_k^t Z_k^1 + S_2^- \\ Y_{r,i}^t = \sum_{k=1}^N \lambda_k^t Y_{r,k}^1 - S_r^+ \\ Z_i^{t+1} = \sum_{k=1}^N \lambda_k^t Z_k^2 - S_4^+ \\ \delta \sum_{k=1}^N \lambda_k^t = \delta \\ \theta_i^t, \lambda_k^t, S_1^-, S_2^-, S_r^+, S_4^+ \geqslant 0 \end{cases} \quad (5-1)$$

其中，θ_i^t 即为第 i 个决策城市单元第 t 年的制造业效率值。进而，以上模型根据 δ 取值不同可分别得到不同含义的效率值：当 $\delta = 0$ 时，在模型（5−1）得到的最优解（θ_i^{t*}，λ_k^{t*}）中，称 θ_i^{t*} 为综合效率（te）；当 $\delta = 1$ 时，在模型（5−1）得到的最优解（$\theta_i^{t*'}$，λ_k^{t*}）中，称 $\theta_i^{t*'}$ 为纯技术效率（pte）。本部分以制造业效率所衡量的制造业转型升级水平既包括技术进步效果，也包括规模报酬变动效果，因此采用综合效率（te）更为合适。以下取 $\delta = 0$，以 2006 年数据为对照组，对各城市制造业效率进行测算。

2. 测算结果

将模型（5−1）转换为线性规划模型，并在 LINGO 软件中编程求解得到 2006~2012 年各样本城市制造业综合效率。根据前面的城市聚类分析结果，进一步计算了历年 Ⅰ、Ⅱ、Ⅲ、Ⅳ 四类城市的制造业平均综合效率，以反映其制造业效率变迁趋势，初步考察不同类别城市制造业转型升级的表现，如图 5−3 所示：

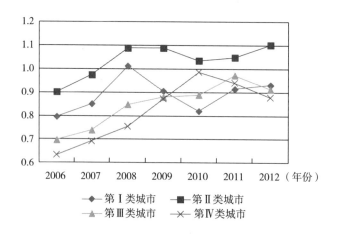

图 5−3 2006~2012 年各类城市制造业效率变动趋势

从图 5−3 可以看出以下特点：首先，各类城市的制造业效率均表现出明显的随时间波动增长趋势。本书研究了 2006~2012 年我国开始矫正世纪之交以来片面追求的"重化工业化"等产业发展倾向，在转变经济发展方式和国际金融危机的内外影响下启动产业转型升级，取得了阶段性成效，表现为制造业效率的总体提升。其次，通过横向比较发现，各类城市中历年制造业效率最高的始终是第 Ⅱ 类城市，其他三类城市的制造业效率虽然在个别年份有所交错，但总体上第 Ⅰ 类城市的效率高于第 Ⅲ 类城市，第 Ⅳ 类城市的效率最低。进一步观察城市类别特征可看出，第 Ⅱ 类城市绝大部分是我国主要的超大型、特大型城市及各个集聚经济圈的重要核心城市，不仅经济发展水平排在全国前列，也处于我国产业转型升级的前沿，因而其制造业效率最高；第Ⅰ类城市以技术密集型制造业为主导，相比于第Ⅲ、第Ⅳ类城市，这类城市制造业转型升级的基础条件更好，从而也表现出比后两类城市更高的效率；第Ⅳ类城市则以中西部地区资源型城市或原材料工业城市为主，传统产业存量高，新兴增长动力转换滞缓，产业转型升级难度相对最大，故制造业效率呈现出较低水平。整体而言，不同类别城市制造业效率变动与制造业转型升级的实际特征相符，这说明以制造业效率衡量制造业转型升级状况是恰当的，其效率值越高，表明城市制造业转型升级水平越高。

五、不同类别城市生产性服务业集聚模式实证分析

本部分依据反映制造业内部结构的城市类别分组，基于 2006～2012 年城市动态面板数据，运用广义矩（GMM）估计方法考察生产性服务业集聚模式对不同类别城市制造业转型升级的影响，从而为城市选择适宜的生产性服务业集聚模式提供参考。

1. 模型构建

（1）变量测度。

①被解释变量。用前面测算出的综合效率（te）表征制造业效率，作为代表制造业转型升级的指标。

②核心解释变量。根据生产性服务业集聚规律，选择城市生产性服务业专业化指数（$psspe$）和多样化指数（$psdiv$）分别衡量其专业化集聚和多样化集聚程度，作为分组实证分析中所关注的核心解释变量。其中，生产性服务业包括商贸流通业（含交通运输、仓储及邮政业，批发零售业）、知识密集型服务业（含信息传输、计算机服务和软件业，金融服务业，租赁和商业服务业，科学研究、技术服务和地质勘查业）共两个大类六个细分行业。首先，参考前章实证分析中构建生产性服务业集聚度指标的做法，这里也采用区位熵指标定义第 i 个城市第 j 个生产性服务细分行业第 t 年的集聚度为：

$$psad_{ijt} = \left(\frac{L_{ij}}{\sum\limits_{j=1}^{6} L_{ij}} \middle/ \frac{\sum\limits_{i=1}^{N} L_{ij}}{\sum\limits_{j=1}^{6} \sum\limits_{i=1}^{N} L_{ij}} \right)$$

其中，L_{ij} 为第 i 个城市第 j 个生产性服务细分行业的从业人数，$i=1, 2, \cdots, N$；$j=1, 2, \cdots, 6$。

$psad_{ijt}$ 反映了城市生产性服务细分行业集聚发展的相对专业化水平，进而从某城市各生产性服务细分行业集聚度的比较中就可以找到该城市专业化水平最高的行业，作为该城市生产性服务业专业化集聚程度的代表。因此，第 i 个城市第

t 年生产性服务业专业化指数为：$psspe_{it} = \max\ (psad_{ijt})$。

城市生产性服务业多样化集聚程度反映的是各行业发展程度的相近性，可用生产性服务各细分行业集聚程度的相似度来表示，则定义第 i 个城市第 t 年生产性服务业的多样化指数为各细分行业集聚度平均离差系数的倒数，即：

$$psdiv_{it} = \frac{avg_{it}}{\frac{1}{6}\sum_{j=1}^{6} |psad_{ijt} - avg_{it}|}，其中，avg_{it} = \sqrt[6]{\prod_{j=1}^{6} psad_{ijt}}$$

③控制变量。在根据制造业内部结构特征对样本城市进行分组回归时，为最大限度地减少估计偏差，增强模型的解释力，还要对反映每一个体城市的相关特征因素加以控制，因此引入如下控制变量：一是交通基础设施水平（TRA）：城市交通基础设施水平提升不仅有利于各类生产性服务业集聚，还将显著降低制造业生产要素和最终产品的运输成本，打开促进产业升级的新市场，用城市人均货运总量表示；二是知识密集度（KI）：城市知识密集度是支撑生产性服务业集聚和制造业转型升级的智力环境和软性因素，用城市每万人所拥有的高等学校专任教师数衡量；三是外商投资（FDI）：外商投资企业能显著增加对城市本地的生产性服务外包需求进而促进现代服务业集聚，还能通过引入先进技术带动制造业转型升级，用城市外商投资企业工业总产值占全部工业总产值的占比测度。本部分各种变量数据的口径和来源与前部分相同。

（2）模型设定。

制造业转型升级既受当期因素的影响，也受前期因素的影响，是一个动态演变和累积过程；此外，由于生产性服务业集聚与制造业转型升级之间也可能存在相互影响，会导致内生性问题。基于此，本部分建立动态面板模型，采用广义矩（GMM）估计方法[①]，分组考察各类别城市生产性服务业集聚模式对制造业转型升级的影响。设定的计量模型如下：

$$te_{it} = \alpha_1 te_{i(t-1)} + \alpha_2 psspe_{it} + \alpha_3 psdiv_{it} + \varphi_{it} \qquad (5-2)$$

$$te_{it} = \beta_1 te_{i(t-1)} + \beta_2 psspe_{it} + \beta_3 psdiv_{it} + \beta_4 tra_{it} + \beta_5 ki_{it} + \beta_6 fdi_{it} + \varepsilon_{it} \qquad (5-3)$$

使用 Eviews 9.0 对模型（5-2）、模型（5-3）回归，估计结果如表 5-5 所示。

Sargan 检验 P 值显示，各类城市的模型均通过了衡量整体工具变量有效性的 Sargan 过度识别检验；同时，由 AR（2）的检验结果可知，各类城市的模型均不存在二阶残差自相关，表明所得到的 GMM 估计值是无偏和一致的。

---

① Blundell R., Bond S. Initial conditions and moments restrictions in dynamic panel data models [J]. Journal of Econometrics, 1998, 87（1）: 115-143.

表5-5 城市分类别回归结果

解释变量	第Ⅰ类城市		第Ⅱ类城市		第Ⅲ类城市		第Ⅳ类城市	
	模型(5-2)	模型(5-3)	模型(5-2)	模型(5-3)	模型(5-2)	模型(5-3)	模型(5-2)	模型(5-3)
te（-1）	0.071**	0.860*	0.434***	0.167**	0.126*	0.021*	0.391***	0.322*
psspe	0.182***	0.294**	-0.207***	-0.049	0.411***	0.474	0.107	0.48
psdiv	0.092*	-0.026	0.047*	0.081***	-0.144***	-0.145**	0.086*	0.311*
tra	—	0.003	—	0.012**	—	0.002	—	0.001
ki	—	0.070	—	-0.003	—	-0.004	—	-0.017
fdi	—	2.217	—	-1.362	—	4.774**	—	-5.056
Sargan检验P值	0.218	0.228	0.314	0.316	0.377	0.629	0.218	0.08
AR（1）	0.095	0.6494	0.257	0.364	0.101	0.464	0.212	0.650
AR（2）	0.239	0.8342	0.705	0.829	0.442	0.846	0.236	0.936

注：***、**、*分别表示在1%、5%、10%的显著性水平下显著。

2. 实证结果分析

（1）第Ⅰ类城市。

从第Ⅰ类城市的估计结果可以看出，不论添加控制变量与否，生产性服务业专业化集聚对制造业转型升级都有显著的促进作用。在无控制变量的情况下，生产性服务业多样化集聚对制造业转型升级也有显著的促进作用，但增加控制变量后该作用则不显著，具有不稳定性。综合而言，生产性服务业专业化集聚模式有利于推动这类城市制造业转型升级。从制造业内部结构看，第Ⅰ类城市的技术密集型制造业占比接近60%，显著占据主导。相比于其他类型制造业，技术密集型制造业在产业链分工各个环节的迂回程度最高，知识和技术含量也最高，对异质性服务需求也最强，但这类城市却并未体现出生产性服务业多样化集聚的报酬递增效益。具体分析，一是技术密集型制造业具有更强的学习与吸收新知识、新思想的能力，并更多地将知识密集型服务外包，转而通过接受知识密集型服务业提供的过程创新及通用目的的知识与技术，提升制造业专业化水平，于是知识密集型服务业成为技术密集型制造业的主要服务提供者①。由于这类城市并未产生全方位、大规模的生产性服务需求，因此围绕各城市技术密集型制造业转型升级

---

① 赵婷，赵伟. KIS集聚、空间溢出与制造业创新——基于中国283个城市面板数据的实证研究[J]. 商业经济与管理，2014（1）：59-70.

的主导需求，构建特色鲜明的知识密集型服务细分行业的专业化集聚，更有利于形成集聚的良好溢出效应。对样本期内第Ⅰ类城市生产性服务各细分行业年均集聚度的测算可以提供进一步的佐证。例如，东莞市的金融服务业年均集聚度为2.85，远超出其他细分行业的年均集聚度（均未达到1），体现出金融服务业专业化集聚特征；深圳市的租赁和商业服务业也形成了典型的专业化集聚，其年均集聚度达到2.37，显著超出其他细分行业的年均集聚度；我国唯一的国家科技城绵阳市的科学研究、技术服务和地质勘查业集聚度达到2.78，同样凸显出鲜明的专业化集聚趋势。二是除了深圳市之外，第Ⅰ类城市大多是位于珠三角、长三角等重要集聚经济圈的区域性次中心城市或主要工业城市，区位条件虽然良好，但与超大型、特大型核心城市相比，高端服务要素禀赋却仍相对欠缺一些，不利于支撑"大而全""小而全"的多样化集聚；相反，它们完全可以依托城市产业关联在诸多行业领域接受核心城市功能齐全的高级生产性服务辐射，从而更好地支撑技术密集型制造业转型升级。

（2）第Ⅱ类城市。

对第Ⅱ类城市的估计结果表明，在模型（5-2）、模型（5-3）中生产性服务业多样化集聚对促进制造业转型升级均有显著的促进作用。专业化集聚在模型（5-2）表现出显著的抑制作用，在模型（5-3）中添加控制变量后则不显著。可见，第Ⅱ类城市生产性服务业集聚适合选择多样化模式。笔者还计算了2006～2012年各城市六个生产性服务细分行业年平均集聚度的标准差系数，得到Ⅰ～Ⅳ类城市的标准差系数范围依次为：（0.31，0.95）、（0.19，0.56）、（0.12，0.67）、（0.23，0.63）。其中，第Ⅱ类城市的标准差系数上限最小，下限较小，其范围也是最小的，这类城市表现出清晰的生产性服务业多样化集聚模式。对于上述情况，首先，第Ⅱ类城市的制造业内部结构以技术、资本密集型行业为主，对生产性服务需求的异质性程度较高。更重要的是，这类城市中的绝大部分都是全国性的超大型、特大型核心城市以及各个重要集聚经济圈的核心城市或区域性中心城市，经济发展水平高，处于我国制造业转型升级的前沿，必然要求满足本地高技术、高效率制造业发展对生产性服务中间投入的多样化、高端化需求。其次，从城市的功能定位来看，第Ⅱ类城市还承担着集聚人才、知识、技术、资本要素和向周边城市提供外延服务的核心能级功能，定位于发展成为综合性、区域性的生产性服务中心，通过集聚发展多样化的高级生产性服务业，辐射带动圈域内外其他城市的制造业转型升级。

（3）第Ⅲ类城市。

观察这类城市的估计结果，虽然在模型（5-2）中专业化集聚的作用为正，但在模型（5-3）中添加控制变量后就不显著了，表现出不稳定的作用。同时，无论是否引入控制变量，多样化集聚始终对制造业效率提升表现出显著的抑制作用。究其原因，一方面，第Ⅲ类城市生产性服务业集聚的低水平专业化制约了制造业转型升级。笔者统计了 2006～2012 年各城市生产性服务业的年均专业化集聚程度（用某城市六个细分服务行业年均集聚度的最高值表示），发现年均专业化集聚程度最低的城市在第Ⅲ类城市当中。若进一步对各类城市中每个城市的年均专业化集聚程度取平均值，作为该类城市专业化集聚水平的代表值，则Ⅰ～Ⅳ类城市专业化集聚水平分别为：1.74、2.13、1.25、1.63，第Ⅲ类城市仍然最低。出现上述问题，与这类城市的制造业内部结构特征有关：其一，劳动密集型制造业占据相对较大的比重，在四类城市中比例最高，由于此类制造业的产业链最短，对生产性服务业在本地专业化发展的诱致效应相对较弱；其二，均衡发展的制造业内部结构也使得这类城市难以突出围绕若干具有特色优势的主导产业转型升级来构建生产性服务业专业化发展格局，从而低水平专业化阻碍了集聚溢出效应的充分发挥。

　　另一方面，第Ⅲ类城市生产性服务业集聚的低层次多样化制约了制造业转型升级。这类城市均衡发展的制造业内部结构也说明其尚未达到工业化发展的高层次阶段，虽然从表面上看需要多种类功能的生产性服务，但从中间产品规模经济中所获得的集聚效益并不高，无法真正对生产性服务业多样化发展产生大规模的高层次需求，因此这类城市即便拥有一个份额很高的本地服务部门，仍会因其规模过小而难以形成任何产业的规模经济和整个城市的集聚效益[①]。笔者对所有城市生产性服务各细分行业年均集聚度进行分类整理，取各类城市每个细分服务行业年均集聚度的城市平均值作为该类城市对应行业的专业化集聚水平的代表值，发现第Ⅲ类城市六个行业的专业化集聚水平在四类城市当中除批发零售业处于中游水平外，其余五个行业的专业化集聚水平均是最低的，表明生产性服务业整体发展层次比较低；相反，第Ⅲ类城市却表现出很高的多样化集聚水平，笔者对各类城市中所有城市的年均多样化集聚程度指数取城市平均值作为Ⅰ～Ⅳ类城市的多样化集聚水平，其值分别为：1.59、3.32、3.37、1.63，第Ⅲ类城市最高。然而必须指出，这种未经历生产性服务业高水平专业化发展阶段所呈现出的低层次多样化集聚模式，并非为"强强联合"，实则为"弱弱联合"，很难通过生产性服务业各行业的有效合作，以制造业转型升级为导向扩大服务范围，优化服务内容和质量，也就难以产生多样化集聚的良性溢出效应。

　　进而，尽管第Ⅲ类城市大多地处我国各个重要集聚经济圈，区位条件较好，其中一部分还是区域性中心城市或次中心城市，但要改善生产性服务业集聚对制

① 柯善咨，赵曜．产业结构、城市规模与中国城市生产率 [J]．经济研究，2014 (4)：76-88，115.

造业转型升级的作用，现实路径并非是"一步到位"式地发展生产性服务业的高层次多样化集聚，其主要原因在于缺乏高水平专业化集聚的支撑。事实上，只有通过高水平专业化集聚，才能构建起充分的服务职能分工、交易和协作关系，为制造业提供高效、细化的服务，实现制造业效率递增。因此，第Ⅲ类城市应进一步梳理和明确优势制造业转型升级的主攻方向，从而选择与此有重要投入—产出关联的生产性服务业，以补齐短板为出发点，着力提升专业化集聚水平，同时积极与本圈域乃至更大区域空间范围内的更高功能层级城市构建互联协调的生产性服务业合作格局，共享多样化的服务产品。在此基础上，部分高端服务要素禀赋较好的区域性中心城市可以进一步选择集聚发展总部经济、智慧技术、金融财富等高级生产性服务业，渐次形成高层次的多样化集聚。

（4）第Ⅳ类城市。

从对第Ⅳ类城市的估计结果可以看出，在模型（5-2）、模型（5-3）中生产性服务业多样化集聚都表现出对制造业效率的显著促进作用，而专业化集聚则没有产生显著影响效果。这表明第Ⅳ类城市应着重发展生产性服务业多样化集聚。更细致地看，一方面，这类城市大多突出发展与地方矿产资源禀赋密切相关的资本密集型制造业，并集中在黑色金属或有色金属冶炼和压延加工业等少数原材料行业。资本密集的行业特性决定了在产业链的各个环节需要获得多样化的生产性服务：制造装备多、投资需求量大的特点要求金融业在其上中游生产环节提供资金支持；原材料、产成品批量多、体量大的特征不仅要求发达的交通运输、物流仓储及大型专业市场提供配送服务，更需要在当前"互联网+"高速发展的形势下，通过获得大数据、云计算、物联网等智慧技术服务[①]以提升制造业价值链的效率。另一方面，这类城市全部由中西部城市构成，高端服务要素禀赋并不充裕，从另一个侧面也要求其结合城市特殊的原材料产业背景及其转型升级的需求，聚焦发展与特定制造业集群体系配套的生产性服务业多样化集聚。

控制变量方面，交通基础设施水平的系数均为正，但只有在第Ⅱ类城市显著，我国不同区域的城市要持续改善城市城际交通基础设施状况，提升制造业效率。知识密集度的系数有正有负，但在不同类别的城市均不显著，我国城市要努力将静态的人力资本和知识资本动态地融入产业发展当中，有效增强知识生产和运用能力，从而促进制造业转型升级。外商投资的系数也是正负互现，但只有在第Ⅲ类城市显著，原因是我国引进的 FDI 主要是劳动密集型制造企业，较难产生技术溢出，因而只有在产业结构层次偏低的城市中才能显现出基于嵌入全球价值链的升级效应，不过这恰恰造成了制造业低端锁定的困境，我国不同类别的城市

---

① 杨正洪. 智慧城市：大数据、物联网和云计算之应用［M］. 北京：清华大学出版社，2014：1.

应积极引导和激励技术密集型外商投资，同时拓展外商投资企业的知识型服务工作外包，从而强化对制造业转型升级的正向作用。

六、城市生产性服务业集聚模式的选择基准

根据上述，可以提炼出城市生产性服务业集聚模式的选择基准，即在制造业转型升级的背景下，以技术、资本密集型制造业为主导的集聚经济圈核心城市应发展高级生产性服务业多样化集聚，以不同类别制造业均衡发展的城市应围绕重点功能需求提升发展生产性服务业专业化集聚，以技术密集型制造业为主导的城市应发展知识密集型服务业专业化集聚，以资本密集型制造业为主导的西部等地区城市应发展与特定制造业集群体系配套的生产性服务业多样化集聚。根据这一选择基准，不同类型城市集聚发展生产性服务业的重点细分行业主要是以下几种情况。

第一，以技术、资本密集型制造业为主导的全国性及各个重要集聚经济圈核心城市（第Ⅱ类城市）应重点发展高级生产性服务业多样化集聚。要充分利用有利的区位环境和要素禀赋，强化知识、智力、人才、技术等异质性高端服务要素的集中，着重发展金融财富、研发设计、智慧技术、总部经济、人力资源、创意服务、商贸服务综合平台（大型零售商、大型电商、大型专业市场、第四方物流）等高级生产性服务业多样化集聚。一方面，以高级生产性服务业多样化集聚推动本地制造业向先进制造业整体迈进，同时培育成熟的产业价值网链规则设计商或系统集成商[1]，引领构建国家价值链[2]，带动提升我国制造业在全球价值链的位势，率先实现从"制造"向"智造"的升级；另一方面，以优化集聚经济圈内部生产性服务业分工协作格局为导向，积极向周边区域的次中心城市或地方性中小城市提供科技含量高、辐射作用强的高级生产性服务，带动圈域制造业整体升级。

第二，以不同类别制造业均衡发展的城市（第Ⅲ类城市）应在明晰本地制造业转型升级重点行业和方向的基础上，有选择、有侧重，补偿性地发展生产性服务业专业化集聚。要推动制造业纵向延伸或横向拓展产业链，提高分工迂回程度，在专注于核心能力的同时将不擅长的价值创造环节分离出来，引导电子商务、第三方物流、专业市场、会展等商贸流通业，以及产品开发、信息传输、商务服务、技术咨询等知识密集型服务业形成更高水平的专业化集聚，有条件的城

---

① 刘明宇，芮明杰. 价值网络重构、分工演进与产业结构优化［J］. 中国工业经济，2012（5）：148－160.

② 刘志彪，张杰. 从融入全球价值链到构建国家价值链：中国产业升级的战略思考［J］. 学术月刊，2009（9）：59－68.

市还可循序发展高层次的生产性服务业多样化集聚，从而帮助制造业高效生产运营，降低贸易成本，实现从低加工度到高加工度、低附加值到高附加值的升级。

第三，以技术密集型制造业为主导的城市（第Ⅰ类城市）应重点发展研发设计、科技金融、商务服务、智慧技术、检验测试等知识密集型服务业特色型专业化集聚。要以知识型服务投入向制造业输入更多的智力支持，促进制造业重构产业链，从而显著增强制造业的创新能力，形成具有自主知识产权的优势品牌，提高战略性新兴产业、高新技术产业的比重，更好地满足终端顾客的需求，实现从低技术含量到高技术含量、大规模批量生产到大规模客户化定制的升级。

第四，以资本密集型制造业为主导的西部等地区城市（第Ⅳ类城市）应重点发展适应城市产业特点的多样化集聚，即为特定制造业集群配套的体系化集聚。要促进产业金融、第三方物流、专业市场、电子商务、信息技术、节能环保服务等生产性服务业在特定资本密集型产业集群中的融合，构建贯穿于整个制造业产业链中完善的城市生产性服务体系，为制造业提供动态交互的功能服务，不断提升制造业的规模经济和专业经济水平，使其实现从独立发展到协同发展，粗放发展到可持续发展的升级。

通过实证分析得到的以上选择基准不仅具有普遍适用性，也符合西部地区城市的特点。从聚类分析中进入Ⅰ～Ⅳ类城市的西部城市实际情况看，总体符合本书归纳出的各类城市产业基础和要素禀赋特征；同时，这些分类也涵盖了西部城市制造业的主要结构特征①。因此，这一基准可以供较大范围内的西部城市以制造业转型升级为导向选择生产性服务业集聚模式。

第二节　城市生产性服务业集聚模式变迁：基于集群式价值链网络演进视角的分析

上节的理论框架与实证分析显示，城市根据异质性产业结构特征和高端服务要素禀赋状况，以制造业转型升级为导向选择不同的生产性服务业集聚专业化模式或多样化模式。不难看出，这一结论的含义清晰地表明：生产性服务在城市内或区域间发生了供需联系和产品流动，形成类似于"链条"或"网络"特征的服务业特色化与差异化发展、分工与协作发展的格局。那么，究竟是什么原因导致了生产性服务业在以城市为典型代表的不同范围空间单元形成了行业范围和层

---

① 从东中部城市在实证分析中Ⅰ～Ⅳ类城市的分布情况，也可以类似地印证选择基准的总体适用性。

次结构各异的集聚模式？这些看似独立的集聚模式有无必然发生的内在逻辑和先后次序？可否在一个反映生产性服务业集聚和制造业转型升级协同演进的更大系统中加以诠释和考察？针对这一问题的研究将丰富上一小节研究结论的实用性，从而最终为西部地区单个特定城市在实践中厘定支持制造业转型升级的生产性服务业集聚发展的具体模式提供更为明确的指导，促成生产性服务业集聚"落地"。

笔者认为，解决这一问题的主线脉络，仍在于进一步深入阐释和理解前章曾述及的集群式价值链网络演进的机理。具体而言，基于生产性服务业集聚与制造业转型升级的动态发展，集群式价值链网络沿着产业组织和空间范围两个维度演进，为企业、城市、集聚经济圈和国家产业升级提供动力，同时也带动生产性服务业在不同空间层次形成差异化集聚模式，构筑起支撑产业转型升级的适宜平台。

一、集群式价值链网络及其演进内涵

生产性服务业的集聚发展表现为各种服务生产要素在一定地域范围的有效集中和大量集聚。这一现象不仅已成为现代服务经济快速崛起的显著标志，并且正如前面所深入分析的，它对制造业转型升级产生了积极的溢出效应。要使这一效应落地，则需要通过生产性服务企业在特定空间范围中形成一定的集聚模式，即通过集中发展形式和行业的空间组合加以实现。问题在于，现实当中的生产性服务业在不同层级或尺度的地域单元呈现出不同的集聚模式，那么这些异质性的集聚模式是否与制造业转型升级进程存在内在的逻辑关联？其发展是否遵循着一定的转换规律？不同区域或城市的生产性服务业集聚又是否存在着连接和协调？探讨上述问题，对于地方产业政策制定者合理选择生产性服务业集聚模式进而促进制造业转型升级具有重要的理论指导和实践参考价值，目前却很少见到系统梳理式的研究。以下内容将从集群式价值链网络演进的崭新视角切入，从更宽广的系统视角来阐释二三产业协同发展的结构和空间轨迹，力求为理解生产性服务业集聚模式的变迁和选择机制提供更加深入的认识。

在经济全球化和区域经济一体化带动产业分工协作深化的背景下，产业集群和价值网链通过日益耦合所构建的集群式价值链网络，不仅是有效的区域经济发展载体，更成为提升国家产业竞争力的重要战略工具。前文曾提及，集群式价值链网络是特定地理空间因素与产业的生产及服务要素、资源有机结合，由制造业、生产性服务业等企业主体依托产业关联，进而在集聚过程中形成以竞争与合作关系为基础的网络组织。这种基于专业化分工、由集聚在一定区域的企业所构成、显现产业链上不同功能节点关联状态的价值网络，是一种介于企业和市场之间的中间性产业网络组织。

可以从两个维度更深入地理解集群式价值链网络的内涵：一是产业组织维度。伴随着企业价值创造要素从物质要素升级到知识要素，价值创造源泉从有形物质拓宽到无形资源，价值创造范式从实体经营拓宽到虚拟经营，价值创造空间从企业内部延伸到企业外部①，由制造业与生产性服务业为构成主体的集群式价值链网络历经了从线性链条到平面网络再到立体结构的演进过程，它不仅包括众多单一、单向的价值链，还日益表现出由不同层级主体构成的立体式价值网络结构。二是空间范围维度。制造业与生产性服务业依托紧密的产业关联、不同的产业属性在一定空间范围内协同定位、协同发展，集群式价值链网络的演进不断突破空间限制，从而逐步形成产业集群、功能集聚区、集聚经济圈等经济空间，进而支撑国家经济转型发展和产业竞争力提升。

　　集群式价值链网络自增强性质的演进源于分工。由于技术的不断进步，增强了产品生产环节、工艺之间的可分割性，中间产品或服务数量大幅度增加。于是，原先内部化于企业当中的一些价值链环节外部化了。在这种分工深化及所伴随产生的迂回生产范式下，基于产业组织与空间范围双重网络式扩张的集群式价值链网络形成和发展将进一步加速分工的演进②，从而整个价值网链获得了内生的专业化报酬递增效益，形成良性的演进机制。结合上述，更具体地来说，集群式价值链网络演进的内涵包含有两个：一是集群式价值链网络产业组织的演进。在竞争加剧和分工深化的背景下，大量生产性服务活动从制造企业内部分离出来成为独立业态，并以不同方式重新嵌入制造业价值链，使得价值网链各处节点及每一节点中的协作企业数量增加，价值网链结构和层级关系也日趋复杂，推动价值网链中的企业竞争与合作关系良序发展，为制造业转型升级打开新的空间，进而在集群式价值链网络不断优化和重构的过程中实现二三产业的协同演进。二是集群式价值链网络空间范围的演进，它包括价值网链在一个区域之内和在不同区域之间的延伸、拓展和重构，进而拓宽市场范围，优化生产要素的空间配置效率，引导二三产业空间结构的合意变迁，最终提升区域和国家的产业竞争力③。

二、集群式价值链网络演进、产业升级与生产性服务业集聚模式变迁

　　根据以上分析可以得知，集群式价值链网络沿着产业组织和空间范围两个维度螺旋式攀升，实质反映出生产性服务业集聚与制造业转型升级之间动态演变的

　　① 王树祥，张明玉，郭琦. 价值网络演变与企业网络结构升级［J］. 中国工业经济，2014（3）：93－106.
　　② 严北战. 集群式产业链形成与演化内在机理研究［J］. 经济学家，2011（1）：78－85.
　　③ 程李梅，庄晋财，李楚，陈聪. 产业链空间演化与西部承接产业转移的"陷阱突破"［J］. 中国工业经济，2013（8）：135－147.

关联关系。一方面，在空间集聚范式下，生产性服务业与制造业在相应地域范围内构建了集群式价值链网络，进而依托其中的生产性服务企业之间的竞争与合作，通过一定的传导机制对制造业转型升级产生积极影响，持续带动集群式价值链网络的演进和重构；另一方面，集群式价值链网络的演进映射出制造业转型升级的方向，还由此对生产性服务业空间集聚的微观、中观和宏观层面的模式产生异质性需求，从而影响着不同类型区域或城市集聚发展生产性服务业的行业及其区位分布选择。以下将围绕集群式价值链网络演进的四个阶段剖析生产性服务业集聚模式变迁与制造业转型升级之间的关系。

1. 形成阶段

集群式价值链网络的演进是一个由点到线、由线联网的变迁过程，形成阶段则是整个进程的逻辑起点。由于某种偶然事件与自然资源、经济要素、产业基础、地域文化和政策制度等区域优势条件撞击，诱发了价值网链的产生[1]。在集群式价值链网络演进的最初阶段，通常只存在单一的生产企业或制造部门，价值链各环节和各节点全部都集中在这一组织内部。生产性服务被固化为行政权威治理下的企业内部分工，而缺乏价格规制下的外部交易市场；它主要发挥经济润滑剂的作用，为制造企业间的交易活动提供服务，其需求和供给完全局限在企业内部自给自足，并以制造企业为载体在空间上体现为零散的点状组合。由于在企业内部需要整合与协调众多的价值链节点，当企业规模扩大到一定阶段后，这种分工细化会耗费大量成本，并对制造企业的核心竞争力造成直接的不利影响。

为克服上述个体企业内部纵向一体化产生的报酬递减，同时随着制造业部门内部服务职能多样化、复杂化的发展变化，制造企业逐步将非核心业务进行分解并外包，开始从外部寻源来获取服务产品的供给，转而专注于自身最具优势的价值链环节。外包业务的种类一方面可以是基本性活动，如制造维修服务、物流服务、销售代理服务等；另一方面也可以是支持性活动，如研发服务、采购服务、财务企划服务、人力资源服务等[2]。这样一来，独立的生产性服务企业逐渐涌现，并将提供的服务重新嵌入制造业价值链中，起到经济发动机的作用。由此，集群式价值链网络开始形成，其主要特征表现为迂回生产链条延伸，通过市场交易的专业化中间产品和服务数量增多。于是，制造企业得以在分工深化的范式下，专注于提升核心能力，并分享专业化水平提高带来的报酬递增。对于生产性服务业而言，主要围绕靠近单个或多个核心制造企业形成点状发散式的单核集聚模式或多核集聚模式，如图 5-4 所示。更确切地说，形成阶段的集群式价值链

①　严北战. 集群式产业链形成与演化内在机理研究 [J]. 经济学家，2011（1）：78-85.

②　刘明宇，芮明杰，姚凯. 生产性服务价值链嵌入与制造业升级的协同演进关系研究 [J]. 中国工业经济，2010（8）：66-75.

网络主要表现出反映中小型服务企业与大型制造企业之间供需关系的价值链形态①，服务业和制造业协同集聚的特征明显，不同的服务企业为争夺核心制造企业的服务需求而展开竞争与合作，从而构建起具有竞争优势的区域价值创造系统。需要注意的是，核心制造企业在集群式价值链网络形成阶段的作用非常关键，因为它可以显著增进价值链各企业间的交易频率，降低交易成本，从而带动价值链延伸来构建区域优势产业。近年来，我国一些后发区域例如西部地区的新兴工业城市正通过承接产业转移等路径加速工业化进程，核心制造企业不断培育和出现，对生产性服务外包的诱致效应较强，因此这类区域和城市适合于采用单核集聚模式或多核集聚模式发展生产性服务业，为制造业转型升级提供动力。

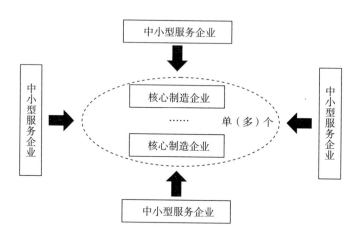

图 5-4　集群式价值链网络形成阶段的生产性服务业集聚模式：单核集聚或多核集聚

2. 成长阶段

集群式价值链的初步形成产生了正外部性和集聚经济，并为其后加入的企业降低了开发成本，于是就吸引了区域内的各类生产要素、资源加速向集聚区位移和集中，也为群链规模发展提供了成长的空间，集聚发展成为制造业和生产性服务业降低经营成本、提高利润的空间组织范式。此时，由于集群式价值链网络不同价值区段节点上的企业不断聚集，数量持续增加，从而触发价值链滋生的动态进行，使原有产业价值链不同节点进化为"即插即用"的价值模块，并为价值网络结构的形成提供了基础。所谓模块化，通常是指通过每个可以独立设计的，

---

① 刘曙华. 生产性服务业集聚与区域空间重构 [M]. 北京：经济科学出版社，2012：104.

并且能够发挥整体作用的更小的子系统来构筑复杂的产品或业务过程①。在产业结构模块化嬗变的趋势下，价值链模块化就是价值链重构的过程，即将一体化的价值链条结构逐渐裂变成若干相对独立的价值节点，通过各价值节点的横向集中、整合和功能强化，实现对产业系统的动态分化与整合，最终使产业价值链条上各环节序贯的上下游关系演进为模块化空间立体网状关系②。循此逻辑，随着集群式价值链的快速成长，区域产业专业化程度增强，众多集聚的企业开始弱化对上下游价值区段节点企业的依赖，转变为聚焦于价值链中的某一环节而潜心耕耘，便有可能促使不同价值节点发生横向断裂，形成若干新的子产业，即符合界面标准并具有可重复性和兼容性特征的独立价值模块，原有线性模式的集群式价值链就演变为立体结构的价值网络。

考察一个相对独立的集群式价值网络，各个价值主体不但会顾及自身价值，还更加关切立体网络上各节点的相互联系、互动与融合，从而实现整体价值创造的共时性和协同性。处于顶层的是规则设计商，一方面拥有占据主导地位的知识结构，提供保证模块分解化和模块集中化顺利进行的框架性标准和规则；另一方面还拥有整个价值网络终端市场的客户和渠道资源，进而集成价值网络的终端产品参与外部市场。处于第二层次的是系统集成商，通过制定适当的任务结构和界面规则，确定模块的功能和规模，在实现各功能模块链接的基础上完成网络价值流的整合。处于最低端的是模块供应商，作为基础的网络单元，它在遵循既有系统设计规则的基础上，充分利用自身要素禀赋优势，独立完成模块子系统的规则制定、内容开发和工作进程。集群式价值网络的生成，使不同产业价值链出现交错与融合，节点企业高度协作、柔性进出、松散耦合，并可通过价值提升与网络拓展，带动价值网络重构，从而促进区域产业创新和经济升级③。

具体而言，基于价值网络的形成，产业集群中的生产性服务价值链嵌入与制造业转型升级开始呈现出纵横交织、协同演进的新动态。伴随着单一的制造节点反复裂变为具有丰富异质性层级主体的立体模块，对生产性服务需求的广度和深度显著增强，对服务产品的需求也逐步多样化和差异化，区域性服务市场产品生产体现出精细化、标准化趋势，不同类型的生产性服务企业大量涌现，其规模化和专业化竞争优势进一步凸显，许多生产性服务企业在制造区段的上下游服务区段中快速成长，从模块供应商发展成为系统集成商乃至规则设计商。由此，生产性服务业已由发展初期的向制造企业提供单一性或阶段性的服务，逐渐发展成为提供全方位、全过程的知识、技能和技术服务。换句话说，生产性服务业不再是

① ［日］青木昌彦，安藤晴彦. 模块时代：新产业结构的本质［M］. 周国荣译. 上海：上海远东出版社，2003：29.
②③ 宗文. 全球价值网络与中国企业成长［J］. 中国工业经济，2011（12）：46－56.

产业集群创造价值的从属部门，转而密切地与制造业通过跨组织网络资源互动共创价值。基于上述，生产性服务业部门在本地经济结构中的比重显著加大，生产性服务业集聚区域升级为集群式价值链网络的"供应核"或"智力核"，各类服务行业或企业由于地理集中而发生的竞争与合作，将引发集群式价值链网络不断重构，以降低贸易成本和提升专业化水平为纽带推动制造业转型升级。反过来，制造业转型升级又会对生产性服务业内部的分工深化提出更高要求，促使其不断强化集聚的规模报酬递增效益，形成产业升级的循环累积因果关系。

可见，处于集群式价值链网络成长阶段的生产性服务业，将充分利用内部分工基础和专业化服务优势，注重与特定制造业集群的融合发展，形成符合该产业集群特性的生产性服务体系，构建与特定产业集群配套的体系化集聚①，如图5-5所示。这种集聚模式不仅有利于克服价值网链原有的一些断链、短链等问题，更有利于生产性服务企业与制造企业在密切交互中不断获取新知识，提供新服务，从而促进集群式价值链网络的可持续发展。生产性服务业体系化集聚在空间布局上显现出两个特征：一是大型服务企业与中小型服务企业形成特定空间范围内的混合集聚，在信息共享、知识溢出的影响下，不断强化竞合关系；二是生产性服务业集聚区空间功能的整合与联动显著加快，专业化服务集聚区、多样化服务集聚区、服务业与制造业协同集聚区等各类服务功能综合体或城市综合体（如中央商务区等）得到发展和扩张②。一般来讲，生产性服务业体系化集聚需要以良好的产业基础条件和服务要素禀赋作为支撑，因而主要适用于区域性中心城市或重要工业城市。例如，浙江义乌商圈就是一个生产性服务业集群与制造业集群共演互动的集群式价值链网络成长的典型例子。它从最初由几个经营商户（营销节点）与分散式作坊企业（制造节点）相互合作的价值链，跃迁为当今由小商品城专业市场（商贸服务系统集成商，涵盖与小商品生产制造配套的会展、现代物流、电子商务等本地现代服务业集群）与小商品制造集群（制造模块）相互影响、相互依存的区域产业价值网络③。各类商贸服务企业围绕小商品制造集群形成体系化集聚，并为获取所售产品的差异化优势展开激烈竞争，进而演变为不同供应链之间的竞争，促使小商品制造商不断进行品种创新和技术升级，实现了通过二三产业协同互动推动价值网链的演进。

① 但斌，张乐乐，钱文华.知识密集型生产性服务业区域性集聚分布模式及其动力机制研究［J］.软科学，2008（3）：5-8.

② 刘曙华.生产性服务业集聚与区域空间重构［M］.北京：经济科学出版社，2012：123.

③ 陆立军，郑小碧.基于共同演化的专业市场与产业集群互动机理研究：理论与实证［J］.中国软科学，2011（6）：117-129.

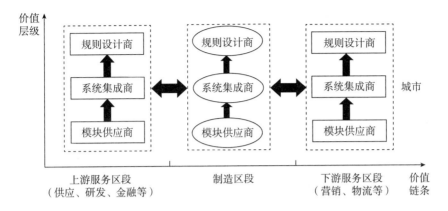

**图 5-5 集群式价值链网络成长阶段的生产性服务业集聚模式：
特定制造业集群中配套的体系化集聚**

3. 成熟阶段

集群式价值链网络分工的内在要求与区域条件的外部限制是一组相对的力量：受到区域条件的制约，价值网链的成长会在一个区域内出现相对的稳定状态；但在区域间要素转移约束得以放松的前提下，集群式价值链网络的演进将会突破传统的地方或者城市界限，在更大的区域空间范围内寻求发展空间，获取广域集聚经济。

如前所述，当集群式价值链网络经历了快速成长时期，发展到一定规模后，其内部产业化分工协作程度极大提高，配套协作、信息传递等功能日臻完善。然而，此时扩张的动力趋于弱化，而阻力则趋于增强，它面临着空间范围演化新的路径切换。对于制造业来说，首先随着城市化进程的推进，劳动力、土地等要素成本不断上涨；其次区域间交通运输成本却持续降低，因此制造业部门可以在更广区域范围内的中小城市分布，以实现前后向联系和共享劳动力市场。对于生产性服务业而言，为满足规模更大、日趋复杂的知识创造、溢出和积累的需求，它必须依托大城市区域充足的知识密集型劳动力和人力资本来集聚发展，以获取城市化经济收益。换而言之，一方面对于不同的产业部门，空间增长模式存在差异，当不同产业的规模报酬状态乃至在整体经济部门中的相对重要性出现变化时，空间结构会相应地发生变化；另一方面对于特定的产业部门，空间集聚发展模式也将随着其不断成长而发生变化①。正是由于区域产业间联动增强，集群式

---

① 赵勇，魏后凯. 政府干预、城市群空间功能分工与地区差距——兼论中国区域政策的有效性 [J]. 管理世界，2015（8）：14-29，187.

价值链网络以提升要素和资源空间配置效率为导向跨区域展开新的产业空间重构，生产性服务业和制造业生产要素（资本、劳动力等）开始出现跨区域流动，从而实现空间职能分工①。

空间职能分工在两个层面上表现出二三产业在不同城市间产生空间分异的态势。一是在纵向的价值链区段上，管理部门（如公司总部、营销部门）和研发部门向大型中心城市集聚，加工和制造部门则向中小外围城市集聚。二是在横向的价值模块中，整机组装、先进制造等制造系统集成商或规则设计商向技术和资本密集的大型中心城市集聚；而零部件、原材料供应等制造模块供应商向劳动力和土地要素充足、成本相对较低且产业配套能力强的中小外围城市集聚；同时，总部经济、金融财富、创意服务、商贸综合平台（大型零售商、大型电商、大型专业市场、第四方物流）等高级生产性服务系统集成商或规则设计商侧重在大型中心城市形成多样化集聚；产品开发、商务服务、技术咨询、电子商务、第三方物流、专业市场等生产性服务模块供应商则侧重在中小外围城市形成专业化集聚。那么，在集群式价值链网络空间职能分工的引导下，生产性服务业集聚与制造业转型升级的联系进一步升级为依托城市网络的协同动态：一方面，位于服务功能高位层级的大型中心城市不仅要通过生产性服务业多样化集聚服务于升级前沿新动态和新情境都十分丰富的本地制造业，还要努力扩大服务辐射的空间范围，推进中小外围城市制造业转型升级；另一方面，位于服务功能低位层级的中小外围城市通过构建具有鲜明特色的生产性服务业专业化集聚，同时接受中心城市功能齐全的高级生产性服务辐射，共同对本地制造业转型升级起到良好的支撑作用。

正是集群式价值链网络在不同功能等级的城市间所实现的二三产业空间重构，推动了集聚经济圈的形成。众多集聚经济圈集中了一国大部分有形产品和无形服务的生产能力，具有产出和产能高度集中，或者产品对外高度输出等特征，是一国参与国际竞争的战略性空间载体，也是国家先进生产能力的典型代表②。可以说，集群式价值链网络演进过程中在集聚经济圈内部引发的生产性服务业与制造业协同分工，是其产业组织和空间范围演化实现双重跨越的关键特征，标志着价值网链走向成熟。

更值得注意的是，这一阶段生产性服务业不再局限于服务制造业，同时也开始服务生产性服务业本身。事实上在发达国家，第三产业生产性服务已经成为生

① Duranton G., Puga D. From sectoral to functional urban specialisation [J]. Journal of Urban Economics, 2005, 57 (2): 343 – 370.

② 胡晨光. 产业集聚与集聚经济圈的演进 [M]. 北京：中国人民大学出版社，2014：8.

产性服务的主体①。来自企业内或企业间生产性服务部门在集聚经济圈的空间分布，依托集聚形成日趋重要的生产性服务前向关联和后向关联，可贸易程度显著提高。最终服务供应商需要得到其他服务供应商的人力、资本、信息、创意、计划和知识等中间投入，才能为客户完成服务产品的生产和销售。上述关联不仅存在于服务企业和跨国公司总部之间，还愈加体现在圈域中小型服务企业之间。于是，基于复杂多样的企业间、行业间商业联系和市场交易，传统生产要素被颠覆，众多新模式、新业态应运而生，生产性服务业在集群式价值链网络的不同价值区段、不同模块层级相互提供中间服务产品，对圈域协同贡献度明显上升，从而逐步取代制造业而成为驱动集聚经济圈形成城市经济网络联系的关键力量。例如，根据一项 2011~2012 年对珠三角经济圈生产性服务企业的微观层面调研分析，该经济圈生产性服务业的客户有 23.4% 来自生产性服务部门，只有17.2% 为制造企业。核心城市广州、深圳之间的生产性服务业关联度在圈域内最高，且明显高于具有"世界工厂"之称的制造业基地东莞与这两个核心城市的生产性服务业关联度。此外，珠三角其余城市尤其是服务功能层级更低的城市都通过广州、深圳向更大的外部服务市场寻源生产性服务。概而言之，珠三角经济圈生产性服务业分工协作以服务于圈域内市场为导向，而制造业分工协作则以服务于圈域外、国外市场为导向；同时，由生产性服务业连接的圈域城市体系显现出由核心城市广州、深圳主导的层级结构和外部联系，而制造业发展的城市关联则与城市规模等级关系甚微②。可见，建立在城市间交错集聚基础上的生产性服务业区域协同发展已凸显出对构建集聚经济圈经济网络的核心支撑。

综上所述，集群式价值链网络成熟阶段的生产性服务业集聚模式和区域空间结构、城市功能结构关联紧密，表现为集聚经济圈内部"中心—外围"网络化集聚模式，如图 5-6 所示。也就是说，由于城市的服务能力出现等级差异，导致不同等级服务城市的出现，如圈域性服务中心城市、地区性服务中心城市，从而以此构建集聚经济圈的城市结构体系。在此模式下，集聚经济圈内部各城市都应按照生产性服务业发展的比较优势来定位主要的服务功能，构建和融入优势互补、核翼互动的圈域服务协作网络，共享服务产品生产的广域集聚经济。

4. 蜕变阶段

历经形成、成长和成熟阶段之后，集群式价值链网络演进面临着更大的挑战，首先，它必须在更高层次上回应一国产业升级与区域经济协调发展，及其提

① 李江帆，蓝文妍，朱胜勇. 第三产业生产服务：概念与趋势分析［J］. 经济学家，2014（1）：56-64.

② Yeh A. G., Yang F. F., Wang J. J. Producer services linkages and city connectivity in the mega – city region of China: A case study of the Pearl River Delta［J］. Urban Studies，2015，52（13）：2458-2482.

升在全球价值链位势的诉求，才能迈出价值创造功能最高端、最有创新性、最具跳跃意义的一步，从而显著延伸生命周期，否则将有可能因为在更广范围的价值网络竞争中失去优势或遭遇不利的环境变化冲击而走向衰退。于是，集群式价值链网络进一步突破不同集聚经济圈的地域边界展开裂变重组，协同构建以内需为本、区域协同、知识主导、服务拉动为内核的国家价值链，成为其更新升级乃至蜕变的根本路径选择，并为真正掌握国家产业转型升级的主动权打开更为广阔的空间。

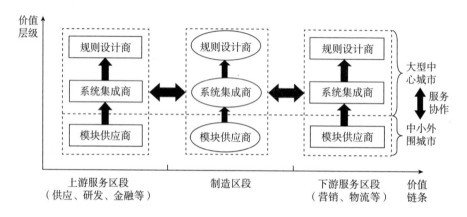

图 5 - 6　集群式价值链网络成熟阶段的生产性服务业集聚模式：集聚经济圈"中心—外围"网络化集聚

从生发机制来看，国家价值链是集群式价值链网络更深层次耦合重构所形成的共同体，具有演进的前沿内涵：首先，在产业组织演进方面，由制造企业和生产性服务企业共同构建自主发展型价值网络，通过价值网链重组推进分工深化，形成具有内生分工演进能力的市场化网络联系，促进产业结构优化升级。国家价值链重构必须要培育和发展一批能够引领产业分工深化、提升专业化水平、产生迂回生产报酬递增效益且拥有全球化产业价值链集成能力的制造型、服务型系统集成商或规则设计商，它们能够根据客户需求协调价值网链的生产活动，从而更好地为客户创造价值[1]。国家价值链明确透视出大国产业转型升级的全新内涵，实质上就是知识型价值网链，即不再简单依靠自然资源和低端劳动力参与价值链劳动分工，而转向通过知识、信息和技术等高位资源要素重构国家知识分工体系，向价值网链高端攀升。随着国家价值链重构不断推进产业升级，生产性服务

---

① 刘明宇，芮明杰. 价值网络重构、分工演进与产业结构优化 [J]. 中国工业经济，2012（5）：148 - 160.

业特别是知识密集型服务业将逐步成为国家支柱产业。其次，在空间范围演进方面，国家价值链重构需要不同地理尺度的区域单元（如城市之间、集聚经济圈之间、东西部地区之间）在发挥比较优势的同时构建合理的价值网链分工，我国不同区域和城市若能积极顺应从劳动分工向知识分工跨越的价值生成机制升级趋势，就能够在国家价值链重构中实现合作共赢的产业升级。当前，建立在知识分工基础上并紧密依托低成本、高技能知识型劳动力禀赋的知识密集型服务业集群，正在不同国家和地区范围内的后发区域兴起①，恰好为国家价值链构建带来新的突破口。

更具体地，从知识型服务需求侧来说，东部地区在"腾笼换鸟"即将传统劳动密集型制造业向西部地区转移的同时，更要率先在向具有全球竞争力的产业升级上取得实质突破，其关键就在于培养出大批产业链系统集成商或规则设计商。当前，我国东部一批大型企业已具备了较强的产业链系统集成能力，例如华为（全球化的电信设备产业链系统集成商）、阿里巴巴（全球化的平台型网络市场）、深圳华强北电子商品交易市场（由几万家电子元器件厂商构成的电子资源要素调配平台）、深圳科通芯城的硬蛋平台（全球第一大智能硬件创新平台）；等等。大型系统集成商或规则设计商对外可以主动嵌入全球创新链，汇聚全球更优质的生产、创新和智慧要素为我所用②，提升整合全球优质要素的能力；对内则可以融合内外资源，引领国家知识分工和国家价值链重构。于是，东部地区完全可以跨区域引导构建崭新的知识型价值网链，以大型系统集成商或规则设计商为发包方，将一部分低成本、标准化、模块化的知识工作外包给西部地区，自身则更多地聚焦于国家价值链治理结构设计与运营维护，从而强化系统集成能力，主导高端产业发展并带动形成国家价值链整体竞争优势。从知识型服务供给侧来说，西部地区在承接东部地区转移过来的劳动密集型制造业的同时，通过积极培养和积累低成本、高技能知识型劳动力来升级竞争优势要素，为东部地区承接知识代工，进而发展知识密集型服务业集聚，可以蓄积知识技能，促进传统制造业转型升级；进而，西部地区还完全可以借此大胆融入社会发展和商业模式向云经济时代更新的浪潮，利用最新兴起的大数据、云计算等智慧技术，在具有更高异质性、隐含性、不确定性和动态性的云端市场挖掘客户需求，构建西部地区知识密集型服务业集群的自主品牌，与东部地区共创国家价值链高端环节。例如，西部地区贵州省及其省会贵阳市在经济转型过程中，充

① Manning S. New silicon valleys or a new species? Commoditization of knowledge work and the rise of knowledge services clusters [J]. Research Policy, 2013 (42): 379 –390.

② 刘志彪. 从全球价值链转向全球创新链：新常态下中国产业发展新动力 [J]. 学术月刊, 2015 (2)：5 –14.

分利用地质构造稳定、生态气候优良、能源矿产丰富的独特禀赋，营造政策优势环境①，主动瞄准大数据技术及其应用发展前沿，自2013年以来利用与北京中关村合作及国内三大主要电信运营商在贵州建设数据中心的契机，构建以大数据为引领的现代产业体系，通过建设数据中心和呼叫中心等基础平台，培育和带动产业链中下游的大数据处理与分析的软硬件研发、设计与制造、电子商务、大数据应用新兴服务、大数据金融等企业向贵阳集聚。2015年，该市大数据及关联产业规模达到916亿元，同比增长38%以上。贵阳也赢得了"中国数谷"称号：率先建设全国首个国家大数据综合试验区、产业发展集聚区、技术创新试验区等②，走出了一条西部欠发达地区跨越式发展知识密集型服务业集群主动引领构建国家价值链的新路径。

概括起来，在知识分工的丰富情境中协同优化不同地区的产业升级路径，是国家价值链构建背景下对过往低端锁定式升级或"一步到位"式发展自主创新体系等产业升级路径的积极矫正。国家价值链构建立足于自主发展、自主协调，是集群式价值链网络在一国范围内的高端化扩展，进而推动国家产业升级，因而是价值网链蜕变的载体形式。由此，围绕国家价值链构建，产业呈现出趋于高度服务化的特征，生产性服务业跨越更大的区域范围扩散分布、错位集聚，各地区逐步形成完整的生产性服务业产业链；更重要的是，基于知识分工的垂直型合作甚至水平型合作越来越多，并且占据主导，同时此类合作的层级越高，互动的环节越多，国内区域间生产性服务业连接就越紧密③。这时，国家生产性服务业协同网络得以建立，形成一批全国性甚至全球性服务中心城市，呈现"中心—外围"集聚模式。这一模式有两层含义：首先，发达地区是"中心"，主导生产性服务高端环节；欠发达地区是"外围"，承担生产性服务中低端环节，但其仍有可能通过把握云经济时代机遇实现后发赶超，同样也能成为国家价值链的核心节点。其次，新兴知识密集型服务业集群是"中心"，传统劳动密集型服务业集群是"外围"，生产性服务业发展带动国家产业转型升级的动能极大加强。总之，国家生产性服务业协同网络的构建完成，将进一步实质推动国家价值链重构，促使集群式价值链网络演进实现蜕变和升级（见图5-7）。

① 中国社会科学院工业经济研究所未来产业研究组. 影响未来的新科技新产业 [M]. 北京：中信出版社，2017：23-27.

② 吴秉泽、王新伟."中国数谷"在贵阳崛起：贵阳大数据产业规模916亿元 [N]. 经济日报，2016-05-25.

③ 周静. 生产性服务业区域协同发展：机理及效应 [J]. 青海社会科学，2016（4）：106-112.

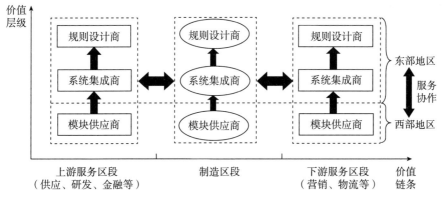

图 5 − 7 集群式价值链网络蜕变阶段的生产性服务业集聚模式：基于国家价值链构建的"中心—外围"网络化集聚

三、结论与启示

归纳上述，集群式价值链网络沿着产业组织和空间范围两个维度生发和演进，推动制造业和生产性服务业在不同地理尺度的经济单元实现协同转型升级。在此过程中，生产性服务业从内化于制造业的服务职能，进阶为城市产业发展的"服务核"、集聚经济圈城市经济联系的枢纽，最终发展为引领国家价值链构建的核心产业，从而其集聚模式也循此路径递进演化，如图 5 − 8 所示。所以，在集群式价值链网络演进的统一分析框架下，将有助于加深对当前区域和城市之间生产性服务业集聚存在不同模式的内在逻辑和变迁规律的认识，也有助于为促进生产性服务业集聚的政策制定提供实践参考。

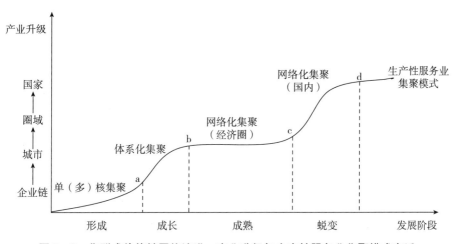

图 5 − 8 集群式价值链网络演进、产业升级与生产性服务业集聚模式变迁

具体来说，一个城市既可能会处于较小地理尺度的价值网链演进的形成阶段或成长阶段，也可能会同时处于更大地理尺度的价值网链演进的成熟阶段或蜕变阶段，这种在不同群链网络节点中的共时性和差异性特征将共同对城市生产性服务业集聚模式的现实选择产生影响。由此，上述研究结论具有以下几点启示。

第一，西部地区城市在制定生产性服务业集聚发展政策时，不可只根据自身的产业基础条件和要素禀赋状况来相对封闭地选择生产性服务业集聚模式，而应从更广阔的视野出发，密切关注集群式价值链网络演进的动态情境尤其是演化转折的临界点，进而立足于二三产业协同发展的内涵升级和区域联动，合理选择和灵活调整生产性服务业集聚模式。换句话说，西部地区既要立足实际，又要因势而动，善于吸收一切先进要素和资源为我所用，敢于"亮剑"而后发赶超，构建开放、协同和共享的生产性服务业集聚格局，为区域制造业转型升级构筑坚实的支撑。

第二，为高端服务要素集聚营造良好的外部环境。西部地区不同类型城市应着力改善城市城际交通基础设施，积极拓展现代信息网络和大数据技术的运用，通过在区域内外构建虚拟创新集群、智慧商圈等价值生态系统，显著提升生产性服务的可贸易程度，并为制造业实现大规模顾客定制提供精准的信息。以加强知识生产、传播及有效支撑产业空间集聚为导向，在城市中创造便利多样的舒适环境和宽容得失的文化氛围。

第三，促进区域产业联动发展。在西部地区集聚经济圈的城市群内部、不同省份城市之间及东西部地区城市之间，努力构筑保障生产性服务业集聚与制造业转型升级良好互动的协商与合作机制，通过建立协调产业空间规划调整和产业转移的政府部门管理机构，以及一套合理的城市利益分配机制，破除市场壁垒和分割，优化生产性服务业协同布局，强化核心城市生产性服务业集聚对更广范围的外围城市制造业转型升级的空间溢出效应。

第三节　西部地区生产性服务业集聚推动制造业转型升级的城市案例分析

本书依托前后相继的系列研究，从集群式价值链网络演进的视角，对生产性服务业集聚与制造业转型升级的相互关系进行了系统阐释（见图 5 - 9）。在理论上，这一总结有助于对二三产业协同动态演变（空间集聚、转型升级）的规律提供更为广阔的视野和更加深入的认识。由制造业和生产性服务业共同构成的集群式价值链网络沿着产业组织、空间范围两个维度持续演进，其主要内容则是形成生产性服务业集聚与制造业转型升级的协同发展：一方面，生产性服务业集聚通过促进服务业态之间的竞争、合作，推动集群式价值链网络反复重构，以降低贸易成本和提升专业化水平为纽带促进制造业转型升级；在制造业转型升级后，将进一步强化生产性服务业集聚的报酬递增效益，使其不断深入。另一方面，集群式价值链网络沿着产业组织、空间范围两个维度演进的前沿动态，又对生产性服务业集聚模式构成了重要影响，为实现制造业转型升级架起"桥梁"。特定城市不仅应根据集群式价值链网络演进过程中积淀下来的静态因素（如制造业内部结构、高端要素禀赋）来选择有利于制造业转型升级的生产性服务业集聚模式，同时还应利用集群式价值链网络演进过程中出现的动态因素（如城市或区域构建生产性服务业协作网络）来形成更加合理的生产性服务业集聚格局。

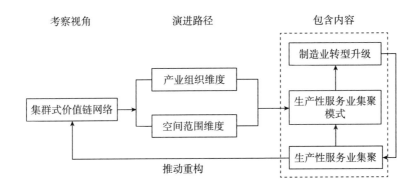

图5-9　生产性服务业集聚与制造业转型升级的协同发展机理：基于集群式价值链网络演进的视角

通过上述生产性服务业集聚与制造业转型升级协同发展的一系列理论和实证研究，笔者揭示了西部地区生产性服务业集聚对制造业转型升级影响的现状、短板及关键突破路径，并在梳理归纳以制造业转型升级为导向的城市生产性服务业集聚模式的选择基准和变迁规律当中，为西部地区不同类型的城市初步厘定了集聚发展生产性服务业的基本定位。总体来说：第一，作为后发的特殊区域，基于过往产业结构的演变轨迹，制造业转型升级将会在较长一段时期内成为西部地区经济转型发展和提升可持续竞争能力的主要方向，因此西部地区不同类型城市必须紧紧围绕制造业转型升级的主导诉求来谋划生产性服务业集聚的方向和具体模式；第二，西部地区应该主动、大胆地后发跨越，通过突破集聚发展高知识含量的生产性服务业融入以知识分工为基点的国家价值链构建进程，实现区域竞争要素禀赋和区域经济发展平台的双重升级；第三，西部地区要构建集聚经济圈产业协作共同体，着力改善生产性服务业集聚的空间溢出效应，实现生产性服务业空间集聚的整体最大化报酬收益。

理论探索和整体研究是为实践服务的。本章以下内容将依据前文选择生产性服务业集聚模式的城市分类结果，在四类城市当中的西部城市分别选出柳州市（第Ⅱ类城市）、南宁市（第Ⅲ类城市）、绵阳市（第Ⅰ类城市）、包头市（第Ⅳ类城市）进行典型案例分析，综合考量这些城市在集群式价值链网络演进中的静态因素和动态因素，尝试为西部地区选择确定适宜的生产性服务业集聚模式及其行业和区位以推动制造业转型升级提供具有操作意义的实际指导。

一、柳州市案例分析

1. 柳州市制造业转型升级方向与生产性服务业集聚模式选择

（1）柳州市制造业发展现状。

柳州市位于广西壮族自治区中部，是西部地区重要的传统工业城市，也是广西工业的龙头城市。以汽车、钢铁、机械为支柱行业的传统制造业在全市工业经济结构中占据绝对的主导地位，三大支柱产业经济总量在工业经济总量中占比达到 2/3。2016 年，柳州市完成全部工业总产值 4787.19 亿元，比 2012 年增长 32.17%。总体上看，柳州市制造业内部结构以技术密集型制造业（汽车制造业）为首，资本密集型制造业（钢铁、工程机械制造业等）居其次。

①汽车制造业。汽车行业持续领跑全市工业。2016 年全市汽车产量突破 240 万辆，约占全国的 1/10，规模以上汽车工业企业完成工业总产值 2437 亿元，占当年全市工业总产值的比重达到 50%。柳州也成为国家汽车零部件生产基地、国家汽车及零部件出口基地和全国汽车产业示范基地之一。

柳产汽车全部为自主品牌，成为全国生产自主品牌汽车最多的城市。上汽通用五菱合资 14 年，成功实现了由传统微车制造商到轿车、MPV 和 SUV 产品线全覆盖的主流乘用车企业的转型，主打产品的单量产值已从以前的微车 3.1 万元提升到现在的乘用车 7 万~8 万元。五菱宏光、宝骏 730 这两个型号一直占据全国MPV（多功能乘用车）销量冠亚军位置，宝骏 560 也稳居全国 SUV（运动型多用途汽车）销量前列。上汽通用五菱成为广西首家销售收入突破千亿元的企业。东风柳汽经过十多年转型，也从单一商用车生产企业成功转型为"商乘并举"的复合型车企[①]。

柳州汽车制造业通过产业集聚，已形成了以整车制造（代表性企业：上汽通用五菱、东风柳汽）作为核心制造模块拉动，原材料供应（来宾的铝材供应商

---

① 梁莎莎."三张牌""三件事"成就奇迹［N］．柳州日报，2017-02-03．

等）、零部件制造（代表性企业：广西汽车集团、广西方盛、柳新冲压件）、分装生产（代表性企业：双英、李尔）、汽车服务（代表性企业：延龙汽车、桂中海迅物流）等独立价值模块紧密配套的产业价值网链。全市共有 3 家整车企业、4 家专用车企业、263 家规模以上零部件生产企业（全部零部件生产企业约有500 家以上）。上汽通用五菱本地配套率接近 50%，东风柳汽本地配套率超过40%。同时，柳州正在加快发展新能源汽车产业，将其作为该市汽车产业转型升级和战略性新兴产业发展的方向。全市共有 11 款新能源汽车列入国家产品公告目录，2016 年宝骏新能源汽车生产基地一期正式投产。近年来，柳州汽车产业还加快了"走出去"步伐，着力挖掘东盟等海外市场，参与"一带一路"建设。"十二五"期间，上汽通用五菱共实现整车出口 78956 台，产品出口至中南美洲、非洲、中东和东南亚近 40 个国家。2017 年 7 月，总投资约 7 亿美元的上汽通用五菱印度尼西亚有限公司在印尼芝加朗正式投入运营，具备年产 12 万辆整车的能力，是中国目前在印度尼西亚投资最大的汽车制造基地。东风柳汽商用车销售也覆盖了越南、老挝等多个东南亚国家[①]。

②钢铁制造业。柳州市钢铁行业属典型的传统产业，核心企业为广西柳州钢铁集团有限公司。与国内钢铁行业的发展轨迹大致相似，柳州钢铁行业也随着宏观经济形势的涨落和行业整体产能的过剩及其"去产能"而反复波动。进入 21世纪以来，已经历了两波高峰和两波低谷。在行业高涨时期（例如 2010 年前后），由于市场需求坚挺，企业往往只顾生产、扩产，生产出来就有收入和利润，几乎不计成本、不控制成本，经营方式相当粗放。自全国钢铁行业面临严峻的"去产能"困境而全面进入低谷，柳钢集团也随之出现巨额亏损。应对这一局势，柳钢集团一方面扎实推进工艺技术攻关和新产品开发，改善产品附加值和产品结构，新型钢材比重持续上升，中高档钢材迅速提升到七成比例；另一方面实施绿色发展节能降耗，强化能源管理，推广应用先进的节能技术，生产成本下降显著。在行业低谷中率先扭亏为盈，2016 年实现利润 4.1 亿元[②]。

③工程机械制造业。柳州机械行业以工程机械为龙头，核心企业为入选我国机械工业百强企业的柳工集团。2012 年以来，在应对国内宏观经济下行压力及工程机械行业严峻困境的过程中，柳工集团坚持创新驱动提质升级，积极按照"营销网络—制造基地—兼并收购"的战略思维深度开展国际化业务，为设备、制造和后市场等价值链环节全面提升效率水平，向全系列土方机械、物流机械、吊装机械等多品种的综合服务提供商转型。通过全面国际化，柳工集团在近年来经营最困难之际相继建成了国家土方机械工程技术研究中心和全球研发中心，在

①　新华社．广西车企扩张东盟"版图"［N］．柳州日报，2017 - 09 - 03.
②　董明，罗熔军．柳钢在行业低谷中扭亏为盈［N］．柳州日报，2017 - 01 - 17.

海外设立了印度、波兰、巴西三家制造基地和印度、波兰、美国、英国四家海外研发机构（包括研究总院、产品研究院、零部件研究院、海外研究所等），技术创新能力和水平走在全国乃至国际前列，在不少领域保持着技术优势。柳工十家营销公司通过 200 多家经销商，为 140 多个国家（其中"一带一路"沿线国家约 50 个）和地区的客户提供销售和服务支持，其中对东盟国家的出口高速增长。2016 年，该集团工程机械板块海外收入占比已接近 30%，帮助公司顺利挺过了行业发展难关，2017 年上半年扭亏为盈①。

（2）区域性核心城市功能定位背景下柳州市制造业转型升级的方向。

柳州市作为我国西南工业重镇，产业发展在区域经济中一直占据着重要位置。2006 年后，以南宁市为核心的北部湾经济区开始成为广西政策集成的重点区域，柳州市的竞争优势有所减弱。但随着近年来中国—东盟经济圈、泛珠三角经济圈、泛北部湾经济圈不断向腹地扩散和辐射，珠江—西江经济带发展上升为国家战略，以及广西提出"双核驱动"战略，柳州市正担负起在广西率先全面建成小康社会，打造产业集聚、要素集聚、人口集聚的西江经济带龙头城市的历史重任，柳州市的区域战略地位及核心城市功能再次凸显。进入"十三五"以来，广东、广西、贵州携手共建粤桂黔高铁经济带（以高铁连片规划一个经济带，在全国还是首例），该经济带依托高铁为主线，畅通物流通道，助力"一带一路"有机衔接，推动产业集聚和产业协同发展，这将为作为其中关键节点的柳州经济发展和产业转型升级开拓新的广阔腹地和空间。与此同时，在 2017 年 2 月国务院印发的《"十三五"现代综合交通枢纽体系发展规划》中，把柳州市纳入全国性综合交通枢纽建设。可以看出，柳州市在区域集群式价值链网络的关键节点功能正在不断强化，对生产性服务业集聚与制造业转型升级的协同演进提出了新的命题。

要实现区域性核心城市和工业龙头城市的历史使命，柳州市制造业需要围绕"存量变得更优、增量做得更新"的思路，全面推进产业转型升级。未来一段时期，柳州市制造业转型升级的目标和内容主要是：

①提高产业加工程度。作为西部地区传统产业占比较大的重要工业城市，柳州必须进一步巩固传统产业发展基础，以加工程度高度化逐步推动传统产业转型升级，切实承担起区域实现新型工业化的基础保障。加工程度高度化升级模式依托于产品技术含量和单位附加值提升，在特定产业内部实现从低加工度、低附加

---

① 董明. 创新是走向世界的底气与动力——柳工"创新驱动提质升级"实践效果好 [N]. 柳州日报，2017 – 09 – 09.

值产品向高加工度、高附加值产品的攀升①，是当前及未来一段时期柳州传统制造业转型升级的重要实现路径。柳州市应加快推动汽车、钢铁、机械等传统产品、产业不断提档升级，以更有效地满足客户的个性化、多样化需求为导向，不断丰富现有产品线，降低制造能耗和贸易成本，着力提升产业附加价值和利润水平。

②加快发展智能制造。作为工业经济大市，柳州制造业也面临着核心技术和知名品牌偏少的现状困局。要发展具有较强区域影响力的产业科技创新基地和产业升级示范中心，发展智能制造无疑是切实的重要路径。柳州应以"互联网＋"为重点，加快新一代信息技术与制造业深度融合，推动制造技术向自动化、数字化、信息化、智能化转变，努力打造国家智能制造试点城市、广西智能制造城（柳州）②。积极促进工业互联网、物联网、云计算、大数据在汽车、钢铁、机械等行业和领域的应用，推动全面提升企业研发设计、生产制造、经营管理、销售服务、物流运输的运营效率和综合集成水平。加快工业机器人、智能专用设备、3D打印制造等智能装备发展。

③培育发展一批新兴产业。重点发展新能源汽车产业，打造汽车产业转型升级和战略性新兴产业发展新方向。力争到2020年，柳州新能源整车生产规模居于国内前列，骨干企业和产品具备国内市场竞争力，形成由整车、关键零部件、生产性服务业、新兴业态等相关环节共同构成的产业链，新能源汽车实现产能40万辆、产值300亿元，占汽车产业的比重达到9%，在全市战略性新兴产业中的比重达到30%。同时，积极发展新一代信息技术、智能装备制造、新材料产业、节能环保、生物医药等其他新兴产业，不断提升新兴产业占工业的比重（2020年力争达到16%以上）③。

④促进价值链高度化。柳州市制造业改变在原有的生产价值链和分工体系中的位置，也是其未来实现产业升级的一种主要模式。例如，作为第一大支柱产业，柳州汽车产业近年来虽然在整车环节发展迅速，但在上游价值链占据附加值高端的零部件产业却并没有跟上主机厂的升级步伐，表现为柳州汽车产品的精度、舒适度大幅提升，但新产品的本地配套率却大幅下降，产业链集中度不高，

① 朱卫平，陈林. 产业升级的内涵与模式研究——以广东产业升级为例［J］. 经济学家，2011（2）：60–66.

② 根据2017年3月出台的《广西机械工业二次创业实施方案》，广西将推动柳工集团成为世界级的工业装备与服务产业集团；同时加快推进南宁、柳州、玉林三大智能制造城建设。其中，广西智能制造城（柳州）将落户北部生态新区，重点发展智能电网、轨道交通（轻轨）、工业机器人及无人机、高端工程机械、装配式机械等产业和工业服务业。梁莎莎. 智能制造为经济发展插上翅膀［N］. 柳州日报，2017–06–29.

③ 柳州市国民经济和社会发展第十三个五年规划纲要［Z］. 2016：62.

创新能力不强。在国际汽车产业经验惯例中，整车制造与零部件的合理规模比例是1:1.7，零部件产业所创造的合理产值应大于整车制造业的产值①。当前柳州差距较大，2016年，上汽通用五菱销售收入（近似替代总产值指标）在1000亿元左右，而其本地供应商总产值约为300亿元②，整车与零部件产值比仅为1:0.3。对此，柳州市计划努力推进汽车、机械零部件再升级改造，完善和提升现有的汽车、机械产业链，重点改造提升上汽通用五菱、东风柳汽、柳工三个零部件配套体系，提高制造水平和本地产业配套率③，向为主机厂配套和服务汽车后市场两个领域深度迈进。

⑤推动制造业国际化迈上新台阶。充分抓住"一带一路"倡议深入实施的有利机遇，进一步向外输出柳州制造产能和产品，汽车产品加快由商用车领域向乘用车领域转型升级和进一步发展国外市场，工程机械产品由国内为主向国内、国际两个市场并重转变；同时，在构建主导型国际价值网络方面有所作为，以柳州制造企业成为价值网络顶层的平台企业或网络链条中的链主企业为带动，提升国际合作的层次和位势，打造"汽通用五菱""柳工机械"等国际、国内知名品牌。

（3）柳州市制造业转型升级中的生产性服务业集聚模式选择。

由于传统产业存量比重大、新兴产业增长尚需时日，由传统制造业主导柳州经济和产业发展将会持续相当长的一段时期。那么，要实现以传统制造业转型升级为主要内容的产业结构优化升级，柳州市必须促使传统制造向服务型制造转变，特别需要跳出制造业的体系范畴，到生产性服务业领域来寻找答案，才能促进产业价值网链的相应环节延伸、优化和增值，从而满足制造业转型升级的需求。由于柳州市的制造业结构特征及在区域集群式价值链网络中所处的位置，其制造业转型升级内涵丰富、情境多元，属于前文城市生产性服务业集聚模式分类研究中所指的第Ⅱ类城市，应努力发展高级生产性服务业多样化集聚。

目前，柳州市独立的生产性服务业规模还较小。根据笔者统计，2006～2015年，柳州市生产性服务业各细分行业的集聚度④总体表现出波动乃至下滑的趋势，尤其是2012年以来在交通运输、仓储及邮政业，租赁和商业服务业，科学研究、技术服务和地质勘查业三个细分行业表现更为突出。另外，柳州本地高校

① 朱卫平，陈林. 产业升级的内涵与模式研究——以广东产业升级为例 [J]. 经济学家，2011（2）：60–66.

② 董明，梁莎莎. 龙头引领带动 产业集聚发展 [N]. 柳州日报，2017–03–24.

③ 根据《柳州市推进汽车机械零部件再升级改造的若干意见》，该市力争到2020年，全市汽车零部件本地配套率达62%，工程机械零部件本地配套率达70%。董明. 加快工业园区和零部件产业发展升级 [N]. 柳州日报，2017–08–30.

④ 本部分城市案例分析中生产性服务业集聚度指标的计算方法与前章相同。

（只有 7 所）、科研院所数量少，且属于非省会（首府）城市，不沿海不沿边，从表面上看似乎并不利于发展高级生产性服务业多样化集聚。但更需要看到，依托强大的工业实力，柳州市制造业内部诸多专业化服务环节如研发、设计、信息、管理等已具有较高的水平，也积累了大量高端服务型专业人才，为服务环节和服务要素从制造业内部独立出来形成服务集聚业态并重新高水平嵌入制造业价值链打下了十分坚实的基础。同时，前述良好的区位条件也使柳州市能够和广西区内外层级更高的服务中心城市合作，弥补高级生产性服务业多样化集聚的短板。因此，找准问题、迎难攻坚、跨越攀升、全面突破，将成为柳州市生产性服务业集聚促进制造业转型升级的切实举措。

2. 当前柳州市生产性服务业集聚对制造业转型升级影响所存在的问题

（1）生产性服务业集聚对支柱产业转型升级的支撑不足。

"十二五"时期，柳州市服务业增加值年均增长 11.4%，增速多年位居广西第一，增加值占 GDP 比重由 2010 年的 27.8% 提升到了 2016 年的 37.8%，创下自 2004 年以来的新高，现代服务业行业类别也不断拓展[①]。但总体而言，柳州市生产性服务业发展仍属"短腿"，专业化集聚存在结构性短板，导致尚未形成适应区域性核心城市功能定位的多样化集聚。主要表现为没有形成紧密嵌入支柱制造产业的集群架构和集群品牌，对支柱制造产业转型升级的集聚外溢效应还比较欠缺。近年来，柳州市比较注重剥离制造业价值链当中的物流、商贸等不涉及核心价值增值的上游或下游环节，来发展生产性服务业集聚。这些服务企业多为劳动密集型服务企业，向制造业企业所提供的服务具有标准性、普适性、片段化特征，与支柱制造产业的互动主要停留在层次较浅的初期阶段。

①专业市场。依托钢铁、汽车等支柱产业，在柳北、河西片区、柳东新区构建了红卫钢材市场、鹧鸪江钢铁深加工物流产业园、汽贸园、国际会展中心等商贸服务集聚区，但这些集聚区内的企业多呈现低端扎堆，更缺乏平台型龙头企业引导的集聚效应，持续带动支柱产业转型升级的作用尚未清晰显现。

②物流业集聚。初步形成了以桂中海迅、安吉天地等物流企业为龙头，以柳北区域为重要基地，以汽车、工程机械、制糖、医药等为客户的物流业集聚格局。其中，我国第三方物流实验研究基地——柳州市桂中海迅物流有限公司是广西第一家能为制造企业提供"一体化"供应链全程物流解决方案和物流信息技术支撑的现代物流企业，综合实力在西部地区处于行业领先地位[②]。不过，当前柳州市仍以第三方物流企业居多，而距离实现主要基于第四方物流商（4PL）、支持企业上下游协同合作、提供包括物流解决方案在内的综合性供应链解决方案

① 罗秋振. 动能转换激发新活力［N］. 柳州日报, 2017 – 08 – 20.
② 编辑部. "两化"融合助推智能制造［N］. 柳州日报, 2017 – 03 – 12.

的集群式供应链协同管理尚存在一定的距离,对柳州市及其周边城市产业集群核心竞争力提高乃至升级的作用没有充分发挥。

③电商集聚。柳州已形成柳州电子商务产业示范园、嘉航电子商务产业园、城中区电子商务产业园三个重点集聚区,主要依托阿里巴巴、苏宁等主流电商平台集聚制造企业和商贸企业开展电商贸易。"十二五"末,全市电子商务交易额达到444.9亿元。其中,桂中海迅全资子公司富仕云商在柳州电子商务产业示范园主导构建了实体型全产业链电商公共服务平台,通过投资建设仓储设施、电商办公区域、O2O实体体验馆,已引进了广西糖网等105家电商企业(包括独立网店、软件开发、第三方平台、快递企业、商业银行等),初步形成了较有特色的专业化服务业集聚区。然而,目前柳州市专营电商的服务企业不仅数量少、规模小,更关键的是产业链整合效应低,围绕制造业转型升级主攻方向的规划建设不足。主要表现在,电商经营绩效较好的品牌主要集中于螺蛳粉、农产品、土特产等消费类特色商品,而对于打通、整合乃至重构汽车、钢铁、机械等支柱产业链具有支撑、引领作用的电商类服务企业(平台)还十分缺乏,各主要电商产业园在一定程度上具有雷同性,缺乏特色。

④知识密集型服务业集聚。由于价值链高端服务区段剥离、外包和引进不足,集聚态势及其外溢效应尤不明显。首先,研发设计环节作为柳州支柱制造产业价值链中的核心环节,全市现有国家级企业技术中心三家、自治区级企业技术中心85家,上汽通用五菱、柳工集团还是广西仅有的入围国家级工业设计中心认定现场核查阶段的两家企业①,但它们主要还是保留在制造业企业特别是大型企业内部,对独立的工业研发设计服务企业的诱致不足,也导致研发设计模块内部的层级细化分工无法实现,影响了产业创新效率的提升。其次,金融服务业虽然在城中—河东片区形成了初步的集聚格局,并向柳东新区拓展,但缺乏集聚竞合所带来的外部性作用。一方面,传统金融机构及其产品、服务仍占据着主导地位,而产业金融服务功能明显不足,支撑支柱产业转型升级的特色类新型金融产品和服务较少。例如,柳州银行科技支行是广西区内商业银行中最早设立的科技支行之一,但其针对中小微科技企业的金融业务却发展较为缓慢。另一方面,股权投资、互联网金融、财富管理等新兴金融业态发展存在短板。最后,新兴"互联网+"信息服务业尚处于起步阶段;管理咨询服务业普遍规模较小,也缺乏知名品牌。

(2)缺乏平台型龙头服务企业引领下的集聚效应。

柳州市生产性服务业集聚对制造业转型升级的支撑作用存在不足,在更深层

---

① 梁莎莎.我市两企业设计中心入围国家级核查　表现出色获专家组认可[N].柳州日报,2017-08-28.

次上与缺乏平台型龙头服务企业引领下的集聚效应有着重要的关系。地方政府可以通过划定空间区域，以行政手段推动大量企业集中于某一区域"打造"集聚区以加速服务业集聚进程，创造出产业集聚的外在表象，但也有很大可能会出现类似于制造业集群的低端扎堆、无序竞争甚至路径依赖等困境，并在一定条件下触发集聚网络风险。其根源在于，政府"直接推集聚"的行为难以构建一个具备网络治理激励和能力的明确治理主体，无法形成生产性服务企业之间由能力、激励、利益、信息而联结的网络架构关系，使得区域内只见企业不见产业，也就无法保障集聚的可持续发展，从而难以真正实现生产性服务业集聚推动产业转型升级的战略功能。

因而，区域或城市有选择性地培育平台企业、撬动平台功能以引发生产性服务业集聚，是强化生产性服务业集聚对制造业转型升级效应的崭新路径选择。一般来说，平台型服务企业主导的网络系统显现出"核心—外围"式结构特征。一方面，"核心"是指平台型服务企业在集群网络中的基础性功能和地位，这种支撑性作用建立在平台型服务企业所提供的具有基石性质的服务或产品基础之上，唯有如此，才可使大量相互之间具有产品、技术、交易和组织关联的企业主体克服"各自为战"状态，在集聚进程中形成紧密的产业关联，从而生发区域分工、交易、竞争、合作和创新。另一方面，"外围"是指依托平台，并与平台型服务企业具有功能互补性、交易关联性，同时又相对独立的其他企业群体，这些企业在集聚产业系统中处于从属地位，它们只有借助平台资源或服务才能降低生产与交易成本，创造价值。实质上说，平台型服务企业就是集群式价值链网络中的规则设计商或系统集成商，其在集群发展中所具有的举足轻重的地位超越了一般的制造型龙头企业。正是由于平台企业的战略嵌入，生产性服务业和制造业部门之间原有的服务供求、交易利益得以转化为多层次交易或竞合关系：平台型服务企业向生产性服务企业、制造企业分别提供市场需求信息、公共基础设施、管理咨询、创新空间等互补性资源与服务，将降低服务成本，提升服务效率，加速生产性服务业集聚，促进知识创造和溢出，提升整个集聚区的创新程度；进而，推动更多的制造企业外包服务以获取专业化制造优势，从而在生产性服务业和制造业部门之间形成集聚与升级互动反馈、动态累积强化的"双边市场效应"[1]。所以，在制造业集聚较为密集的区域，可以重点围绕物流、采购分销、中小企业融资、信息服务、创新创业、人力资源培训等服务业发展短板，培育、发展平台型龙头服务企业。例如2011年以后，深圳科通集团从线下的IC元器件分销商转型构建"线上＋线下"的区域性（珠三角）新型B2B垂直电商平台科

① 吴义爽. 平台企业主导的生产性服务业集聚发展研究［J］. 科研管理，2014（7）：20－26.

通芯城，进而打造面向全球创新资源的智能硬件创新平台——硬蛋①，就是一个平台型龙头服务企业嬗变与演进的典型例子。

从柳州的现实情况看，无论是引进的或是本地的平台型龙头服务企业，都存在明显缺失。除了柳北富士云商全产业链电商公共服务平台、柳州市中小企业云服务平台②等极少数平台外，商贸流通型或知识密集型的服务类规则设计商（系统集成商）几乎很少见到。举个典型的例子，柳州市第一大支柱产业——汽车产业所集聚的上下游企业多，产业链长，交易关系密切，前、后向价值整合提升空间很大，完全可以通过构建富有特色的生产性服务平台（企业），强化汽车服务业集聚，带动汽车产业降低贸易成本，提升专业化水平。当前，柳州市在这方面的考虑还相对较少。例如，在 2017 年出台的《柳州市汽车零部件再升级改造计划》工作方案中，仍侧重强调依托上汽通用五菱、东风柳汽等重点整车制造企业及大总成供应商来构建零部件提升平台③；在推进柳州市汽车零部件再升级改造的工作进程中，仍侧重强调通过招商引资，与国内外知名汽车零部件企业合作，使外部先进汽车零部件制造商和研发设计机构落户柳州④。尽管这些举措具有很强的针对性、有效性，但在总体思维上还是"跳"不出制造业的大框架，没能更主动地"潜"入服务业领域来寻找促进制造业转型升级的答案。对于柳州市这样一个具有坚实产业基础的集聚经济圈核心城市，思路完全可以放得更开放、更宽阔，怎样以构建二三产业集聚、跨行业跨区域整合资源的网络服务平台为引领，进而拓展支柱产业升级新空间，值得进一步探索。

（3）生产性服务业集聚区的分布格局有待进一步完善。

缺乏具有知名度、有一定品牌效应的生产性服务业功能集聚区。首先，柳州市尚未能围绕支柱产业形成有规模的生产性服务业专业化或多样化集聚区。例如，柳东新区成立十年尤其是自 2011 年初开始重点建设广西柳州汽车城以来，依托汽车整车制造（上汽通用五菱宝骏基地、东风柳汽乘用车柳东基地）、汽车零部件、汽车电子信息（花岭片零部件产业园，联合电子、宝钢集团、福耀玻

① 陶娟. 康敬伟构筑制造业 B2B 超级平台［J］. 新财富, 2016（1）: 26 – 43.

② 2016 年 5 月，柳州阳和工业新区中小企业云服务平台已上线试运行。该平台由软通动力建设运营，基于云计算、互联网、移动互联网、物联网等先进技术，以服务中小企业为核心，聚集地方资源及信息数据，整合第三方资源，提供 IT 基础环境、企业业务应用和运营服务，为园区中小企业经济运行提供经营管理、营销服务、金融服务、大数据服务等多样化应用服务。兰天，谭兆霆，樊旺益. 信息化工业化齐头并进［N］. 柳州日报, 2016 – 05 – 05.

③ 柳州市工业和信息化委员会. 柳州市汽车零部件再升级改造计划——上汽通用五菱供应商提升项目启动［EB/OL］. http://www. lzgx. gov. cn/index. htm, 2017 – 03 – 20.

④ 董明，孔俊祥. 五菱汽车工业携手佛吉亚（中国）公司成立新企业推动再升级［N］. 柳州日报, 2017 – 07 – 04；罗秋振. 柳州整车带动战略再结硕果国内八家零部件企业签约达成本地化合作意向［N］. 柳州日报, 2017 – 07 – 05.

璃、凌云股份、耐世特、玲珑轮胎等知名企业入驻）等产业集聚，已发展成为广西首个工业产值突破 1000 亿元的产业新城①。但在该新区为汽车制造业服务的研发设计、现代物流、检验检测、金融服务、商务会展、后市场等汽车服务功能还不完善，服务企业规模偏小、偏散；新区内虽有柳州国际会展中心等重要商贸服务平台，常年也举办一些汽车类、机械类行业展会，但策动产业升级的牵引动能还有待增强。又如，城中—河东 CBD 虽已初步形成知识密集型服务业集聚格局，但存在企业规模小、功能层级低的短板。以金融业为例，银行、证券、期货、小贷等机构虽多，形成"金融一条街"，但主要是分支机构集聚，区域性总部很少，创业投资基金、私募股权投资基金等新兴金融服务企业仍十分欠缺，创新金融服务体系不尽完善，距离成为区域性产业金融服务中心②的"核心"仍有较大差距。

其次，以支撑智慧产业升级为导向的创意服务集聚区尚未形成。目前，柳州市发展比较成熟的服务业集聚区还是主要集中在物流业集聚区、农产品批发市场等商贸流通类服务业集聚区③。响应"互联网＋"浪潮，为传统工业城市乃至集聚经济圈周边城市的智能智慧制造产业发展提供高端服务要素，构建创意阶层空间集中、以"创意、智造、活力"为主要特征的创业服务集聚区或创新创业生态圈尤为关键。但柳州市在这方面还存在空白，值得重点探索。

3. 优化高级生产性服务业多样化集聚，带动柳州市及区域制造业转型升级

一方面，柳州要以高级生产性服务业多样化集聚推动本地制造业向先进制造业整体迈进，同时培育成熟的产业链系统集成商，参与乃至引领构建国家价值链，率先进入从"制造"向"智造"升级的城市行列；另一方面，柳州要以优化集聚经济圈内部生产性服务业分工协作格局为导向，积极向周边区域的次中心城市或地方性中小城市提供科技含量高、辐射作用强的高级生产性服务，带动圈域制造业整体升级。

柳州市应充分利用融入珠江—西江经济带和粤桂黔高铁经济带构建进程、加强与东部地区开放合作的良好契机，积极对接珠三角（广佛肇经济圈）、上海漕

① 2008 年，柳东新区与柳州高新区合并。2010 年，柳州高新区升级为国家级高新区。2011 年，广西"十二五"首个超大项目"广西柳州汽车城"在新区奠基建设。之后，柳东新区、柳州高新区、广西柳州汽车城"三位一体"，实行特区式管理。在国内，柳东新区是以一个完整的产业链来布局建设的特色新区。编辑部．以人为本　产城融合［N］．柳州日报，2017 − 03 − 18.

② 柳州市"十三五"发展规划提出打造区域性产业金融服务中心的目标。柳州市国民经济和社会发展第十三个五年规划纲要［Z］．2016：75 − 76.

③ 在 2017 年 7 月公布的首批广西现代服务业集聚区中，柳州市有六家入选，包括：宁铁柳州汽车工业物流园、桂中海迅柳北物流基地（柳州）、柳州医药物流园、柳州华乐物流园、广西新柳邕农产品批发市场、柳州市职业教育园区。梁莎莎．自治区首批现代服务业集聚区认定名单公示　我市六家单位上榜［N］．柳州日报，2017 − 07 − 30.

河泾高新区、北京经济技术投资开发总公司、清华启迪等高端集群式价值链网络，加大承接产业转移力度，深化在汽车制造及零部件、工程机械、机器人制造与应用、电子信息、新材料、新能源汽车研究与开发、机械装备设计与应用等领域的合作。更为重要的是，着力吸引为上述制造业行业服务的东部地区高级生产性服务企业特别是链主企业或平台企业落户柳州（区位上可重点选择国家高新技术产业开发区、国家产城融合示范区——柳东新区、新建的北部生态新区①），积极培育本地服务企业生发，引领柳州生产性服务业集聚发展新高潮。

（1）努力推动高级生产性服务业多样化集聚发展。

瞄准柳州制造业转型升级的前沿"热点"和关键"痛点"，重点集聚发展面向制造业的工业设计服务、现代信息技术服务、产业金融服务、总部经济、电子商务、物流服务等高级生产性服务业，构建辐射周边区域的生产性服务业多样化集聚高地。

①知识密集型服务业集聚提升工程。

——工业设计服务业集聚。柳州市要围绕产业创新发展能力提升，以上汽通用五菱、柳工集团等骨干制造企业的研发设计体系为基础，重构研发区段价值网络，建立和完善一批基础性、开放性、商业性的工业设计和科技研发服务企业（机构），加强与区内外高等院校、科研院所、跨国公司开展产业关键共性技术、核心技术研发，鼓励产业上下游企业之间的协同创新，积极推动公共技术研发平台、技术转移机构、检验试验平台等基础平台建设，促进研发与工业设计服务业集聚。坚持"双核"驱动，打造立足柳州、面向广西、辐射华南及西南经济圈域的汽车与智能制造先行研发区和工业设计中心②。一方面，可依托柳东新区广西柳州汽车城等重点产业集聚区形成汽车及零部件研发设计业集聚，提供汽车及零部件研发设计外包、汽车及零部件检测及技术解决方案、外形设计、汽车电子产品设计、汽车改造设计、个性设计、大型仪器共享等服务，推动柳州汽车产业向新能源化、智能化、轻量化、共享化发展。另一方面，围绕建设广西智能制造城市（柳州），同时依托柳工集团高端研发设计能力的带动，在北部生态新区建

① 2016年11月18日，柳州市委常委会审议通过《柳州北部生态新区筹建工作方案》。北部生态新区的范围包括柳北区、柳城县原管辖的六个乡镇、两个农场，规划面积约680平方公里，将成为柳州面积最大的城市区域。该新区的规划定位是"生态、智能"，建设环境优美、产业高端的城市新区，对完善柳州作为区域中心城市的功能具有关键性的提升作用。梁莎莎，粟桂利. 以"生态"书写"人本新城"——柳州绿色发展新"战场"北部生态新区成立始末［N］. 柳州日报，2017－06－27.

② 2016年年底，柳东新区商贸局已按柳州市政府有关部门要求，组织制定了《广西工业设计城规划》通过专家评审并上报市里。随着2017年开始，柳州市启动北部生态新区建设，柳州工业设计服务业空间集聚格局应重新作出一定调整，形成聚焦柳东新区和北部生态新区"双核"、围绕相应支柱产业、新兴产业就近集聚的模式。

设机械工业设计城，塑造高端工程机械、智能装备、新兴产业研发设计产业集群、孵化基地和众创空间。

——现代信息技术服务业集聚。积极培育"互联网＋"服务业，推进服务业业态创新，加快拓展新领域、发展新业态、形成新热点，重视发展软件和信息服务业等新兴服务业，培育一批"众创、众包、众筹"的新一代信息技术服务企业，促进移动互联网、云计算、大数据、物联网等新一代信息技术与制造业融合创新，构建创新服务云平台、大规模智能定制平台等载体，促进产业转型升级。当前，柳州可重点运用大数据、云计算技术，推动柳州制造业探索以大规模智能化定制为突破口的制造模式变革路径。可以广西柳工、东风柳汽、柳州五菱、耐世特等骨干企业实施广西工业云与工业大数据试点示范项目为依托[1]，构建智能化定制平台。一方面，积累消费终端规模；另一方面，实现产业层面的网络化扩张，即吸引第三方大数据技术支持或运营管理服务企业加盟和集聚，从而帮助制造企业规划智能定制转型战略，培养数据挖掘与处理能力，构建与特定产品相契合的同质化解构、标准化生产、个性化加总的技术流程和定制界面[2]。

——产业金融服务业集聚。瞄准柳州市产业优势，在产业金融特色领域有所作为。首先，完善支持柳州支柱产业和主导产业科技创新的银行服务体系。一是由柳州市政府或柳东新区、北部生态新区等重点产业集聚区管委会与驻柳各商业银行建立更紧密的合作，围绕汽车、机械、智能制造等重点产业（链）特点，增加基于知识产权、专利、技术创新、虚拟供应链网络的新型融资服务，适时试点"债＋股"融资服务，从而优化商业银行对柳州科技型制造企业、中小微制造企业所提供的信贷产品和服务。二是积极与国家开发银行广西分行等上级政策性科技金融机构联系协调，形成合作框架，促请其强化科技金融事业功能及其部门，加强对广西工业龙头城市柳州汽车、机械、智能制造等行业科技创新的支持。三是争取金融监管部门的政策支持，视条件成熟时，可以柳州银行科技支行为改革试点，转型创设独立的专业科技银行，必要时也可允许或吸收民间资本参与[3]。四是可以汇聚当前分布在全市各部门、各机构中的资金池，成立柳州科技信用担保基金，培育优质科技金融服务项目。其次，创新发展特色新型金融机构，推动金融业多元化集聚发展，加快实施新兴金融业培育计划，积极吸引国内

① 梁莎莎．广西工业云与工业大数据试点示范项目名单公示 龙城五个项目入选［N］．柳州日报，2017－06－01.

② 吴义爽，盛亚，蔡宁．基于互联网＋的大规模智能定制研究——青岛红领服饰与佛山维尚家具案例［J］．中国工业经济，2016（4）：127－143.

③ 尹艳林．加快我国支持技术创新的金融体系建设［J］．宏观经济研究，2016（7）：13－20.

外证券公司在柳州设立区域业务管理总部，吸引风险投资公司、资产管理公司、股权投资基金在柳州设立经营机构，为柳州市众多特色制造企业的股改上市、再融资、收购兼并、增资扩股、内部激励等提供财务顾问增值服务。再次，行业垂直 B2B 电商平台取代综合 B2B 电商平台是大势所趋，行业内核心企业或交易平台可以获取用于评估上下游企业信用水平和风险的关键数据①。柳州市可借助构建虚拟产业集群，依托服务型龙头企业（平台），积极运用互联网金融，创新供应链金融运作模式，重点实现从"银行到产业"的转变，逐步形成由产业企业所主导的，金融机构、制造企业、服务企业、公共服务部门互依共存、各司其职的供应链金融网络生态圈②。最后，重点打造城中—河东金融集聚区、柳东金融商务集聚区，不断提升金融服务品质，努力形成集聚中心能级，强化面向柳来河区域、珠江—西江经济带、粤桂黔高铁经济带等不同范围圈域的产业金融服务支持。

——发展国际产业合作型总部经济。在输出具有竞争力的丰富产能基础上，打造面向东盟和深度参与"一带一路"建设的节点城市总部基地。通过与南宁等中国—东盟区域中心城市加强合作，引进和集聚先进的商务、咨询、贸易、金融、研发等服务企业和服务要素，进一步有针对性地优化柳州制造企业参与"一带一路"国际合作的总部服务职能，提升资源国际化配置效率，将产能合作转变为产业合作，将产业合作向联合市场营销、品牌培育、联合设计、协同研发等高端服务环节拓展，以总部经济助推柳州制造企业升级为"一带一路"背景下新型包容性全球价值链的链主。

②商贸流通业集聚提升工程。

——电子商务服务业集聚。在引进阿里巴巴等主流电商平台参与电商产业园运营的基础上，鼓励和支持柳州汽车（含零部件）、钢铁、机械等支柱产业的骨干企业与主流电商企业深层次联合打造若干嵌入柳州产业情境的行业类（垂直类）电商服务平台（企业）、第三方工业电商服务平台（企业），形成集网上交易、加工配送、大数据分析于一体的综合服务功能，为供应链上下游企业提供仓储、加工、金融、物流等在内的交易支持服务，推动支柱产业精准对接供需，创新去库存、去产能、降成本的手段和模式，开展品牌培育，构建更多的类似柳州富士云商、深圳科通芯城的全产业链电商平台，促进支柱产业转型升级。进而，带动优质中小电商集聚，促使现有各电商产业园凝练行业特色，并拓展若干电商产业园、电商物流园，形成柳东重汽车、柳北重钢铁和机械、北部生态新区重智

① 陶娟. 康敬伟构筑制造业 B2B 超级平台［J］. 新财富，2016（1）：26 – 43.
② 宋华，卢强. 基于虚拟产业集群的供应链金融模式创新：创捷公司案例分析［J］. 中国工业经济，2017（5）：172 – 192.

能制造、城中重跨境电商的差异化电商服务业空间布局。

——物流服务业集聚。一是加快大宗商品、工业产品物流体系建设，围绕制造业集聚态势，重点新建柳州阳和物流中心、柳州快递快运及空港物流园等一批现代物流中心项目，为各制造业园区、工业新区及其企业提供更为优质、高效的仓储、配送、水陆联运等物流服务。二是进一步鼓励制造业外部物流服务，充分发展第三方物流（3PL），支持建立一批新兴的第三方物流公司，使传统物流走向专业化和社会化。三是鼓励桂中海迅、安吉天地柳州分公司、五菱物流等骨干第三方物流公司（3PL）向第四方物流公司（4PL）转型升级，培育高端物流系统集成商，充分运用信息化与供应链管理等先进技术，借助知识、信息、经验与组织能力，与核心制造企业及上游原材料供应商、下游销售商建立战略联盟，拓展服务范围，提升基于集群式供应链网络的物流服务解决方案的设计能力，指导第三方物流公司的配送执行，实现面向区域范围内的供应网链协调运行。

（2）创新发展平台型龙头服务企业。

柳州市不仅需要从面上推动生产性服务业集聚，还应围绕支柱产业、主导产业转型升级的需求，立足于创新性地集聚发展平台型龙头服务企业，依托中枢服务企业的强大衔接功能，发挥"市场升级"效应，驱动集群产业升级。

平台型龙头服务企业可以有两种组建方式：一是鼓励柳州本地支柱行业骨干企业通过剥离相关职能部门或新建设立子公司成立专门的平台运营服务商；二是直接引进东部地区成熟、先进的知识密集型平台运营服务商。核心（平台）企业运用物联网、大数据、云计算等智慧信息技术搭建信息平台，构建由供应链协作伙伴、第三方服务商、终端顾客等各类相关经济组织或主体共同构成、共享资源、共创价值的产业价值生态系统。需要进一步指出，这种价值生态系统不仅局限于本地，还可突破地域界限，将更广空间范围内的协作企业纳入其中，构建虚拟产业集群，实现在虚拟空间中的合作创新、共同发展。在具体运作中，一方面，核心（平台）服务企业与终端顾客、研发设计机构合作，提出市场需求，界定产品架构和品质；另一方面，核心（平台）服务企业与供应商、零部件和组装公司、第三方商贸物流商、金融机构等合作，实现物流、信息流、资金流的顺畅传递。其结果，使各成员基于协同价值创造降低产业贸易成本，提高产业竞争力。

例如，针对柳州市汽车零部件产业提档增值、优化配套的升级目标，可以支持柳州市主要整车制造企业或核心零部件企业发起创设服务型平台企业，也可直接引进东部发达地区大型服务集成商开发和运营服务平台。通过平台构建的产业网络具有"纵横交织"的组织维度：纵向上集聚原材料、一般零部件制造商、核心零部件制造商、整车制造商和消费者，横向上集聚各类零部件研发设计机构

（创客企业）、商贸物流企业、信息技术服务商、金融机构等。平台采取虚实融合运作模式：一方面在线上，可以突破柳州地域限制吸引更多的主体集聚，形成虚拟产业集群，围绕整车制造商或核心零部件制造商的主导需求信息及其动态更新，众多设计机构（创客企业）与中小零部件制造商协同创新、快速响应，并纵向接受下游市场检验及反馈，进而嵌入最为匹配的供应链，循序渐进不断升级，从满足本地需求的零部件产品向服务国内外的零部件产业跃迁；平台服务运营商则利用平台积累的真实交易结构信息及由此滋生的大数据，为中小型零部件创新企业提供供应链金融等增值服务，并优化汽车产业链。另一方面在线下，通过平台服务运营商主导，实现供应链各环节在空间上紧密对接，并有效开拓汽车产业后市场①，改善终端消费者体验与参与度；同时，增进平台网络各节点主体的面对面交流，促进产业集群创新。如图 5 - 10 所示。

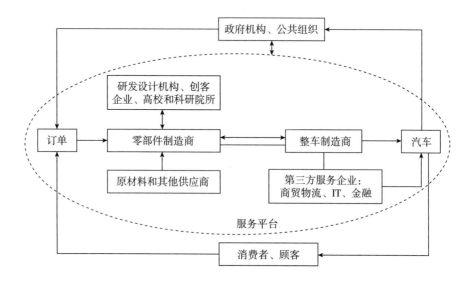

图 5 - 10　以再升级改造为导向的柳州市汽车零部件虚拟产业集群

又如，柳州在新能源汽车领域也可搭建类似的服务型平台。可以由上汽通用五菱等整车制造商或其他专业服务机构创设产业网络平台，汇聚线下体验的终端

---

　　①　汽车后市场包括汽车配件、快修、汽车美容装饰、检测、二手车交易、汽车仓储物流、汽车产业金融、线上线下"互联网＋"等子行业，是汽车产业链延伸的"蓝海"。

消费者①、制造商、零部件商、研发设计机构、物流商、金融机构等主体，将新能源汽车生命周期中的研发、制造、流通、体验、使用各环节融合起来，促进柳州新能源汽车产业快速健康发展。

（3）优化"一核两翼"生产性服务业空间布局。

根据柳州市的地域分布，力争形成"一核两翼"的生产性服务业发展主要空间格局。"一核"指城中—河东片区（可延伸至五星商圈），提升万达广场、华润中心、阳光100、地王国际、新时代商业港等大型商业综合体功能，形成产业金融和高端商务 CBD，集聚发展金融服务、管理咨询、财务企划、技术服务、电商服务等行业，加快构建门类齐全、规范诚信、辐射周边的产业金融和商务服务中心。

"两翼"之一指柳东汽车服务示范区。全力夯实打造柳东汽车服务示范区。加强与广西区内外科研机构、高等院校和企业的合作，引进更多的汽车产业研发设计机构，构建汽车及零部件创新研发平台和创新联盟；按期推进广西科技大学汽车学院（柳东校区）建设，使之尽快投入正常运转，产生知识就近溢出效应，发挥汽车高技能人才培养、科技创新与校企合作重要基地的作用；充分利用国家汽车质量监督检验中心（柳州）、国家进口汽车检测重点实验室（柳州）的核心检测与研发平台作用，形成汽车及其零部件（含新能源汽车）的先进检验检测能力，带动相关检验检测机构成长，引领区域汽车检验检测市场发展；巩固和拓展汽车（含零部件）商贸、会展、金融、后市场、文体休闲服务产业链，创建汽车服务多样化集聚环境，搭建在区域内具有关键影响力的专业采购和产业服务平台。

"两翼"之二指柳北高端产业服务提升区。在整合柳北已有供应链管理及电商物流服务功能的基础上，回应高端机械装备产业推进"一带一路"国际合作和深化全球化布局、传统钢铁产业提质量降成本、新建北部生态新区重点发展智能电网、工业机器人、通用航空产业新兴产业的诉求，以若干特色集聚区或专业小镇为空间载体，集聚智慧服务核心要素，合理规划与构建柳北高端产业服务提升区，大力发展智慧技术（物联网、大数据、云计算）、创意设计、供应链管理系统集成商（包括大宗商品交易市场），推动先进制造业增强国际竞争力，保障传统制造业物畅其流、提升运营效率，助力新兴产业快速成长。

---

① 柳州市政府、上汽通用五菱以建立示范点等途径，向柳州市民提供宝骏 E100 电动汽车进行体验，实施"用户参与造车"的产品研发新模式，更精准地辨识用户需求，将全新的个性化服务贯穿到产品的制造、销售、使用等过程中，初步形成"线上 + 线下"结合、"产品 + 体验"并行的服务型制造新模式。这些大数据为构建服务型平台打下了坚实基础。董明．宝骏 E100 首批用户领到车［N］．柳州日报，2017－08－03．

制造业 B2B 服务平台——从科通芯城到硬蛋①

　　深圳科通集团原是一家 IC 电子元器件分销贸易商，2005 年成为第一家登陆纳斯纳克的深圳企业。伴随着 2010 ~ 2012 年中国赴美上市企业频繁遭遇集体诉讼、被美国机构做空的危机，以及互联网冲击下供应链革命与制造业转型升级的逐步展开，科通集团进入第一次企业转型，启动了资本和业务架构的双线重构。2012 年 2 月，科通集团在开曼群岛注册了新的运作平台科通芯城（Cogobuy），在线销售平台 Cogobuy.com 也随之上线。凭借科通芯城这一 IC 电子元器件领域的垂直电商平台，科通集团果断切入了制造业 B2B 电商平台的"蓝海"。

　　中国是全球电子产品制造中心，科通芯城总部深圳所辐射的珠三角地区，更是集中了全球六成以上的电子产品制造产能。在这个庞杂的市场中，高端的上游供应商相对集中，下游则有 300 多万家电子制造企业，分销渠道极为分散。这 300 多万家电子制造企业中，年营收在 4 亿元以上的蓝筹客户虽对元器件采购需求很大，但企业数量占比仅为 0.1%，而剩余 99.9% 都是缺乏合适渠道服务的中小"长尾客户"。痛点在于，对于中小制造企业而言，其采购量还不足以直抵原厂或一级代理商，通常是一级一级的渠道下沉才能够得着它们。那么，中小电子制造企业如何在茫茫货源中对接到优质正价的品牌元器件呢？

　　对此，科通芯城把服务重心放在中小客户上，满足"长尾需求"，它通过线上平台，快速聚集多方中小企业的订单需求并汇总。由于蓝筹客户的订单保障了采购量，科通芯城可以方便地从代理商处争取更优惠的价格，使得中小"长尾客户"的成本低于自身独立采购。同样重要的是，科通芯城还深入研究中小企业的采购模式，以社交电商（比如使用微信）实施精准营销，以社区、论坛、社交网络平台、线下产品发布等方式聚集了数千位中小企业关键人物（总经理、采购总监、设计总监等），产生了较大的平台影响力，打造业内专业人士交流圈和营销生态系统，继而提高用户黏性和复购率。在线下，科通芯城则以多年以来非常成熟的物流配送体系，保障中小客户极低的物流成本。2011 年，科通的大部分客户还集中在线下交易端；到 2014 年，科通芯城的在线交易客户达到 5050 名，较 2013 年同比增长了 83.4%，其中，蓝筹客户约 130 家，中小客户则多达 4920 家。同时，转型也取得了"双赢"：2014 年，科通芯城取得自营收入 68 亿元，中小企业客户和蓝筹客户已经平分秋色，各占 48.8%、51.2%，前者的营收增长更是同比超过了 217%。于是，科通芯城作为供应链整合平台或 O2O 服务提供商，通过整合上下游需求，增进了产业链上信息的透明度，降低了供应链成本，提高了整体效率，完成了企业的第一轮转型。

随后，抓住 2014 年智能硬件进入元年的机遇，深圳科通开启了第二次转型，基于供应链优势衍生出创新服务平台——硬蛋（INGDAN.com）。硬蛋原是科通芯城于 2013 年 9 月推出的一个微信社区，由于电子元器件下游的中小客户大多集中于智能硬件领域，硬蛋的起初定位是智能硬件设计师及工程师的网络互动平台。之后，瞄准智能硬件行业初创型企业最大的痛点——供应链资源欠缺，即成本高批量小，从概念落地到试产、量产，项目都充满了极高的不确定性，很难找到合适的且愿意合作的供应商，硬蛋平台转而升级为帮助创新企业或创客降低创新成本和提供最匹配的供应链服务（见表 5-6）。

表 5-6　硬蛋平台为智能硬件创新企业提供的供应链匹配服务

服务名称	服务类型	具体内容
硬蛋 Link	供应链 O2O 服务	对接方案设计、PCB、模具、测试组装、零部件等合适的供应链厂商，创新者线上提交需求，硬蛋线下提供服务
硬蛋 Direct	供应链总包服务	电子产品设计、制造、采购等供应链环节的总包服务
硬蛋 Consult	咨询服务（针对初创者）	帮助创业者评估项目可行性、生产周期和成本报价，并梳理、量化用户需求
硬蛋 IOT 超市	专业零部件采购平台	可询价、采购元器件、模组、中间件及方案等，免费申请试用品

资料来源：陶娟（2016）。

在硬蛋平台上，实现了三方参与和共赢：①10000 个创新企业提交了智能硬件创新项目，成为全球最大的智能硬件创新平台，尤其是欧美、以色列等国众多的智能硬件创新项目（占 20%）也汇聚于硬蛋，使硬蛋成为对接全球创新资源和能力并提升中国制造的有益尝试。②平台聚集了上游供应商 6000 家，帮助创新企业更快地从创意完成制造、营销。③进而，硬蛋还通过组织国内外线下各场活动及线上的口碑相传，聚集了 700 万粉丝，使创新者、供应商的新产品快速推广至目标客户。更具体地说，创新项目经由硬蛋对接供应链，快速打造样品，再在硬蛋众测平台上交由 700 万粉丝众测，快速试错，再决定下一步的量产与否及规模，获得了效率上的提升。对于创新企业而言，从生产端到消费者终端的信息都在此平台上汇聚，从而取代了此前从创意到智造、从量产到营销的漫长链条，形成社会整体福利。作为供应链对接服务平台的硬蛋，则获得所有有效数据和交易网络。由上，若从价值链和价值网络视角审视，在深圳科通的第二次转型中，硬蛋平台实质就是一个智能硬件的产业链系统集成商，引领着该行业实现从构建国家价值链到融入全球创新链的进程。总之，深圳科通集团构建制造业 B2B 服务平台的经验（见图 5-11），为西部地区集聚发展平台型龙头服务企业提供了十分有益的路径启示。

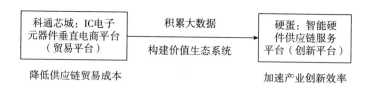

图 5-11　支撑制造业转型升级的平台型服务企业创新进程：深圳科通

二、南宁市案例分析

1. 南宁市制造业发展现状及其转型升级目标

（1）发展现状。

南宁市是广西壮族自治区首府，位于该自治区南部，是我国重要战略区域北部湾经济区的核心城市、中国—东盟自由贸易区的联结枢纽和面向东盟的国际性城市。长期以来，南宁市并不是一个传统工业城市，工业发展相对滞后，甚至是产业整体发展的最大短板。2003 年后，随着中国—东盟自由贸易区建设深入推进、北部湾经济区发展上升为国家战略，在众多优势政策推动下，南宁市进入高速发展窗口期。在此期间，制造业新兴崛起，并逐步形成了具有一定特色的产业体系。这一产业体系以电子信息、先进装备制造、生物医药三大重点产业为龙头。2016 年，全市三大重点产业完成产值 1329.51 亿元，增长 16.3%，占全市工业比重达 37.59%[①]；南宁市重点产业规模快速扩大，在制造业体系中的比重越来越高，重点产业引领制造业发展的格局基本形成。全市产业结构正在实现从资源加工型到加工制造型、从传统产业到现代产业的转变。

依托富士康、丰达电机、鸿盛达等龙头企业发展电子信息产业。富士康南宁公司（南宁富桂精密工业有限公司）是南宁市首家工业产值超过 300 亿元的

---

① 尹海明，韦静. 两会特别报道［N］. 南宁日报，2017-02-16.

企业，富士康南宁科技园已成为全球最大的机顶盒制造基地。目前，该科技园正积极基于大数据、物联网、云计算技术发展智能硬件产品制造，如北斗魔盒、车联网产品、智能电动牙刷、智能家居小套装、水质监测仪、水下机器人；等等。

依托南南铝、南宁中车轨道、南宁中车铝材等龙头企业发展先进装备制造业。2012 年以来，广西南南铝加工有限公司通过供给侧创新与研发主导，走出了一条精深加工的结构升级之路，从生产电解铝、普通建筑型材、铝板带箔的传统制造企业跃升为以高端、高性能铝合金材料占据产业链制高点的制造企业，公司工业产值近五年年均增长 27% 左右，2016 年突破 60 亿元，产品广泛用于大推力火箭、高铁地铁车辆、飞机、船舶海洋、高档汽车、智能手机等，并向新能源汽车部件等铝精深加工智能制造转型，装备向自动化、智能化高端制造转型[①]。与此同时，南南铝还在内部成立了航空、轨道、汽车、船舶、复合材料、材料分析测试、无损检测、高水平铝合金精加工等一批研发中心、院所，企业研发区段实力不断增强[②]。在此基础上，南宁市引入广西区外优质产业资源——中国中车，并成立了南宁中车轨道交通装备公司生产地铁车辆等先进轨道装备；进而，通过由南南铝和南宁中车轨道合资建立南宁中车铝材精密加工公司作为节点企业来生产轨道车辆用铝型结构部件，将散落在不同区段的铝材制造、轨道车辆制造功能环节以"线连接"[③] 模式接通，初步形成了以三个龙头企业为支撑载体的高端铝材—大部件—轨道车辆的先进装备制造业产业链闭环，2015 年 12 月就实现了"南宁地铁南宁造"，引领南宁乃至广西高端轨道交通装备制造业快速崛起[④]。

依托南宁经济技术开发区等重点工业园区集聚发展生物医药产业。2016 年，生物医药工业总产值约达到 150 亿元。一是大力发展生物制造集群，拥有海王生物、百会药业、培力药业等龙头制药企业，且集聚区规划规模不断扩大。二是合作打造医疗器械产业集群，如南宁经济技术开发区通过与广西食品药品监督管理局合作，引进了广西医疗器械检测中心，并以之为平台配套引进和培育了诺博等14 家医疗器械企业和广西华银医学检验所两家检验检测机构。三是拓展完善医药流通链条。通过积极拓展生物医药下游产业配套，引进了国药控股、华润医药

①　刘伟，向志强. 这家制造业企业五年"鸟枪换炮"靠什么？——从南南铝转型升级看供给侧结构性改革 [N]. 南宁日报，2017 - 07 - 21.

②　韦静. 南南铝蝶变升级实现跨越式发展 [N]. 南宁日报，2017 - 07 - 10.

③　程李梅，庄晋财. 西部地区承接产业转移的政策转型研究 [M]. 镇江：江苏大学出版社，2016：130 - 131.

④　韦静. 积极培育新兴产业　加快工业转型升级——市工信委贯彻落实"工业强市"战略做大做强重点产业 [N]. 南宁日报，2017 - 08 - 07.

等医药流通企业。

依托国家级"双创"示范基地探索新型制造业和服务业协同发展模式。自2016年7月南宁·中关村创新示范基地落户南宁高新区一年多来，它正成为我国东部发达地区和西部后发地区携手应对知识工作商品化浪潮、协同构建国家价值链的成功示范，并对南宁市加快培育发展新动能、新产业、新业态和新模式起到了重要的推动作用，2017年该基地被认定为广西首个国家级"双创"示范基地。一是初步形成产业微集群。该基地入驻企业已达到49家，其中入驻的智能制造、信息技术、健康生命、科技服务等重点二三产业企业23家（外地企业17家，占到70%以上），入驻孵化创新团队26个，实现产值2.25亿元。二是打造跨区域联动、辐射全球的线上线下协同创新网络。构建了南宁·中关村协同创新展示中心、中关村信息谷雨林空间国际孵化加速器、创新汇、创新行等平台[①]。三是增强南宁传统制造业的升级动能。该基地帮助哈工大参与南宁传统制造企业技改活动，对接50多家企业技改项目[②]；入驻的我国智能制造领域知名系统集成商上海明匠智能系统有限公司对接南南铝进行生产性智能化改造。四是为区域培养和积累低成本、高技能的知识型劳动力。该基地通过引入中关村软件园人才基地（南宁）培训中心、"国家级工程实践教育中心（南宁）"和"中国大学生创新创业（南宁）基地"，培养智能制造、新一代信息技术专业人才，且与广西50多所大中专院校签订合作协议，为2470名大学生提供了实训岗位[③]。五是开展国际创新合作。该基地加强了与国内各大创新城市以及美国硅谷、以色列特拉维夫、德国柏林、新加坡等13个国家创新城市的交流合作。2017年2月，中国—以色列科技成果（南宁）交流中心落户该基地[④]。

（2）升级目标。

总体上，南宁市制造业呈现出"规模小、行业杂、层次低"的特征。需要看到，南宁市工业经济规模虽然依托三大重点产业快速扩张，但产业结构仍处于较低层次，制造业总体以资源初级加工为主，精深加工规模仍比较小，高新技术产业发展动力还不足。换句话说，南宁市是制造业新兴发展的城市，依托近年来承接产业转移靠增量带动，属于前文城市分类实证分析中的第Ⅲ类城市。不过，产业发展最大的短板也恰恰是其最大的潜力所在。应该说，处于集聚经济圈中心城市以及地区性国际经贸合作的有利地位，南宁市通过实施"工业强市"战略，

---

①④ 刘伟，向志强，朱丽莉. 后发地区如何培育创新高地？——来自南宁·中关村创新示范基地的调查报告［N］. 南宁日报，2017 – 05 – 24.

② 阮晓莹. 汇聚创新要素 助推产业发展［N］. 南宁日报，2017 – 09 – 15.

③ 阮晓莹. 创新平台引来"南飞凤"聚才引智激发新动力——南宁·中关村创新示范基地为南宁凝聚创新要素［N］. 南宁日报，2017 – 07 – 26.

推动制造业转型升级,具有较为广阔的空间。关键策略在于不要全面"铺摊子",而是如前文所述,明晰本地制造业转型升级的重点行业和方向,有所为、有所不为,以增量崛起带动结构优化和整体升级。更明确地说,以当前三大制造重点行业为龙头作为突破口,率先推进转型升级,做得更大、更精、更强,构建立足广西、面向中南西南、辐射东盟并具有一定特色的区域先进制造业基地,以逐步推动全市制造业整体提档换质。

①延伸和拓宽产业链,着力做大做强三大重点产业。以龙头企业为核心,以延伸、拓宽产业链及构建产业价值链立体式网络为纽带,以占据制造业中高端地位为导向,推动电子信息、先进装备制造、生物医药等重点制造行业优化升级,打造千亿元产业集群,不断提高其在全市工业结构中的比重,积极将三大重点产业发展成为支撑全市工业经济甚至区域产业转型的支柱产业,为以高阶产业替代次阶产业,从而促进全市制造业整体升级创造有利条件。

电子信息产业方面,抓住广西实施第二轮"加工贸易倍增计划"的机遇,以富士康为龙头,加强产业配套,重点面向网通产品发展应用型电子制造业,带动南宁加速形成"品牌商 + 代工商 + 元器件料件制造商"网络的电子信息产业集群。

先进装备制造产业方面,依托铝合金新材料领域的研发优势和大规格高性能精密铝材的制造优势,走"集群化扩张、立体式网络"发展之路,重点打造依托中高端铝材加工的产业价值链网络,构筑铝合金新材料—铝应用加工—高端装备制造产业体系,实现原产业链中的产品部件向具有独立功能的价值模块裂变并滋生出新的子产业,发展以高端铝合金精深加工、轨道交通、新能源汽车三个子产业为支撑的先进装备制造产业集群。换而言之,以南南铝构建西南地区规模最大的铝合金新材料及精深加工产业基地为中枢,向上游、下游延伸覆盖并形成轨道交通车辆、新能源汽车(全铝厢挂车、油罐车、特种车、乘用车等)两大制造领域及其配套的全铝车零组件、大中小部件生产、整车组装及新能源电池产业链网络。

生物医药产业方面,在巩固做强新型医疗器械、医药制剂、中药现代化的基础上,大力发展特色民族药和原料药行业,使南宁市生物医药产业集群更具特色。在此过程当中强化走开放升级的路子,一是充分发挥广西丰富的中草药资源优势,将中医药及大健康产业深入推向东盟国家和"一带一路"区域;二是可以考虑借力中关村等合作平台,引入东部地区生物医药创新成果来开拓产业发展新的领域。

②提升产业智能制造水平。一是大力对传统产业老旧生产线或设备进行因地制宜的智能化改造,化旧为新、变废为宝,实现工段、车间、工厂等不同层面的自动化、智能化生产,降低劳动成本,提升产品制造效率和品质。二是紧紧抓住富士康电子信息制造业转移带来的体系制造能力,加快向智慧端拓展升级,大力发展智

能装备、智能硬件产品，在异质性高、租金丰富的消费云端攫取升级收益。

2. 南宁市生产性服务业集聚对制造业转型升级影响所存在的问题

（1）基础较差，但先进服务业发展潜力足。

长期以来，由于"工业短腿"，南宁市制造业呈现低端化，加工贸易在制造业中占有很大比重，加之制造业企业"大而全""小而全"仍然存在，产品设计、物资供应、市场开发、销售服务等环节自成体系，致使制造业与生产性服务业之间的专业化分工协作体系未能广泛建立[①]，束缚了南宁市生产性服务业的集聚发展，存在生产性服务业规模小且市场化程度低（2006~2015 年，南宁市生产性服务业中集聚度较高的是租赁和商业服务业，科学研究、技术服务和地质勘查业两个细分行业，历年集聚度均在 1.5 以上，但都呈现增长缓慢甚至下降的趋势；交通运输、仓储及邮政业，信息传输、计算机服务和软件业，批发和零售业三个细分行业的集聚度则均呈现出下降的趋势；只有金融业的集聚度保持着稳定增长的趋势）、内部结构层次较低（商贸、房地产等传统服务业比重达到 60%，而服务外包、创意设计、科技信息等新兴服务业发展滞后，比重不到 20%[②]）、行业杂而不精（低层次多样化）、开放程度不高等问题。也就是说，南宁市第三产业对经济增长的贡献率（2016 年达 60.9%，2017 年上半年第三产业占 GDP 的比重为 55.4%[③]）虽然比第二产业高，但这是建立在工业后发增长基础之上的。这种模式下，生产性服务业在第三产业整体中处于相对弱势地位，比不上生活性服务业、公共性服务业，同时因制造业相对发展滞后而难以发育健全，因而表现出上述问题。这正是前述城市分类研究中所揭示的第 III 类城市生产性服务业集聚模式的"通病"。

然而，南宁市拥有良好的区位环境，它是多个集聚经济圈或行政区域的中心城市（广西首府，北部湾城市群，珠江—西江经济带核心城市，面向东盟的桥头堡、"一带一路"有机衔接门户的核心节点），高端服务要素禀赋集聚充足，为生产性服务业集聚发展提供了良好的潜力，表现在：作为广西科技创新中心和信息流动中心，保障了知识信息要素的存量和增量；作为广西高等院校最为密集的城市，能够培养充足的人力资本尤其是低成本、高技能的年青知识型劳动力；拥有西乡塘区大学城、高新区、埌东片区等环境优美、创新和商务氛围浓厚的城市空间，十分适合于创意阶层集聚；作为首府城市，是金融资源的配置中心和调度中心，有利于各类商品资源交易平台的构建与成长。因此，通过合理规划来集聚先进生产性服务业，推动南宁市乃至区域制造业转型升级是切实可行的。

（2）拥有规划，但实施路径需进一步厘清。

① 顾松，马娟. 南宁发展生产性服务业问题研究 [J]. 中共南宁市委党校学报，2010（6）：36 - 41.

② 丁伟. 南宁市加快建设区域性现代服务业中心的思考 [N]. 南宁日报，2017 - 06 - 02.

③ 韦静，朱培麟，梁妮. 上半年我市服务业发展实现提质增效 [N]. 南宁日报，2017 - 08 - 16.

南宁市坚持以长远眼光谋划、统筹与推进现代服务业大发展，2017年正式出台了《南宁市现代服务业集聚区发展规划（2016～2020）》，力争"十三五"时期每年建设大约10个集聚区，到2020年建成特色鲜明、功能完善、集聚度高、辐射带动力强的现代服务业集聚区不少于40个，服务业集聚区增加值占全市服务业增加值比重达到50%以上。其中，谋划发展金融服务业、现代物流业、电子商务和信息服务业、科技服务业、文化创意与设计服务业、节能环保六类生产性服务业集聚区，重点发展金融服务业、现代物流业、电子商务和信息服务业三类生产性服务业集聚区①。

综观未来一段时期南宁市生产性服务业集聚发展规划，思路周全，对于建设区域性现代服务业中心②具有较好的支撑作用，但是规划仍有些庞杂，尤其对于生产性服务业集聚的本源目标——促进制造业转型升级的专门考量还不够突出，切入点也有待通过"提纯精练"后进一步聚焦。必须看到，推动南宁本地制造业转型升级与构建区域性现代服务业中心的目标并行不悖，相互促进：只有围绕制造业转型升级的现实迫切需求提升配套的生产性服务业专业化集聚水平，才能为后续充分发挥高端服务要素禀赋优势确立区域性现代服务业中心地位打牢可靠基础；而在某些具备区域性独特资源集聚特征的领域率先发力，形成面向圈域的高端专业服务辐射力，也将对本地及周边城市制造业转型升级构成有力推动，进而在构建区域性现代服务业中心的进程中占据制高点。概括起来，围绕产业升级、城市转型的现实目标与长远愿景，南宁市也应形成与之相兼容的生产性服务业专业化集聚和多样化集聚的合理搭配。

3. 有侧重地发展生产性服务业专业化和多样化集聚，推动南宁市及区域制造业转型升级

加快建设区域性现代服务业中心和广西现代服务业核心城市，对于南宁市落实面向东盟、联动中南西南、带动广西融入"一带一路"等多层次国际合作开放平台体系、打造我国沿海经济发展新一极的开放发展定位和功能具有重要战略意义。如前所述，南宁市应优先围绕推进本地制造业转型升级，采取"缺什么补什么"的策略强化生产性服务业专业化集聚，形成围绕龙头制造企业（群）形成生产性服务业从单（多）核集聚模式向体系化集聚模式的渐次发展；同时选择体现区域性现代服务业中心最高能级的行业深化多样化集聚，合理搭配，双向互进，渐进带动整体，形成以圈域制造业转型升级为导向的生产性服务业集聚路径，如图5-12所示。

---

① 韦静，王常青，梁妮.《南宁市现代服务业集聚区发展规划（2016～2020）》出台南宁重点发展十类集聚区［N］. 南宁日报，2017-04-06.

② 丁伟. 南宁市加快建设区域性现代服务业中心的思考［N］. 南宁日报，2017-06-02.

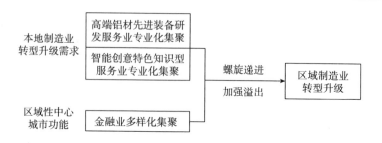

图5-12 以圈域制造业转型升级为导向的南宁市生产性服务业集聚路径

（1）全力构建高端铝材先进装备制造研发服务体系。

打造以高端铝合金为全产业链生产基础材质的先进装备制造业集群，必然要求形成立体式结构的集群式价值链网络，不仅需要制造区段演进成独立的价值模块，更需要在体现精深加工优势的研发区段构筑完整的规则设计商、系统集成商、模块供应商层级结构，使得从原材料到大部件组装，再到整机制造的全过程实现技术、工艺、标准、服务紧密对接，无缝耦合。南宁市可以考虑以南南铝内部的研发中心和院所为重要基础，围绕覆盖高端铝精深加工、城市轨道车辆、新能源汽车制造三个子产业，引进国内外优质研发服务资源，成立一批规模扩大、独立运营、相互支撑、面向前沿的专业研发测试服务企业，形成一个协同互惠、层级治理的高端铝材先进装备制造研发价值网络，为产业集群不断占据产业竞争制高点注入更多的智力支持。

（2）扎实打造区域性智能创意特色知识密集型服务业集聚高地。

充分抓住南宁高新区获批成为广西首个国家级"双创"示范基地的重要契机，有力发挥南宁·中关村创新示范基地的引领和平台作用，以对接中关村科技创新资源为突破口，导入全国乃至全球的高端要素和智力资源，通过重点引进东部发达地区的智能制造、电子信息、生命健康等新兴产业的龙头企业，纵向延伸、横向拓展产业链条，带动具有智能创意特色的本地知识密集型服务业协同集聚发展。更进一步地说，应充分利用和放大西乡塘区大学路一带集聚大量的广西主要高校（广西大学、广西民族大学、广西财经学院等）、高职高专学校和科研院所而带来的知识型人才培养优势，以南宁·中关村国家级双创示范基地为主要空间载体，以移动互联网、物联网、大数据、云计算等智慧信息技术服务、创意设计服务、基于项目商业化及其推广的财经高端服务等领域为重点，打造西南中南承接国内外知识型服务外包的重要基地，成为广西最具活力和对区域制造业创新极富引领效能的服务核心区①，形成西部地区辐射东盟最大的知识型服务业集群。在此基础上，立足于就近支持南宁·中关村国家级"双创"示范基地、富士康南宁科技园连片区域深入发展智能制造业，可参考前文硬蛋创新平台经验，在南宁·中关村基地创设若干平台型智能产品创新服务商，以互联网技术连接南宁本地智能制造创新企业和创客、全球智能制造供应链资源、终端消费者，构建"南宁智造"特色创新生态系统，推动南宁融入全球创新高端体系。还可围绕该基地集聚发展一批生物医药和大健康产业国际化市场推广、成果转化服务机构，引导医药产业迈上新台阶。

（3）努力形成区域主导型金融服务业多样化集聚。

金融服务业属于高附加值的信息服务业，信息化水平与信息流动水平是金融服务业集聚乃至形成金融中心最根本的基础支撑条件。正因如此，与其他类型的生产性服务业集聚诱因不同，城市金融服务业集聚层级在一定程度上可超越其本身制造业等实体产业发展水平的束缚，并在区位声誉、人文环境、制度环境等社会因素自我强化驱使下得以提升，其结果便是依托优质、高端和具有成长潜力的各类金融要素集聚所形成的金融集聚区（圈）或金融中心，在城市层面成为城市核心区控制外围区、在区域层面成为城市之间控制与被控制的主要工具②。这一金融服务业集聚机理对于南宁市发展金融服务业集聚的定位及路径具有非常重要的现实导引作用。简言之，南宁市不仅应结合新兴发展的制造业转型升级需求集聚金融业，更应发挥其独特的区域性中心城市优势而形成金融中心，进而影响周边地区的经济增长、交易扩张和产业繁荣。2006～2015年，金融业是南宁市唯一一个集聚度保持稳定上涨趋势的生产性服务业细分行业，2015年其集聚度已达到了1.32；2017年上半年，金融服务业占南宁市第三产业增加值的比重已经达到22.45%③，超过1/5。全市现有银行40家、保险公司41家、证券分公司23家、法人地方资产管理公司两家，境内上市企业占广西数量的36%④。南宁市具备了发展金融服务业多样化集聚的坚实基础。

①　南宁·中关村创新示范基地入驻企业上海明匠智能系统有限公司不仅为南南铝引进工业互联网技术和工业机器人技术，帮助本地传统铝加工企业进行智能化改造；还将服务向区域内延伸，已与柳工集团、柳州五菱工业对接，意向订单数亿元。这就是一个创新服务效应区域性溢出的范例。刘伟，向志强，朱丽莉. 后发地区如何培育创新高地？——来自南宁·中关村创新示范基地的调查报告［N］.南宁日报，2017－05－24.

②　刘曙华.生产性服务业集聚与区域空间重构［M］.北京：经济科学出版社，2012：133－136.

③　韦静，朱培麟，梁妮.上半年我市服务业发展实现提质增效［N］.南宁日报，2017－08－16.

④　冯梓剑.服务业占据南宁经济"半壁江山"［N］.南宁日报，2017－11－24.

具体地讲，充分利用南宁市作为广西首府、北部湾城市群核心城市①、中国—东盟自由贸易区"桥头堡"、沿边金融综合改革试验区"排头兵"多重区位优势、政策优势、信息优势，综合集聚发展现代金融服务业，以服务本地产业、辐射周边区域为导向，形成"1+4"产业空间布局，向构建区域性国际金融中心迈进。

①面向本地产业形成一个金融创新集聚圈。结合南宁高新区（市北方向）、江南区、经开区（市南方向）集聚电子信息、高端铝材、生物医药、智能制造等优势产业和新兴产业及毗邻空港、扶持政策密集的特征，优化金融要素和科技资源融合配置，构建以科技金融为亮点的金融创新集聚圈，重点集聚发展私募股权投资基金、证券投资基金、商品和期货基金、金融交易平台等新型金融企业或金融机构（非银行类），从而有效对接创新企业、科技项目和投资资本，重点支持南宁优势产业和新兴产业做深做精。

②面向区域经济打造四个金融资源集聚区。第一，打造五象新区特色产业金融集聚区。在推进五象新区总部基地金融街建设的基础上，构造五象新区特色产业金融集聚区，使其成为广西区域经济及其参与东盟经贸合作、"一带一路"建设并具有一定国际辐射力的金融支点。通过总部楼宇建设招商，着重引进以股份制银行（如兴业银行、交通银行）、东盟国家外资银行（如泰国、马来西亚等国银行设立分行）为代表的银行类金融机构以及其他知名（如世界、中国500强企业）国内外证券、保险机构。抓住开发中国 东盟信息港开发机遇，集聚中国—东盟人民币跨境清算与业务中心、广西—东盟跨境人民币业务平台、广西人民币国际投资基金等跨境金融合作机构或平台②。尝试发展后台金融，吸收国内外金融服务后台（中心）、数据分析处理后台（中心）、金融系统（软件）开发企业落户。形成一定规模的小微金融集聚区。

第二，提升埌东金湖金融中心集聚区。引导金融机构和产业向埌东金湖广场商务楼宇集聚，增强金湖广场周边和民族大道沿线两侧金融机构总部集聚态势。同时，突出发展与金融业相关联的其他生产性服务业如商务会展、市场咨询、人才培训等，优化多样化服务要素空间集聚环境，形成辐射广西、能级最高的金融投资和财富管理中心调度区域。

第三，构建金融交易平台集聚区。整合、优化主要集中在南宁市兴宁区、青

---

① 根据广西、广东、海南三省区联合制定的《北部湾城市群发展规划》，南宁市定位为北部湾城市群核心城市，将建设成为人口超过500万的特大城市。尹海明. 南宁跻身北部湾城市群核心城市［N］. 南宁日报，2017－02－18.

② 杨毅，黄山松，詹浩勇，袁中华等. 2015年广西投资促进局招标课题成果——广西金融业招商推介文稿［Z］. 广西投资促进局，2015.

秀区的各类金融资产如企业产权、公司股权等交易机构和平台，加快发展黄金交易中心，塑造金融交易市场体系框架，构建促进区域产业资源配置优化的资本要素市场集聚区。

第四，营造互联网金融集聚区。以中国—东盟商务区为主要空间载体，集聚发展一批合规经营的移动支付、第三方支付、电商金融类企业，通过进一步完善互联网金融发展的各项支撑环境，打造一个集电商金融、资金融通结算支付、金融商品网络销售等服务功能于一体的区域性互联网金融基地，提高区域产业运作效率①。

三、绵阳市案例分析

1. 绵阳市制造业发展现状及其转型升级目标

（1）发展现状。

绵阳市是四川省第二大城市，素有"富乐之乡""西部硅谷"的美誉，是我国重要的国防科研和电子工业生产基地，是党中央、国务院批准建设的我国唯一的科技城。绵阳坚持以全创试验引领国家科技城建设，突出创新驱动、军民融合主线，以做强军民融合产业为目标，以军民科技创新为核心，以体制机制改革突破为重点，努力构建军民融合创新转化、产业培育、人才开发、开放合作、金融服务等"五大体系"，力求走出一条军民深度融合发展的全面创新改革之路，打造绵阳经济新增长极②。2016 年，绵阳市实现地区生产总值 1830.42 亿元、增长8.3%，产业结构由 15.3∶50.5∶34.2 优化为 15.3∶49.0∶35.7，第三产业比重同比提高 1.5 个百分点③。

重点产业优势突出，两新产业发展迅猛。2016 年，全市八大重点产业累计实现产值 2074 亿元，占全市规模工业总产值的 74.8%，同比增长 9.5%。其中，高端装备制造、节能环保、汽车、生物医药、新材料五大"两新"产业的增长达到两位数，八大重点产业已经成为工业发展的主要支撑力量④。两新产业占据半壁江山，2016 年全市高新技术产业产值达 1550 亿元，增长 12.7%；战略性新兴产业产值突破 1000 亿元，增长 14.8%；"两新"产业产值占全市工业比重分别达 53.5%、35.4%⑤。

培育大批军民融合企业，军民融合企业发展壮大。绵阳市抢抓军民融合发展

① 韦静. 南宁打造金融业发展新格局［N］. 南宁日报，2017 - 02 - 12.

② 王庆. 我市构建全新军民融合金融服务体系［N］. 绵阳日报，2017 - 08 - 08.

③ 绵阳市统计局. 2016 年绵阳市国民经济和社会发展统计公报［N］. 绵阳日报，2017 - 03 - 29.

④ 王庆. 深入实施产业发展"一号工程"加快推进绵阳工业转型升级［N］. 绵阳日报，2017 - 03 - 31.

⑤ 夏宁. 经开区："两新"产业撑起半壁江山［N］. 绵阳日报，2017 - 03 - 30.

上升为国家战略和被纳入国家全面创新改革试验区域的重大机遇，积极探索军民融合新举措，军民融合企业发展势头迅猛。如中国工程物理研究院培育了利尔化学、科莱电梯等军民融合企业37户，长虹集团培育了四川华丰、长虹电源等军民融合企业12户，九洲集团培育了九洲空管等军民融合企业12户，电子九所培育了西磁磁电等军民融合企业9户。这些新兴的军民融合企业，正在加快形成新的经济增长点。2016年，全市军民融合企业达到238家，实现总产值1370亿元，军民融合产业产值占工业总产值比重达49.5%，居全国、全省前列①。

大力建设科技城，积极推动科技进步与科技企业的发展。绵阳市是我国唯一的国家科技城，自2000年以来，以科技部为组长，18个国家部委组成的部际协调小组密切配合，积极支持推动绵阳先行先试，科技部、国家发改委、财政部、国务院国资委、工信部、住建部、商务部、人民银行等成员单位相继支持科技城开展国家科技与金融结合、文化和科技融合、三网融合等20余项国家层面的试点示范工作，促成绵阳执行国家自主创新示范区先行先试政策。科技城建设尤其是军民深度融合发展取得了明显成效，大量政策资金汇聚，助推产业转型升级。截至2016年底，全市高新技术产业化指数达78.91%、科技进步综合指数达68.57%，研究与试验发展经费支出占地区生产总值比重达到7%②。

（2）升级目标。

总体上，绵阳市将通过深入实施产业发展"两个一号工程"，以引进培育"两新"产业为抓手发展现代工业，以电子商务和"互联网+"为抓手发展现代服务业，加快构建高端现代产业体系，实现整体产业的转型与升级。

①引进培育"两新"产业，加快推进工业转型升级。绵阳把电子信息、汽车、新材料、节能环保、高端装备制造、生物、化工和食品八大产业作为"两新"产业发展的主攻方向，以此突出比较优势和特色领域，促进传统产业高端化、高端产业规模化，形成优势突出的高新技术和战略性新兴产业集群，为推进绵阳国家科技城创新型、开放式、突破性发展夯实产业支撑。

②把电子商务和"互联网+"作为现代服务业发展的"一号工程"③，打造区域性服务业中心城市。进一步发挥电子商务产业在经济社会发展中的新兴先导性作用，推动电子商务与一二三产业融合发展，以工业电商为基础，以跨境电商为发展方向，融合农村电商、社区电商，加快构建服务社会经济、发展业态丰富、模式完善、占领发展高地的电子商务产业发展体系；结合区域产业基础和资源禀赋，构建城市核心区与县域协同发展的电子商务集聚发展布局，建设一批要

① 王庆. 我市构建全新军民融合金融服务体系［N］. 绵阳日报，2017-08-08.
②③ 刘超. 政府工作报告［N］. 绵阳日报，2017-03-20.

素集聚、各具特色的电子商务产业园区①。到 2020 年，全市电子商务交易额突破 4000 亿元，其中网络零售交易额突破 200 亿元。培育 1~2 个全国知名本土电商平台；培育 25 个以上具有全国影响力和知名度的网销品牌；努力建设国家电子商务示范城市，打造中国西部电商城。

2. 绵阳市生产性服务业集聚对制造业转型升级影响所存在的问题

（1）服务业地位有待提高。

近些年来，虽然绵阳市服务业总量在持续增加，但服务业增加值占地区生产总值的比重仍相对偏低，在国民经济发展中的地位有待进一步提高。2015 年全市服务业增加值占地区生产总值的比重为 34.19%，与四川省、全国平均水平相比，分别低了 6.11 个百分点和 16.31 个百分点。"十二五"期末，服务业增加值占地区生产总值的比重较"十一五"期末仅提高了 0.3 个百分点，分别低于四川、全国平均水平 5.4 个百分点、7.2 个百分点。另外，绵阳市服务业对外开放程度不高，2015 年，全市服务业直接利用外资仅为 1.32 亿美元，较上一年反而下降了 22.3%，与四川省第二大城市地位不相匹配，有待进一步增强②。

（2）服务业内部结构有待优化，生产性服务业发展基础薄弱。

2015 年，全市服务业内部各细分行业增加值占地区生产总值的比重均未超过 5%，其中批发和零售业最高也仅为 4.7%，其他行业如仓储与邮政业为 3.8%、科学研究与技术服务为 3.2%③、金融业为 1.6%，也就是说服务业各细分行业均尚未发展成为绵阳市的国民经济支柱产业④。另外，相对而言，教育、批发和零售业等行业发展较好，而生产性服务业中的金融业、科技服务业发展仍具有较大的提升空间，生产性服务业难以从制造业中分离出来，服务业内部结构有待进一步优化。

（3）生产性服务业集聚对制造业的溢出效应不明显。

围绕"两新"产业主导升级的目标，绵阳市未来的发展急需加快利用现代技术、现代管理经验等手段，推动各功能区转型升级，通过加快出台相关政策措施吸引企业入驻，完善相关配套设施建设增强服务能级，促进生产性服务业提档升级。同时，制造业转型升级迫切需要提升配套的生产性服务业专业化集聚水平，才能为后续充分发挥高端服务要素禀赋优势确立区域性现代服务业中心地位

① 郑丹，郑灿. 经开区精准发力加快电商产业持续健康发展 [N]. 绵阳日报，2017-09-29.
② 刘鑫. 携手推动绵阳"互联网+"产业做大做强 [N]. 绵阳日报，2017-03-03.
③ 根据笔者统计，2006~2015 年，绵阳市科学研究、技术服务和地质勘查业集聚度保持在 2.5~3.5，属于很高的集聚水平，居全市生产性服务业各细分行业之首。但其产出占比并不高，投入大产出小，有待进一步提升。
④ 刘鑫. 勇挑重担真抓实干在加快建设国家科技城和幸福美丽绵阳中再立新功 [N]. 绵阳日报，2017-03-18.

打牢可靠基础。

    然而，绵阳市在制造业集聚较为密集的区域，还缺乏能够提供创新设计、采购分销、中小企业融资、信息技术服务等的平台型龙头服务企业，从而难以降低服务成本、提升服务效率、促进知识溢出效应。例如，绵阳市已出台规划，近年来将电子商务作为其生产性服务业发展的"一号工程"，围绕扩大"绵阳造"产品销售，加快推进绵阳特色馆建设，并重点在电子信息、家居建材、传统商贸、生鲜食品等领域培育壮大一批本土电商平台。目前全市电商企业达到 4000 多家，电商平台达到 54 个，9 家县级电商运营中心运转顺利，仅 2017 年上半年，全市实现电商网络交易额达 1444.22 亿元①。但是也需要看到，该市电子商务的发展支撑体系方面仍较为薄弱，缺乏在全国具有影响力的大平台大企业，同时电商人才培养、跨境电商实训基地建设等还难以支持电子商务行业快速发展的需要，电子商务与制造业的融合尚处于初期阶段，其对绵阳的优势产业、特色产业的转型升级支持力度尚停留在较浅层面，缺乏具有全国影响力的网销品牌（目前仅有长虹、九洲等极少数知名网销品牌）。另外，在其他领域还存在如何破除制约军民深度融合发展的体制机制障碍，如何利用新理念、新技术、新方法改造、提升、促进传统商贸流通业迈向现代流通业，如何实现金融业体制创新、金融产品创新等问题。

    3. 构建特色鲜明的科技类知识密集型服务业专业化集聚，推动绵阳制造业转型升级

    从制造业内部结构和高端服务要素禀赋状况审视，绵阳市属于前文城市分类实证分析中的第 I 类城市。绵阳市应依托建设四川省区域性中心城市的历史机遇以及科博会、西博会、电商大会、"全球知名企业四川行"等平台，积极融入成都平原经济区、成渝经济圈，与不同层次、不同领域开展交往合作②。通过对绵阳"两新"产业链条进行梳理，有针对性地引进缺失链条、补强薄弱链条、提升关键链条，通过龙头引进带动上下游企业配套跟进，促进产业迅速做大做强③。充分利用绵阳作为中国唯一科技城的政策优势，围绕技术密集型制造业转型升级的主导需求，构建特色鲜明的科技类知识密集型服务业专业化集聚，引领构建军民融合科技类产业国家价值链，如图 5 - 13 所示。

    （1）构筑"一核驱动、四带辐射、六区联动"的生产性服务业空间布局，形成点、线、面相辅相成的总体发展格局。

① 梁明. 品质 + 品牌，开启本土电商新未来［N］. 绵阳日报，2017 - 11 - 14.
② 罗鉴明. 推动制造业转型升级的几点思考［N］. 绵阳日报，2017 - 08 - 04.
③ 刘鑫. 以供给侧结构性改革为抓手加快推进"两新"产业做大做强［N］. 绵阳日报，2017 - 04 - 29.

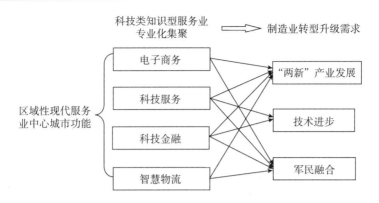

图 5 - 13　绵阳生产性服务业集聚与制造业转型升级结构机理

"一核"即绵阳市中心城区，以发展科技服务、电子商务、金融、现代物流、会展业等现代服务业为重点，着力升级改造基础设施、完善公共服务体系、营造良好服务环境、加快商贸业提档升级，积极培育教育培训、文化创意等行业，为建设西部区域性科教中心、物流中心、商贸中心、金融中心，形成以现代服务业为主导的产业发展新格局提供核心驱动力。"四带"是立足绵阳科技城，增强中心城区服务业的牵动作用和扩散效应，建设四条生产性服务业发展带，即绵安北发展带、绵江平发展带、绵三盐发展带、绵梓发展带。"六区"，即中心城区外以不同产业为依托形成六个生产性服务业特色区域，包括江油市、三台县、梓潼县、盐亭县、北川县、平武县。

（2）推动特色鲜明的科技类知识密集型服务业专业化集聚发展。

根据制造业转型升级的内在要求和生产性服务业发展的未来趋势，依托绵阳市生产性服务业发展的基础和条件，突出比较优势，集中要素保障，优先发展电子商务、科技服务、科技金融、智慧物流等特色鲜明的知识密集型服务业，强力推进重点产业贯彻转型升级、服务融合、对外开放和品牌打造四大发展战略，推动生产性服务业与制造业双向渗透、协同发展，促进生产型制造向服务型制造转变。

①电子商务集聚区。结合区域产业基础和资源禀赋，依托高新区、科创区、涪城区、游仙区等电商业态集中区域，构建城市核心区与县域协同发展的电子商务集聚发展布局，以工业电子商务、商贸流通电子商务和跨境电子商务为主要方向，建设一批要素集聚、各具特色的电子商务产业园区，着力培育一批全国知名网销品牌，加快建设一批具有绵阳产业特色的网上专业市场，将绵阳建设成为中国跨境电子商务示范基地和中国西部"一带一路"电子商务示范基地。

一是电子商务技术创新先导区。发挥科创区高端软件、新型信息技术服务和教育资源优势，依托省级电子商务示范基地，重点发展云计算、大数据产业，推进电子商务平台集群发展，以创新中心、灵创科技园、孵化大楼、中物孵化基地和仓储物流园区为载体，打造集软件系统开发、数据分析、电子商务创新创业、企业孵化等于一体的科技城电商示范基地。

二是跨境电子商务产业集聚区。充分发挥出口加工区优势，依托创意联邦电子商务产业园，重点发展跨境和工业电子商务。以高新区创意联邦电商产业园、中国家电跨境电子商务示范基地为载体，打造集跨境电子商务、O2O线上线下结合互动体验中心、家电跨境电商体验馆、商务办公、研发、金融、跨境物流等功能于一体的跨境电商产业集聚区。

三是商贸流通电子商务集聚区。充分发挥四川首家创新改革（电子商务）试验区优势，围绕"全域电商、全企入网"总体思路，重点发展传统商贸流通电子商务和电子商务仓储物流基地，打造全省千亿级电商产业集聚区。以中心城区、毅德·绵阳电商产业园、绵阳农村电商孵化园、126·文化创意产业园、燕景堂科技孵化器、金家林软件产业园、杨关产业带为载体，依托涪城区区位优势和资源禀赋，推动产业转型、跨越发展。

四是工业电子商务应用集聚区。发挥安州区汽车产业、化工产业和经开区高端装备制造、电子信息、生物技术等产业优势，大力发展工业电子商务，打造工业电子商务应用集聚区和产业带。依托已形成的产业集聚区、闲置工业厂房、仓储用房、电子商务产业园等，发展基于工业制造业、电子信息产业的在线产业带，形成各具特色、错位发展的发展格局。

②科技服务集聚区。以科技引领服务业创新发展，推动最新科技成果的应用，打造一批布局合理、投入多元的科技服务业集群和示范区，科技服务业产业总规模力争突破200亿元，成为促进科技经济结合、军民融合的关键环节和经济提质增效升级的重要引擎。

一是科创区科技服务集聚发展区。继续加快引进和集聚科技人才，提升科技研发能力，以电子商务、创业孵化、军民融合人力资源服务等服务业为主，着力将科创区打造为体现国际水准、辐射西南区域、最具创新活力的科技智慧园区。

二是高新区科技服务集聚发展区。以服务科技创新需求和提升产业创新能力为导向，优化科技服务业发展环境，推动科技服务向专业化、社会化和市场化方向发展，形成企业主体、机制灵活、效益显著的科技服务体系，将高新区发展成为西部地区乃至全国的科技服务集散区、科技服务模式创新示范区、科技服务组织创新先行区。

③科技金融集聚区。按照"立足绵阳科技城，辐射川西北乃至更广阔区域"

的要求，形成核心区域、次区域的放射状布局。以国家科技城为依托的核心区域，建成区域性金融机构集中区、金融交易集聚区、后台服务支撑区和金融人才培训基地。辖区内金融机构特别是地方金融机构不断培育壮大，能够有效实现跨区域经营以及各类金融产品、服务向川西北乃至更广阔地区其他城市的有效延伸，与成都市形成错位竞争、优势互补的金融业空间集聚格局。

积极推动军民融合金融服务体系创新试验。首先，开发军民融合专属金融产品。在金融产业创新方面，应配置军民融合专属金融产品，适时开发、推出与完善"军工采购贷""军工项目贷"等军民融合金融产品和"央行科票通"等科技金融产品，发展军民融合保险配套服务，对绵阳九洲集团等军民融合企业推出"军融保"等系列保险产品。其次，为军民融合量身定制融资方式。大胆创新融资方式，设立军民融合成果转化、产业发展和基础设施建设等基金；挂牌运营西南联合产权交易所绵阳分所，争取筹组成都（川藏）股权交易中心科技城分中心、军民融合小额贷款公司等地方金融组织，继续引导成立创业投资（基金）公司，为科技企业和军民融合企业持续投入风险资本[①]。

深化科技与金融结合试点工作。大力开展科技金融政策创新，积极推进军民融合领域科技金融政策的先行先试。吸引国内外财团、风险投资基金及民间资本在绵阳市兴办各种形式的科技风险投资公司，推动风险投资、科技支行、科技信贷、科技保险、科技担保、知识产权质押等科技金融发展。整合各类金融资源，打造具有绵阳特色的科技金融服务链，完善线上科技金融服务平台。

④积极建设智慧物流园区。实施"智慧物流"工程，以标准化、信息化为方向，重点发展电子商务物流、供应链物流、军民融合物流、口岸物流等重点领域物流，建设1~2个绵阳市智慧物流试点园区、多家智慧物流配送示范企业。形成"三区、两带、多点"的总体物流空间格局，"三区"即国际物流服务集聚区、智慧物流服务集聚区、绿色物流服务集聚区，"两带"即区域物流合作带和产业供应链服务带，"多点"即多个物流节点。

四、包头市案例分析

1. 包头市稀土制造业发展现状及其转型升级目标

（1）发展现状。

包头市是内蒙古自治区的工业龙头城市，也是位于西部地区的我国重要能源、原材料和装备制造基地，纳入全国首批老工业城市和资源型城市产业转型升

---

① 王庆. 我市构建全新军民融合金融服务体系［N］. 绵阳日报，2017 – 08 – 08.

级示范区，GDP 在中国西部城市综合统计信息资料会员城市中排名前列①。全市工业以稀土、钢铁、铝业、装备制造和电力为主，这五大支柱产业 2016 年工业增加值比上年增长 8.6%，拉动规模以上工业增长 4.7%，超出全市规模以上工业增加值增长的一半②。

世界稀土看中国，中国稀土看包头。包头发展稀土产业具有独特的比较优势、资源优势、竞争优势，是"稀土之都"。近年来，包头市优化资源类产业链，从过去的"挖土卖土"、原料销售和初级加工，沿着不断提升稀土原料的就地转化率升级，加快推进稀土产业向中高端新材料产业迈进。包头市先后出台《稀土新材料生产企业扶持政策措施的通知》《包头市关于进一步加快稀土产业发展的若干政策意见》等专项政策，从稀土原材料采购优惠保障、稀土企业优惠电价、兴建标准厂房等方面帮助企业降低成本，鼓励企业延伸产业链，促进稀土产业推陈出新，向稀土新材料中高端迈进③，已形成集稀土开采、冶炼、研发、深加工、应用、交易和信息平台为一体的新兴稀土产业集群，集群效益凸显。2016 年，包头市稀土产值 150 亿元，占全国稀土行业的 20% 以上，其中，稀土新材料和终端应用产品占到 44%④，稀土新材料制造业成为稀土产业新兴的发展方向。

包头市的稀土新材料企业主要集聚在国家级高新区——稀土高新区。2015年以来，该高新区以稀土应用产业园为发展中心，加快配套建设稀土新材料深加工基地和稀土高新技术特色基地，打造稀土产业一体两翼的发展平台。目前已形成了以稀土永磁产业为龙头带动，抛光、储氢、催化、应用五条稀土新材料制造产业链协同发展的态势。其中，稀土永磁材料占稀土新材料产值比重从 2013 年的 75% 增长到 2016 年的 91%。当前，该高新区中 90 家稀土工业企业中，稀土新材料有 46 家，稀土终端应用企业 37 家；稀土永磁及后加工企业的数量有 27家。已涌现了北方稀土、天和磁材、韵升强磁、天骄清美、索尔维、希捷环保、瑞鑫稀土等一批行业龙头企业或知名企业⑤。

（2）升级目标。

包头市正在全力建设中西部乃至全国一流的创新高地，有力推动老工业基地向现代产业基地转变。其重要载体是培育发展稀土新材料、高端装备制造、新能源、大数据云计算、节能环保、生物科技、蒙中医药七大战略性新兴产业。其

① 2017 年第一季度包头市 GDP 达到 848.4 亿元，在西部会员城市中排名第五位。张海芳．一季度我市 GDP 在西部 57 个城市列第 5 位［N］．包头日报，2017－06－01．
② 包头市统计局．包头市 2016 年国民经济和社会发展统计公报［N］．包头日报，2017－04－23．
③⑤ 张海芳．"七业"同兴助稀土业迈向中高端［N］．包头日报，2017－07－29．
④ 张海芳．包头稀土产业告别"挖土卖土"［N］．包头日报，2017－09－17．

中，依托独特的资源禀赋和良好的产业基础，加快发展稀土新材料产业和建设以稀土为龙头的国家新材料产业基地处于首要位置，也是近年来包头市先行谋划的重点产业升级方向。2015 年，包头市还被确定为国家稀土产业转型升级试点城市。

作为前文城市分类实证分析中的第Ⅳ类城市，包头市发展稀土新兴优势特色产业，是其所属的内蒙古自治区乃至西部资源型地区近年来突破"挖矿卖矿、挖煤卖煤、挖土卖土"格局，产品以"原"字头"初"字号为主且附加值低的困境的典型缩影，具有典型意义。基于此背景，着力打通西部重要资源型城市的支柱型原材料产业集群——包头市稀土产业集群向中高端跃升的路径，打造我国乃至世界稀土新材料和应用产品产业基地，由资源开发型向高端应用型转变①，对于西部地区以原材料工业为主的众多同类城市将具有重要的启示和借鉴价值。这一产业转型升级方向的主要内涵是：

一是价值链延伸。这里所指的价值链延伸是指包头市稀土产业跃过"挖土卖土"的初创期，改为以追求高附加价值为目标，依托丰富的稀土资源为基础，延伸产业链，提高原料的就地转化率和附加值。要进一步围绕稀土新材料产业的重点升级方向，延伸和夯实永磁材料产业链、抛光材料产业链、催化材料产业链、储氢材料产业链、应用材料产业链五大产业链，不断形成"原料—新材料—终端应用"新的稀土产业布局，从而实现产业升级。

二是价值链深化。这里所指的价值链深化是指包头市稀土产业通过适当剥离一部分非核心的价值链环节，转而从外部获取高级生产性服务，以创新驱动在若干具有关键资源或核心能力的环节上掌握差异化、高端化的竞争优势。面对稀土原料价格极易暴涨暴跌的产业特质，包头市稀土产业必须紧紧依托科技创新和结构优化，不断提升产业核心竞争力，通过开发新产品、切入新领域（如为新能源汽车提供新材料制品）、进军新市场（如打入欧美发达国家市场），构建高性能稀土新材料的国际化研发、制造和营销基地。

三是价值链重构。这里所指的价值链重构是指通过价值链结构的重组来极大地扩展现有产业链的创新空间，进一步提升竞争优势。这种重构既可以通过"减法"即消减部分价值环节来实现，也可以通过"加法"即增加部分价值环节来实现。大数据作为新一代互联网智慧技术和模式发展的代表性产物，正深入改变着新一轮产业格局。以"加入"大数据为突破口重构稀土产业价值链，将成为推进包头稀土产业转型升级、抢占产业变革制高点的重要引擎。更确切地说，借助海量信息元素通过"原料—新材料—终端应用"一系列的串联功能，实现稀

---

① 张海芳. 包头稀土产业告别"挖土卖土"〔N〕. 包头日报，2017 – 09 – 17.

土产品更好地满足市场需求和创造高端价值；通过大数据、云计算等智慧技术的渗透，稀土产业的转型升级空间还将获得全新拓展，例如稀土制造企业可以进军稀土医疗产业，在健康医疗影像大数据云平台、医疗影像诊断、稀土医疗产业服务等领域有所突破。

显而易见，要协调实现包头市稀土产业价值链延伸、深化和重构，内在地必然要求生产性服务业价值链嵌入及向专业化和价值链高端延伸，从而构建迈向中高端的立体型稀土产业集群式价值链网络。如前所述，在这一过程中，生产性服务业应注重与稀土制造业集群的融合发展，形成与稀土制造业集群配套的体系化集聚。

2. 包头市生产性服务业集聚对稀土制造业转型升级影响所存在的问题

近年来，围绕推动稀土产业集群转型升级，包头市加快推动生产性服务业与制造业构建稳定的合作关系，初步形成了符合稀土产业集群特性的生产性服务业体系架构。

第一，创新型服务业集聚促进稀土产业创新能力显著增强。近年来，包头市科技服务业发展态势良好。根据笔者统计，2012 年以来，包头市科学研究、技术服务和地质勘查业集聚度扭转了 2006 年以来的下滑局面，呈现出小幅波动上升的趋势，2015 年已达到 1 左右。2017 年上半年，包头市规模以上科技服务业实现营业收入 6.6 亿元，同比增长 22.2%，增速位居全市主要服务业之首①。稀土产业主要集聚的稀土高新区于 2017 年被确定为全国第二批、内蒙古首个国家级双创示范基地，拥有包头稀土研究院、中科院包头稀土研发中心、上海交通大学包头材料研究院等骨干研发创新、科技成果转化服务机构和平台②。与此同时，该高新区集聚的各类企业研发中心数（国家级 4 家、自治区级 30 家）占全市的 35%；拥有国家级重点实验室 1 家，自治区级重点实验室 3 家；经认定的高新技术企业占全市的 59%；拥有 5 个院士工作站和 3 个博士后科研工作站，专利2410 项，占全市的 50%；已初步形成了"苗圃—孵化器—加速器—产业园"全链条创新创业培育体系③。一批稀土应用的新技术、新产业、新产品、新项目陆续开发并实现了产业化。

第二，基于大数据应用的稀土产业服务体系启动建设。稀土高新区借助其中的内蒙古软件园集聚了 180 多家软件企业所构建的独特产业优势，先后出台了《包头稀土高新区关于加快大数据产业发展的决定》《包头稀土高新区关于促进大数据产业发展的 12 条政策措施（试行）》，目前已初步建成或在建易云大数据

① 张海芳. 我市"五大幸福产业"提速快进［N］. 包头日报，2017 – 08 – 28.
② 张海芳，李学飞. 高新区成为内蒙古首个国家级双创示范基地［N］. 包头日报，2017 – 06 – 15.
③ 张海芳，贾婷婷. 高新区：稳健发展再刷"高新速度"［N］. 包头日报，2017 – 09 – 08.

应用中心、企业服务大数据云平台、包头至北京双路由光纤专线项目等大数据信息产业项目。2017 年 5 月，稀土高新区还与中国科学院包头稀土研发中心、上海交通大学分别联合成立了中国科学院包头稀土研发中心大数据产业研究中心、上海交大内蒙古大数据研究中心①。

第三，系统集成商式的商贸交易平台初步搭建。包头稀土交易所目前拥有交易商 1450 家，同时拥有会员 9 家、经纪会员 8 家、贸易会员 121 家。其现货交易平台已上线了氧化镝、氧化镥、氧化钇等 12 个交易品种，近年来成交量快速放大，有力促进了稀土原料的供给保障，为稀土下游企业提供了充足的货源。该交易所还引入外部资源，共同打造稀土及稀有金属跨境交易 B2B 平台，2016 年交易额达到 1363.56 亿元。

第四，金融集聚创新协同支持稀土产业链升级的局面正在形成。包头设立了40 亿元稀土产业发展基金，先后有 28 家企业获得了 13.16 亿元支持。同时，全力推动了 9 家稀土企业在深圳新四板挂牌，1 家在新三板挂牌。该市还出台了新材料、综合运用奖励办法，促进稀土功能材料竞争实力和规模的提升，2015～2016 年两年共发放奖励资金 1.2 亿元②。

总体看，包头市生产性服务业集聚驱动稀土产业创新升级的基础和氛围良好，但在形成有利于推动稀土产业转型升级的体系化集聚的努力方向上还有待进一步明晰和优化。尤其是在"互联网＋"迅猛发展和包头市已将大数据产业确定为重点发展的战略性新兴产业的背景下，包头市应及时思考转换稀土产业发展模式和坐标，利用大数据这一互联网突破性技术营造产业升级的更高平台。

理论分析表明，生产者和消费者之间"加"上了互联网交易平台，而生产者在交易、制造与管理过程中"加"上了大数据、云计算、物联网等新一代互联网技术，这两个方面的"加"实质创造了消费者显示个性化需求、生产者处理相应需求信息的零成本市场，还累积了足够大的基于自组织式累积性逼近机制的创新数值空间③，对传统制造业价值创造模式乃至生产组织和分工体系提出了重构的根本要求。在这一意义上，包头市稀土产业的大数据应用架构正是其实现新一轮转型升级的微观基础。

包头市应主动借鉴贵州（贵阳）后发跨越式发展大数据产业的先进经验并向前迈进一步，充分利用自身自然气候条件良好、能源状况优越、靠近一线核

---

① 张海芳，任兆祺．两个大数据研究中心在高新区成立［N］．包头日报，2017 - 05 - 28.
② 张海芳．包头稀土产业告别"挖土卖土"［N］．包头日报，2017 - 09 - 17.
③ 吴义爽，盛亚，蔡宁．基于互联网＋的大规模智能定制研究——青岛红领服饰与佛山维尚家具案例［J］．中国工业经济，2016（4）：127 - 143.

心城市北京等独特条件，把新型工业化战略和大数据领域紧密结合起来，将大数据服务产业更突出地纳入和作为支撑稀土制造业转型升级的生产性服务业集聚体系的关键部分乃至核心部分，打造开放的稀土云，弯道超车，引领包头市稀土产业研发、制造、交易各环节抢占国内外竞争的制高点，扩大行业影响力和话语权，从而以大数据服务与产业升级相融合为构建国家价值链高端环节增添西部力量。

3. 构建与稀土产业集群配套的生产性服务业体系化集聚，促进包头市稀土制造业转型升级

包头市要努力抓住新常态下稀土产业集群式价值链网络成长的关键机遇，以稀土高新区为主要载体，以大数据融合应用为引领平台，有针对性地寻求生产性服务行业内部及相关行业间以稀土产业网链为基础的集聚，从而形成主要为稀土新材料产业提供研发、生产、销售、融资提供配套专业化服务、适应集群特性且贯穿于整个产业价值网链的生产性服务支持体系，推动稀土制造业从中低端产业向中高端产业转型升级，如图 5 - 14 所示。

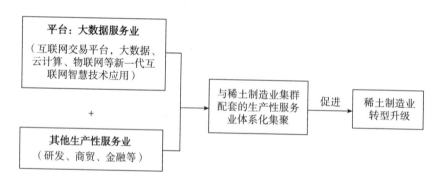

图 5 - 14 包头市稀土制造业集群中配套的生产性服务业体系化集聚路径

（1）吸引大数据服务业嵌入式集聚。

加强大数据技术创新平台和公共服务平台建设，嵌入稀土制造业价值链的升级过程。继续积极与国内知名高校院所和国家级创新平台合作，建设大数据科技创新研发机构。鼓励稀土高新区等产业园区、科研院所、高校和有关企业利用自身优势建设大数据科技企业孵化器和众创空间，孵化一批大数据相关企业，打造中国稀土大数据产业园①。通过大数据服务业的空间集聚，重点围绕稀土新材料基因组大数据应用开发等重点领域，整合稀土制造企业、研发机构、交易所、金

---

① 余健. 站在"互联网 +"科技创新的风口乘势起飞 [N]. 包头日报，2017 - 06 - 07.

融机构、行业协会等各方面的数据，组建稀土大数据信息中心，促进稀土大数据分析及其新材料开发等前沿领域的应用，进而建立稀土上下游产业数据共享平台，优化商品链、创新链、融资链资源配置，推动稀土上下游产业协同发展。

（2）发展商贸流通业功能性集聚。

对于从特定的原材料资源所滋生而来的制造业集群而言，针对其个性化、专业化需求的功能性商贸流通集群，可以推动集群式生产和交易网络协同升级，使集群式价值链网络获取扎根本地的可持续竞争优势。以包头市全面建设国家级电子商务示范城市为契机，充分发挥包头稀土交易所的商品价格发现功能和资源配置功能，在已有交易品种基础上开发和上线更高附加价值、通用范围更广的稀土新材料大宗交易商品，打造促进稀土制造业创新要素和原料产品集散为核心的龙头型商贸流通平台，带动有实力的电商、物流等关联服务系统集聚①，增进稀土制造企业间的分工和黏合度，策动和支撑稀土产业集群升级。

（3）构建研发服务业特色化集聚。

围绕重构适应稀土新材料产业向中高端升级的研发服务价值网络，实现对以永磁为龙头，抛光、储氢、催化、应用协同发展的制造体系全覆盖，可以进一步推动稀土新材料制造企业将研发设计机构独立化，同时加强引进国内外具有较强实力的稀土研发企业，与现有的稀土骨干研发服务机构一起规划组合、划分方向，构造具有规则设计商、系统集成商、模块供应商"金字塔"结构的研发服务价值网络。在此基础上，以稀土新材料前沿技术、共性关键技术和大规模产业化技术的研发为重点，充分利用创新资源载体完成创新环节活动，打造从线上到线下的协同创新生态圈②，加快和制造企业的产学研合作，做好稀土技术研发与企业需求的精准结合，推动稀土产业集群结构优化升级。

（4）打造金融服务业综合化集聚。

在建立引导基金方面，充分发挥政府基金的引导作用，创设并汇集包头市不同类型的稀土产业基金形成合力，深入推进稀土新材料深加工基地等重要产业集聚区建设。在吸引社会资本方面，着力引入各类创投资本、天使投资、私募股权、融资担保等社会资金，组建稀土产业创新金融超市，依托大数据采集和应用在创新创业型稀土新材料企业成长的不同阶段给予金融支持。在优化融资方式方面，强化政府及稀土产业园区与银担之间的合作，在利用大数据的基础上，使符合条件的创新创业型稀土新材料企业在享受代偿补偿、资本投入等服务的基础上

①　可依托本市的国家级电子商务示范基地昆都仑区，为稀土高新区引进电商企业、嫁接电商平台，发展稀土电商。田淑芳．昆都仑区电子商务点燃现代服务业提档升级新引擎［N］．包头日报，2017 - 05 - 03。

②　张海芳．包头稀土产业告别"挖土卖土"［N］．包头日报，2017 - 09 - 17.

获得银行的低成本、便捷特色融资。在促进企业上市方面，构建培训辅导、重组改制、发行上市等"一站式"支撑服务体系，助力包头市稀土制造企业在多层次资本市场打开融资渠道①。

① 还可依托本市的金融集中集聚区青山区，向稀土高新区辐射高端型、创新型金融服务。乌日图，李淑婉. 青山区开动地区产业升级主引擎 [N]. 包头日报，2017 – 09 – 26.

第六章　增强西部地区生产性服务业
集聚对制造业转型升级积极
作用的政策建议

要构建形成一个区域间合理搭配、优势互补的生产性服务业集聚格局，并对制造业转型升级产生外溢效应，除了依靠企业的市场行为之外，还离不开集聚的外部动力——政府的作用。理论研究表明，政府可以通过政策措施对集聚经济圈的产业集聚施加重要影响①。前面的论述也同时表明，要更好地发挥西部地区生产性服务业集聚对制造业转型升级的积极作用，也需要政策与制度设计上的优化和改进。在中国，"发展型"的各级政府在经济增长和产业发展中起着"更加有为"的主导作用，其具有前瞻性、合理性的政策措施将会促进生产性服务业集聚的顺利发展，进而保障制造业转型升级的实现。作为本书主体研究的最后一部分，本章将尝试解决"如何促进集聚"的问题，提出增强西部地区生产性服务业集聚对制造业转型升级积极作用的政策建议。

第一节　影响生产性服务业集聚对制造业
转型升级作用的外部因素分析

伴随着产业结构的演进和升级，尤其是服务经济的崛起并开始成为驱动经济增长的主导力量，在发达国家和我国东部发达地区，以大中型城市及其构成的集聚经济圈为空间载体，显著地出现了利用集聚发展生产性服务业推动制造业转型升级的浪潮，并取得了良好的成效。在此过程中，政府所实施的保障政策则提供了重要的外部动力保障。综观这些保障政策，都是着力围绕影响生产性服务业集

---

① 胡晨光，程惠芳，俞斌．"有为政府"与集聚经济圈的演进——一个基于长三角集聚经济圈的分析框架［J］．管理世界，2011（2）：61－69，80．

聚对制造业转型升级作用的外部因素，强化其积极效应，弱化其不利效应。具体地说，在以生产性服务业集聚推动制造业转型升级的实践当中，先行国家和区域的政府并不直接进行资源配置，而是努力在产业发展环境、创新环境、交易环境、经营环境与基础制度环境的建设和优化上下功夫，来实现引导生产性服务业与制造业协调演进的目标。

一、服务需求强度

一般而言，政府应根据本地区产业发展基础、趋势和区位特征，关注和把握集聚发展生产性服务业以促进制造业转型升级的临界点，并将此作为重要的政策作用点和切入点，适时果断地制定和实施有利于制造业服务化和生产性服务业集聚的各项产业政策。其中，引导和激发制造业对生产性服务业的庞大服务需求成为实施这类政策最重要的开端。前章相关理论和实证研究已表明，生产性服务业作为独立的产业形态，其提供的服务类产品能否被制造业购买或者引入，不完全取决于供给，更取决于制造业的需求。不仅如此，这种服务需求还必须具有一定的强度，才能真正产生二三产业之间的交易行为。

一方面，从制造企业的规模看，由于受到传统工业模式下"大而全""小而全"思维的困扰，欠发达地区的制造业服务化及服务外包长期处于抑制状态，尤其是规模较大的制造企业，基本性活动和支持性活动的服务环节仍主要内化于企业内部而自我服务（前章的案例分析亦有说明），不利于对生产性服务的需求从潜在状态向有效激活转变。另一方面，从制造企业的区位看，若其靠近或处于大规模需求市场（如大中型城市）和终端消费者，那么生产性服务业选择在同一地区协同集聚，便可基于中介技术，运用各种先进服务设施和手段，帮助制造企业精准掌握终端顾客需求，实现从"按供生产"向"按需生产"转变，在升级制造模式的基础上确定非价格要素的差异化竞争优势。不难看出，西部地区如何依托重点城市，引导不同规模的制造企业恰当地将生产性服务环节外包或引入独立形态的生产性服务，从而达到生产方式、商业模式、组织形式与动态性、异质性很高的最终需求相互匹配，是支持生产性服务业集聚对制造业转型升级产生有利影响的保障政策应考虑的第一个外部因素。

二、区域创新体系

生产性服务业集聚是向制造业导入知识要素和人力资本的重要途径。通过生产性服务业集聚向前端联结培养高技能人才或创造新知识的组织、向后端联结制造企业而构建起来的区域创新体系，生产性服务企业不仅可以获取服务竞合的报酬递增收益，还可以凭借集体学习过程和知识外溢效应促进知识和技能从源泉端向使用端的移动，在提升制造业知识转换能力的基础上推动其创新升级。更具体地说，区域创新体系的第一知识基一般为高等学校和科研机构，它们集中发挥着生产新知识和新技术（包括培养青年学生这一知识、技术转移和溢出的载体）的基础作用；而生产性服务业通过空间集聚形成区域创新体系的第二知识基，亦即作为一种关键的转换枢纽，在获取知识、整合知识、传输知识等方面推动第一知识基和制造业之间的良性互动，把前者生产的各种显性知识、缄默知识不同程度地嵌入后者的价值链各环节，形成能被制造业吸收和转化的知识革新，从而实质性地帮助制造业转型升级。可见，形成不同类型产业、不同类型机构耦合的地区创新环境，对于生产性服务业集聚和制造业转型升级的协同发展至关重要。因此，西部地区怎样努力构建促进生产性服务高端创新要素培养和集聚的城市综合环境、人文环境，提高知识、技术和人力资本的集聚度，进而协调创新资源的合理布局，构建区域知识创新系统，形成辐射能力更强的创新源，是支持生产性服务业集聚对制造业转型升级产生有利影响的保障政策应考虑的第二个外部因素。

三、综合交易设施

不同于制造业集聚，生产性服务业因其客户的多样化需求程度更高而具有更高的集聚报酬递增特性，因此反映贸易成本的综合交易设施发达程度对生产性服务业集聚的形成及其产生对制造业的外溢作用具有十分突出的影响。集中在服务功能层级更高的大型城市，而并非"遍地开花"，是生产性服务业空间布局选择的显著倾向。这样一来，位于中心城市集聚的生产性服务业与其辐射半径之内的外围城市制造业之间便会发生服务贸易流。如前所述，商贸流通业媒介有形的商品流，主要依靠交通基础设施为制造业实现服务；知识密集型服务业提供无形的知识流，主要依靠信息网络设施为制造业实现服务。于是，以交通设施、通信设施为典型代表的综合交易设施发达程度，将显著影响生产性服务的溢出成本乃至可得性。综合交易设施越发达，服务贸易成本就越低，生产性服务业集聚的服务半径就越大，生产性服务业就越容易在克服贸易成本的前提下更加集中地布局以获得集聚经济和专业化的好处，从而有利于提升大型城市生产性服务业的规模和企业生产率，同时也能提升圈域范围内中小城市制造业的效率[①]。所以，西部地区如何积极改善交通、通信等基础设施建设，提升经济社会信息化及其应用水平，着力降低生产性服务业集聚发挥对制造业外部性的综合交易成本，是支持生产性服务业集聚对制造业转型升级产生有利影响的保障政策应考虑的第三个外部因素。

---

① 　高翔，龙小宁，杨广亮．交通基础设施与服务业发展——来自县级高速公路和第二次经济普查企业数据的证据［J］．管理世界，2015（8）：81－96．

四、配套公共服务

支撑人才、知识、信息、平台等高端服务要素在特定空间内集聚的基本要素供给也须予以考虑。一方面，虽然在用地空间要求上比制造业要低，但生产性服务业集聚依然需要土地供给（即园区载体）、资本投入的配合，同样需要建设用地指标的保障和大量资金的支持①。另一方面，也是更为重要的，生产性服务业集聚对制造业转型升级产生影响离不开生产性服务业集聚区的科学合理规划。集聚区不仅是生产性服务企业空间集中的基本单元，也是生产性服务业集聚模式的表现载体。通过科学合理的规划，城市生产性服务业集聚区应避免服务企业的无序扎堆，注重发挥专业化集聚和多样化集聚所带来的竞合溢出效应，强化知识协同创新的公共平台建设。上述两个方面的基本要素供给，需要通过地方所配套提供的基础公共服务加以解决。因此，西部地区怎样围绕生产性服务业集聚区建设提供优质的配套公共服务，着力降低生产性服务业集聚发展的经营成本、商务成本，提高创新效率，是支持生产性服务业集聚对制造业转型升级产生有利影响的保障政策应考虑的第四个外部因素。

五、基础制度创新

发挥生产性服务业集聚对制造业转型升级的积极作用，还离不开基础制度层面的不断创新。第一，生产性服务业要形成广泛、深入的集聚，就要求地方政府在激烈的 GDP 竞争中摒弃单纯的传统工业化道路，转而通过实施新型工业化战略注重二三产业协调发展，这需要经济发展的导向制度作出创新。第二，生产性服务业集聚及其外部性的最大资本投入在于高端服务型人才，促进这类人才合理培养、流动和配置的制度创新尤为关键。第三，生产性服务业集聚要对制造业发挥最核心的信息与知识服务功能，必须克服生产性服务业"事前定价""事后检验"的产业特性所导致的服务效用不确定性，同时履行好密集而复杂的服务契约安排②，这就需要寻求生产性服务业与制造业之间降低信任成本、维护契约执行的制度创新。第四，生产性服务业集聚要对制造业转型升级形成更大空间范围的溢出效应，必须打破长期形成的区域管理界限所导致的市场分割和自我保护，转而在区域经济一体化和产业协同发展机制的引导下，促进不同区域和城市的服务资源和产品自由流动。上述归根结底，关键是要在处理好市场和政府作用关系的过程中，为以生产性服务业集聚推动制造业转型升级提供良好的基础制度环境。因此，怎样优化服务经济发展的基础制度环境，以维护生产性服务业自由、有序

①② 刘奕，夏杰长，李垚. 生产性服务业集聚与制造业升级［J］. 中国工业经济，2017（7）：24 - 42.

的竞争秩序，鼓励、支持和保护知识创新、技术创新与业态创新，逐步消除阻碍生产性服务业集聚发挥应有外溢作用的制度藩篱，是西部地区支持生产性服务业集聚对制造业转型升级产生有利影响的保障政策应考虑的第五个外部因素。

第二节　西部地区增强生产性服务业集聚对制造业转型升级作用的政策着力点

根据前述影响生产性服务业集聚对制造业转型升级作用的外部因素，结合西部地区发挥生产性服务业集聚对制造业转型升级外溢效应的改进方向，当前西部地区增强生产性服务业集聚对制造业转型升级积极作用的保障政策着力点在于（见图6－1）：

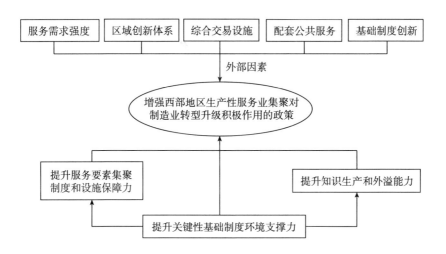

图6－1　西部地区优化生产性服务业集聚对制造业转型升级作用的政策着力点

一是着力提升服务要素集聚制度和设施的保障力。本书的实证研究结果表明，和东部地区相比，西部地区生产性服务业集聚对制造业转型升级的促进作用还有很大的提升空间。这就要求西部地区必须首先创造吸引服务要素集聚的制度软环境和基础设施环境：前者要激励和引导生产性服务要素独立化、专业化、集群化发展，后者则要降低服务要素集聚及发挥外溢效应的贸易成本和创新成本。

二是着力提升知识生产和外溢的能力。前文研究指出，西部地区要在更广泛地参与国家知识分工体系中，依托知识密集型服务业集聚实现区域产业转型升级的关键路径突破。这就要求西部地区重点提升知识生产和外溢的能力，培养集聚创新人才，营造集聚创新平台，强化集聚创新合作，优化集聚创新环境，善用集聚创新成果，在促进以知识为基础的服务企业空间集聚的同时，加快知识的生产，提高外溢的效率。

三是着力提升关键性基础制度环境的支撑力。产业集聚和产业发展从根本上无法离开基础制度环境的支持，尤其是对于生产性服务业而言，其投入、产出通常表现出无形化、高知识含量、高不确定性的特征，产业间、产业内交易频密、复杂而迂回。从这一角度上讲，生产性服务业集聚发展较之制造业集聚更依赖于以市场为基础的制度环境，以保证更高的交易效率。那么，构建一个良性竞争、健康公平的市场交易环境和宏观调控环境，对于生产性服务业的集聚也十分重要。为此，应以增进资源配置效率和公平为重要目标，加强和改善关键性基础制度建设，为促进生产性服务业集聚及发挥外溢效应的关键要素流动、组合和实现合意配置提供良好的制度软环境。

第三节　提升服务要素集聚制度和设施保障力的政策建议

西部地区正处于加速发展工业化的阶段。除了通过经济总量的扩张为服务经济崛起提供坚实的经济基础外，还应采取优先政策，为积极推进以制造业转型升级为导向的生产性服务业集聚生发提供必备的制度和设施保障。一方面，着力构建公共政策体系，激励和引导生产性服务要素独立化、专业化、集群化发展，从产业剥离、转移、规划、营商、资金等不同角度为生产性服务业集聚提供良好的软环境；另一方面，加强区域基础设施建设，重点是现代化的交通设施、先进的通信网络设施，从而尽快提升区域物质和信息传输能力，降低服务要素集聚及发挥外溢效应的贸易成本，推进创新集聚形态，为生产性服务业集聚提供高效的硬环境。

一、着力构建公共政策体系

1. 积极推进制造业服务化进程

西部地区城市的产业发展目前虽然仍以制造业为主，但为了形成合理的生产性服务业集聚支持体系，首先需要积极推进制造业服务化进程，逐步剥离制造业企业的生产性服务职能，以形成独立的服务企业，从而形成生产性服务业集聚最基本的微观基础。一是有计划地引导大中型制造企业将非核心价值活动或部分核心价值活动剥离出去，促进生产性服务的广泛外部化和集聚发展；二是全力支持规模和地位领先的骨干型制造企业大胆向服务型系统集成商或规则设计商转型，逐步把一般性制造环节剥离转移到中小制造企业，自身则成为品牌、设计、营销网络及基于网络化、数据化、智能化的大规模智能定制方案解决等高端生产性服务供应商，实现从实物产品提供者向服务产品提供者的嬗变。

在此过程中，西部地区应注重剥离政策的整体联动和衔接配套，比如对分离设立的生产性服务企业给予资金补贴及所得税减免优惠，切实消除在投融资及要素价格上对生产性服务业的不当歧视；以"营改增"为契机，进一步清理现行法律法规中不适应于生产性服务剥离的政策，比如制造业企业剥离工作牵涉的相关税费、物流企业剥离中产生的车辆过户费用等[①]。同时，西部地区要努力改革地方政绩考核方式，实行分类分区差异化考核，以不同的指标或权重考核不同功能区域的发展，加速制造业服务化进程。对有条件加快生产性服务业集聚发展的城市，应将生产性服务业增速、服务业占比及科教事业、人力资本培养、生态环境和绿色发展等配套方面的相应考核放到与工业占比、经济增长速度重要性相同甚至更优的位置，并建立激励兼容的财税体制，以鼓励西部城市大胆谋求二三产业联动实现转型发展。

2. 实现承接产业转移从制造到服务的政策方向转型

承接产业转移是西部地区制造业转型升级的重要途径，更是西部地区实现生产性服务业集聚跨越式发展的良好契机。为突破西部地区承接东部产业转移始终处于"只见项目，不见产业"的"企业转移陷阱"，以及难以形成具有自我发展能力的优势产业的困境，西部地区政府招商引资必须实施政策转型，即通过区域产业链整合把企业引进和产业培育结合起来，以优势产业成长带动欠发达地区经济发展[②]。本书研究则更进一步地明确表明，西部地区承接东部产业转移需要进行更为深刻的政策转型。也就是说，西部承接产业转移不仅需要在制造区段进行产业链整合，还应向前迈进一步，更迫切需要在重构集群式价值链网络的崭新框架下，考虑以生产性服务业集聚为纽带促进产业链整合，把承接制造业转移与推动制造业转型升级有机融合起来，实现区域经济增长和可持续发展的紧密统一。

坚持贯彻落实这一政策转型的思路，西部地区所承接的产业就不是简单的过剩产能、落后产能、淘汰产能，而有可能变成产业发展新动能，关键就是要实现

---

① 刘奕，夏杰长，李垚. 生产性服务业集聚与制造业升级［J］. 中国工业经济，2017（7）：24-42.

② 程李梅，庄晋财. 西部地区承接产业转移的政策转型研究［M］. 镇江：江苏大学出版社，2016：20.

从重制造引进、轻服务配套，向制造引进和服务配套统筹兼顾转变，从承接基于劳动和资源代工的产业转移，向承接基于知识代工的产业转移转变。西部地区不仅要争取发达地区的制造区段落户，还要努力争取获得与之相配套的知识型服务工作机会，或者着力提升自身服务供给能力，以生产性服务业集聚帮助承接的制造企业延伸和重塑价值链条，为转移的技术密集型制造业（如电子信息、先进装备制造等）加速产业创新，或者为转移的劳动密集型、资本资源密集型制造业（如一般工业制成品、钢铁化工等）降低产业运营成本，构造"企业转移—价值网链重构—产业转型升级"的闭环。

3. 合理做好生产性服务业集聚发展规划

如前所述，西部城市应依据制造业内部结构特征，结合自身高端服务要素禀赋状况，同时把握区域产业转移和产业协作趋势，合理确定本地生产性服务业集聚模式定位，并做好生产性服务业重点行业集聚的规划。这一政策的实质就是产业差别对待政策。西部城市需对特定的生产性服务业进行区别对待，以促进优势产业培植，而切不可脱离制造业转型升级的实际盲目求大求全一拥而上。更确切地说，西部城市要按照城市生产性服务业集聚模式的选择基准，注重从产业价值链网络的分工与整合层面进行规划，研究出有待培植的生产性服务业及该产业的价值链缺失环节，从而提出分类指导和扶持的政策。值得注意的是，在制定生产性服务业集聚发展规划时，主要应考虑如下因素：一是生产性服务业集聚要与当地制造业基础相符合；二是各生产性服务业集聚区的产业分工要明确；三是新兴生产性服务业集聚发展要有必要的条件支撑；四是无论在何种模式的集聚区（专业化集聚区或多样化集聚区），生产性服务细分行业之间的关联性要恰当，避免企业的"无序堆积"或"机械集聚"。

4. 优化完善生产性服务业集聚区的营商环境

开发建设生产性服务业集聚区对不少西部传统工业城市来说是一种全新的尝试。为尽快实现生产性服务业集聚对制造业转型升级的外溢效应及对城市经济的辐射力，西部城市尤其应注意降低生产性服务企业入驻集聚区营商的成本，加快完善各服务业集聚区的高效交通设施、基础设施和公用设施配套，实现社会资源时空最优配置，为服务业网络化、扁平化和集聚化发展提供强大基础支撑①，以优质的营商环境促进生产性服务业快速、持续形成集聚。首先，完善城市土地规划，调整工业和服务业的用地结构，限制工业用地的盲目扩张，扩大服务业用地规模②。更具体地，将生产性服务业集聚区重点发展的服务业项目优先列入国有

---

① 汪军能，秦年秀，毛蒋兴，古艳. 高铁时代西部大开发服务业发展路径调整——以南宁市为例 [J]. 广西师范学院学报（哲学社会科学版），2015（2）：98－103.

② 陈立泰. 西部地区服务业集聚与城镇化互动发展研究 [M]. 北京：中国社会科学出版社，2015：273.

土地年度使用权公开出让计划；而以划拨方式取得土地的单位，利用既有厂房、仓库用房等存量资产和土地资源兴办生产性服务业的，土地用途和使用权可暂不变更，并可优先办理供地用地相关手续；对无工厂制造企业（即将制造环节布局在其他区域）在集聚区内建设具有研发、营销服务管理、培训等总部功能，以自用为主的投资，参照工业项目用地执行相关程序。其次，积极引导和鼓励社会资本以兼并重组、投资参股、项目建设等方式进入基础性和公益性领域，使推动生产性服务业集聚区发展的内生动力尽快从政府投资向社会投资转变。再次，落实生产性服务业集聚区的服务企业在电、水、气、热等价格与本地制造业园区企业同价甚至更优惠的政策。最后，为新创办的生产性服务企业和中小型服务企业提供创新深度特色服务，主要包括工商注册便利化、法律、财务会计和物业等基本服务，以及人才、品牌塑造、投后管理、导师团队等增值服务，促进服务企业快速成长。

5. 加大促进生产性服务业集聚的财税支持

西部各省区及其城市要加大促进生产性服务业集聚发展的财税支持力度，以有效发挥财政投入的杠杆调节作用和最大效益。一是分别设立或扩充省区、城市本级生产性服务业发展专项引导资金，紧扣打好产业转型升级攻坚战的"痛点"需求，克服"撒胡椒面"现象，适当实施阶梯式扶持政策，即确定三种扶持对象类型：①对本市、本圈域制造业转型升级具有关键支撑作用的重点性服务项目（集聚区）；②对本市、本圈域制造业转型升级具有一定支撑作用的一般性服务项目（集聚区）；③其他类型的生产性服务项目（集聚区），分别在年度项目支出、中期（三年左右）滚动项目支出中给予重点性、一般性和适当性扶持。结合前章分析结论，西部地区各省（区）市的专项引导资金应优先支持在重点行业和领域加快建成和集聚一批广覆盖、高水平的生产性服务业发展载体，如商贸流通类系统集成商、知识密集型服务业集群、平台型龙头企业等，尽快通过集中高端服务要素构建生产性服务业发展高地。二是注重扶持培育和壮大一批中小微型生产性服务企业，可以考虑对符合条件的企业采取分类奖励政策，可以对新增上限入统的企业给予一次性奖励，根据企业年度销售额（营业收入）给予"上台阶"奖励，根据企业年度销售额（营业收入）增速给予企业增速奖励。三是根据不同情况切实给予生产性服务企业适宜的税收优惠，及时兑现高新技术企业减税、研发费用加计扣除、西部大开发、小微企业实施税收优惠等优惠政策。

二、加强区域基础设施建设

1. 建设完善现代化交通和通信网络设施

现代化交通和通信网络基础设施建设是连接区域间、区域内不同城市间、城市内不同功能区或单位之间物质流、信息流、人力流的重要纽带，也是物流、商贸、会展、批发零售等商贸流通业集散、交易、输送制造业产品，以及知识密集型服务业创新成果传播和知识外溢的硬件载体。不少西部地区城市在这些基础设施建设方面积累了不少"欠账"，需要及时加以弥补。

首先，统筹规划西部地区城市群内的公路、铁路、水路、轨道等交通基础设施体系建设，不仅将西部城市内外高效、快速地连接起来，促进要素快捷流动，降低区域间原料和产品的空间运输成本和交易成本；还通过交通基础设施的完善促使各类生产性服务业在西部城市进一步集聚，从而为向制造业提供外溢效应创造前提条件。

其次，通信和网络等信息传输手段是生产性服务业尤其是知识密集型服务业传送服务产品和新增、存量知识的重要渠道。随着基于互联网平台的信息产业融合技术的快速发展和升级，声音、图像、文字、信息、视频等在传统产业分工范式下由不同信息产业部门提供的要素，现在都可借助互联网平台进行发送传播，从而极大丰富了服务业向制造业知识外溢的内涵和容量，甚至使生产性服务业更多地远程参与制造业价值链活动成为可能。加强通信和网络设施建设，将有力地提高生产性服务业知识和信息传送的能力，降低信息传输成本。这对于后发区域制造业接受更高能级区域的辐射或自身发展知识密集型服务业至关重要。因此，西部地区应积极通过智慧城市建设，构建支撑生产性服务业集聚及其发挥外部性的智慧基础设施保障体系。应进一步加大城市宽带网络建设投入，积极推进4G移动网络及下一代互联网建设；推进公共设施物联网平台建设，强化城市公共设施物联网感、传、知环节的一体化部署；推进智慧城市运营中心建设，通过物联网技术，实时搜集城市运行各种状态信息，运用云计算和大数据技术进行数据分析挖掘，为城市精准运营和科学管理提供决策支持。

2. 探索构建商贸流通型虚拟集群

虚拟产业集群是依托先进信息技术，由独立的生产企业、服务企业、消费者、政府机构、其他社会组织基于数据和信息实时交换而在互联网平台集聚形成的产业空间组织新形态，呈现出广泛的产业关联和丰富的价值创造空间，日益成为传统集群突破封闭地理边界、攀升价值链、构建产业升级能力的重要驱动核。

虚拟转型是互联网时代产业集群发展的必然选择①。前文实证研究表明,西部地区商贸流通业集聚是当前推动该区域制造业转型升级的重要力量。但也要看到,西部地区商贸流通业的主体仍是传统中小实体零售商。在互联网时代下,传统的价值链中以供给为导向的商业模式正在逐渐走向消亡,以需求为导向的互联网商业模式和价值创造正在出现②。那么,依托先进的通信网络设施建设,实现传统商贸企业在互联网平台形成虚拟集聚、构建自主发展型虚拟产业集群,是实现特色产业、优质资源、优势产业对接大市场的便捷途径,有利于引导西部地区一些个性化展示性较强(如服装、家具等)、地域特色显著(如特色农副产品加工)的制造业转型升级③。

首先,政府推动搭建商贸流通型虚拟集聚平台。尽管集聚经济源自于市场内生的报酬递增,但"有为政府"的积极干预可以形成某种"历史偶然事件"而改变集聚的初始外在环境,为集聚的形成及其发展奠定重要基础。以中小零售商为代表的传统商贸流通企业属私人部门,资金有限、经营规模较小④,缺乏独立构建具有公共性质的共享平台的激励与实力。这就需要借助西部城市政府相关部门牵头推动来启动虚拟集聚平台的建设,比如通过其下属公共服务机构创设平台,或在微信等主流成熟的平台上开发⑤,以吸引零售商和消费者的加入,增加平台的可信度,初步凝聚平台的人气。在虚拟集聚平台步入稳定发展期之后,可

---

① 吴哲坤,金兆怀. 关于我国虚拟产业集群发展的思考 [J]. 东北师大学报(哲学社会科学版),2015(6):82–86.

② 罗珉,李亮宇. 互联网时代的商业模式创新:价值创造视角 [J]. 中国工业经济,2015(1):95–107.

③ 笔者在研究过程中,曾围绕"构建城市服装行业中小零售商网络服务平台"的设想,在广西柳州市进行了问卷调查,共有效收回 134 份服装零售商问卷、464 份消费者问卷,得出了若干有益结论。一是构建虚拟集聚平台的必要性。大部分消费者希望建立信息平台为购物提供便利条件;且店铺面积越小、经营品牌越多的零售商愿意加入平台的比例越高。二是对虚拟集聚平台功能的需求。消费者和零售商不仅希望借助信息平台互通服装商品和价格信息、商家信誉度及其店铺地址信息等,还希望在此平台上获得服装制造商和服装市场的相关供求信息。三是虚拟集聚平台的核心消费者社群。年龄在 20~49 岁的中青年且具有较高学历的女性有望成为平台的核心粉丝社群。上述调研结果为商贸流通业主导构建虚拟产业集群进而促进制造业升级提供了参考。

④ 张德智. 网络营销视角下我国传统零售业发展策略探讨——以服装产业为例 [J]. 商业经济研究,2016(12):35–37.

⑤ 2015 年 6 月,湖南长沙市天心区政府与深圳腾讯公司合作,利用主流、超级 APP——微信,由第三方企业(深圳嵊灿科技及其子公司)负责建设运营,构建了全国首家智慧商圈"智慧天心"。它以"智慧天心"微信公众号作为线上服务的统一入口,结合微信支付、微信优惠券、微信连 Wi–Fi、微信摇一摇等功能,深入商圈线下业务场景,提高商圈的商业能力和服务能力,实现了长沙五一商圈内传统门店升级为"智慧门店"。截至 2016 年 5 月中旬,"智慧天心"合作商户超过 1500 户,移动在线支付笔数达到 50 万笔,支付金额近 2000 万元,"智慧天心"微信公众平台粉丝接近 15 万人。谢晓萍等. 微信力量[M]. 北京:机械工业出版社,2015:43–54.

转由具备一定实力的第三方商业服务企业承担平台的日常运营，政府则着重对虚拟集聚市场进行商品质量规制和市场规则的制定及管控①。

其次，循序构建商贸流通型虚拟集群。在虚拟集聚初期阶段，平台应汇聚、挖掘、整合中小零售商经营商品、店铺信息和行业市场信息，以此作为满足本地消费者和零售商双向需求的开端。尤其是针对平台的核心或潜在粉丝社群，中小零售商在遵循专业化、连锁化发展路径的基础上，可借助平台潜心推介符合这类社群特征的不同风格、不同样式商品，提供专业优选品类信息，以快速聚拢消费者栖息于平台，进而尝试在有限品类的畅销商品中逐步生成自有品牌概念②。随着平台的发展以及消费者社群活跃度、互动度、黏着度的持续提升，可以将自主发展型价值网络的边界向外拓展，即跨越城市或区域的地理界限吸引产品制造商、大型批发商加入虚拟集聚平台，在个性化产品定制、订单、产能和物流聚合、消费者全方位体验等方面营造良性竞合互动。在此基础上，再利用积累的大数据资源，平台继续向原材料供应商、研发设计机构、金融机构及其他相关企业或组织延伸，从而构建一个通透互联、良性竞争、跨界协作的虚拟集群，形成一个真正开放的价值生态系统。这一价值生态系统以消费者的不确定性、动态性、差异性需求为导向创新价值创造模式，通过虚实结合的集聚平台将工业产品生命周期中的研发、制造、流通、体验、使用等各环节予以融合，以更广范围、更高效率地实现组织间网络资源互动，进而获取虚拟集聚的报酬递增效益。

3. 探索构建知识密集型虚拟集群

西部地区还应主动基于互联网技术打造信息化平台，构建以知识创新为主导的虚拟产业集群。由知识密集型核心企业或中枢企业对集群中的企业资源进行有效整合与组织配置，对创新网链中的"痛点"问题进行深入挖掘，从而促进企业之间的资源共享和价值共创。当前，可围绕知识型服务的共性专业需求、西部城市重点服务业产业布局和产业集群特色，增进联动发展和信息互通，重点建设研发设计、信息咨询、检验检测、产业金融、会计审计等虚拟网络公共服务平台或专业平台，打造纵向覆盖全市场、横向覆盖全行业的平台网络。在虚拟集群的具体运作中，中枢服务企业与知识密集型服务商、商贸物流商、金融机构、供应商、零部件和组装公司及终端顾客一起携手，衍生出更多的知识型服务流，攫取知识和技术创新效应乃至虚拟产业集群的品牌效应。西部地区政府则需着重引导和监管知识密集型虚拟集群构建成员信任机制、成员资源共享机制、成员协同机

① 汪旭晖，张其林. 平台型网络市场"平台—政府"双元管理范式研究——基于阿里巴巴集团的案例分析 [J]. 中国工业经济，2015（3）：135 – 147.

② 谢莉娟. 互联网时代的流通组织重构——供应链逆向整合视角 [J]. 中国工业经济，2015（4）：44 – 56.

制等合作机制，以及垄断控制、恶性竞争控制等竞争机制①，保障知识创新与产业发展的健康循环迭代。

第四节 提升知识生产和外溢能力的政策建议

深度参与更大范围的知识分工和知识型价值链协作体系，集聚发展知识密集型服务业并发挥其外溢效应，是西部地区实现产业转型升级关键突破的崭新路径。西部地区各级政府应通过科学的政策导向作用，从知识要素集聚的活跃载体、生发平台、区域布局、创新能力、投融资渠道、城居环境等不同方面创造有利于形成知识创新源集聚和外溢机制的环境，提升知识密集型服务业集聚对制造业的服务功能。

一、开创培养和积累知识型服务人才的新局面

人力资本的数量和质量在进入价值链以及随后的价值链升级过程中发挥着关键作用。因此，国家及其区域产业升级的过程，某种程度上也是劳动力发展的过程。西部地区要将培养和积累源源不断的知识型劳动力作为促进知识密集型服务业空间集聚的关键性政策举措，以直辖市、省会等区域性中心城市及主要工业城市为空间载体，以普通本科院校、高职院校信息类、工科工程类、经管类专业学生为主要对象，以强化训练学生从事知识型服务工作的专业技能与核心素养为推进手段，以校企合作、校市相融为促进方式，以改善生活条件为公共保障，大幅度提升西部年青知识型专业人才的供给数量和质量。

一是以创新发展激发知识型服务人才培养活力。着力突破高校人才培养过往的封闭式组织边界，鼓励西部高校与制造企业或生产性服务企业开展全方位的深度合作，探索以混合所有制形式开启校企合作新模式，双方共建、共管和共享服务型专业人才培养和训练平台（基地），从企业需求对接、人才培养模式改革、专业建设、课程标准优化、师资队伍建设、实训基地建设、专业技术服务能力提升等方面，加强产教融合、校企合作，提升人才培养质量。

二是以协调发展优化知识型服务人才培养结构。紧跟新经济、新业态演变趋势，坚持动态优化调整学科专业结构和布局，重点建设一批适应西部地区制造业升级的"高端服务＋"特色学科专业。实现普通高等教育和高中等职业教育、

---

① 杜鹏. 高技术虚拟产业集群成员间合作与竞争机制研究［M］. 广州：世界图书出版广东有限公司，2013：182－198.

继续教育的融合发展，相互取长补短，搭建进阶通道，从而优化多样化知识型人才培养的教学过程、实训过程、专业技能和核心素养形成过程。

三是以开放发展拓展知识型服务人才培养资源。充分发挥各高校区位优势和行业背景，鼓励其向城市主要生产性服务业集聚区延伸办学场所或教学基地，推动其与集聚区引进的国外、东部发达地区的高端服务企业构建创新性应用人才培养合作机制和就业创业平台，实现先进服务知识与技能的就近获取和积累。

四是以优惠配套吸引知识型服务人才扎根成长。西部地区的重庆、成都、西安、兰州、南宁、贵阳等直辖市、省会城市，以及绵阳、咸阳、柳州、包头等重要工业城市，在努力集聚发展知识密集型服务业的同时，还应积极出台和落实引进高端服务型、年青创新型人才的系列扶持政策。在户籍政策方面，贯彻落实国家"十三五"规划纲要中"进一步深化户籍制度改革，统筹推进户籍制度改革和基本公共服务均等化，健全常住人口市民化激励机制，推动更多人口融入城镇"的要求，主动对高校毕业生、职业院校毕业生、技术服务工人、留学归国人员及取得国家职业资格证书或专业技术职称证书的各类知识型服务人才全面放开落户限制，实行"零门槛"入户政策。在住房政策方面，尝试建设大学生人才公寓、创新服务人才公寓，分类分标准向服务型人才提供租赁住房补贴，进而还可以采取一定特殊的形式支持高端服务型人才按市场价的一定折扣购买住房。在收入政策方面，可制定各类服务型人才最低年薪标准，鼓励本地的骨干服务企业为其增加收入；尝试免除知识型服务人才的个人所得税，使其实际收入等于工资薪金的税前收入。

二、持续开展东西部地区知识型产业合作

以推进国家价值链各环节在不同区域的合理布局为出发点，西部地区应积极与东部地区开展以知识分工和知识工作商品化为内核的新型产业合作。在这一合作过程中，以跨越东西部的省际之间、城市之间、集聚经济圈（如珠江—西江经济带）为空间载体，以企业、行业协会和政府为推动主体，以打破地方保护和构建长效合作机制为保障措施，塑造国内知识分工的崭新格局。一是注重通过互联网等新一代信息技术促进东西部地区共享海量数据、用户信息和跨界知识，实现行业知识流、信息流和服务流在区域间顺畅流动。二是以西部地区高位要素集聚为目标，灵活采用各类招商方式，在服务外包、现代商务、金融服务、大数据与云计算、科技服务等细分行业和新兴业态开展有针对性的招商引资，促进大批东部知识密集型服务业企业或特定工作项目转移到西部城市，广泛开展知识型服务在岸外包，播撒推动西部产业结构升级的"知识种子"。三是积极鼓励转移的东部知识密集型服务企业吸收西部本地年青专业人才参加工作，构建知识密集型服务业根植西部和西部积累知识生产和创造能力的内生循环。四是以东部地区旗舰企业（规则设计商或系统集成商）为龙头，突破传统物质形态的产权或控制权治理模式，转而通过知识管理和知识控制权等新型知识治理方式对国内知识型价值链进行协同管理，在不断完善国内知识代工的技术标准和质量参数并使之能与国际通行规则统一或兼容的基础上，带动西部地区进一步提升对外开放程度，融入全球知识链、全球创新链，获取以知识分工超越劳动分工的长远收益。

三、协调优化区域创新资源布局

生产力的空间布局和现代企业的区位选择不仅是微观企业战略决策的重大问题，也是政府关注的宏观调控问题，恰当的政府干预在决定城市生产活动的空间区位上扮演着至关重要的角色。基于此，西部地区要进一步完善集聚经济圈创新资源空间布局规划，形成以区域性生产性服务业中心城市为龙头、专业化或特色化生产性服务业集聚城市为关键节点的创新资源布局，坚持按照不同城市层级推动不同规模、不同层次的创新资源集聚，坚持城市之间的互补合作和错位发展，追求区域创新整体效益的最大化。由于西部地区地域广阔，集聚经济圈大多集中于一省（自治区、直辖市）辖区范围内，少部分则跨越了省域边界①，这就为协调优化区域创新资源的布局提供了相对有利的前提条件。

一方面，对于集中于西部各省域内部的集聚经济圈，省级政府应根据各个城市的实际情况，站在一个更高的层面，统一出台经济圈内创新资源（科研机构、创新型服务企业、金融商务机构、高等学校）的布局规划和扶持政策，并引导和协调好各城市落实布局政策；各城市应积极配合，实现创新资源的梯度转移和差异化发展。当前，西部地区可重点在具备条件的区域性生产性服务业中心城市、重要专业化或特色化生产性服务业集聚城市有规划地扶持发展一批科研机构和高等院校，增强当地的基础创新能力，夯实第一知识基，从而吸引更多知识密集型服务企业进入。为此，应制定出台土地供给等优惠政策，努力促进西部城市的科研机构、高校向当地重点产业园区或特色产业园区集聚，尤其是大力支持高等院校与当地制造企业和生产性服务企业密切促进相关的学科和专业发展，并在人才培养、专业和学位授权点设置、科研和学科创新平台、双创基地、校际对口帮扶等方面给予积极扶持。在此基础上，推动知识密集型服务业、制造业、高等学校和科研机构协同构建区域创新体系，攻坚区域性知识的开发和积累，并由知识密

---

① 根据国家"十二五""十三五"规划，西部地区列入国家战略发展的集聚经济圈（城市群）主要有成渝经济区、重庆两江新区、广西北部湾经济区、黔中地区、滇中地区、藏中南地区、关中—天水经济区、宁夏沿黄经济区、天山北坡地区、兰州—西宁地区、呼包鄂榆地区等，可以看出其中的绝大多数均属于一省（自治区、直辖市）之内。

集型服务业集群（龙头企业）来集成创新或消化吸收再创新，从而将源源不断的异质性新知识导入区域制造业，提升制造业向高端攀升的动能。

另一方面，对分别属于西部不同省辖区范围内的集聚经济圈，在尊重市场经济规律的基础上，重点构建和强化省（市）际长效合作机制与协调磋商机制，如区域合作交流机制、区域矛盾协调机制、产业共同发展基金筹集机制、政府间协调机构和行业协会等，在互惠互利、共同协作的基础上优化创新资源配置，加强人才、技术、知识等方面的交流合作，实现"西西互助"。探索推进西部跨省集聚经济圈城市中间地带的创新资源和产业集聚，打造区域创新协同合作的增长极，如跨城市研发设计合作集聚区、跨城市产业金融合作集聚区等。

四、增强知识密集型服务业集聚创新能力

根据前面分析，西部地区知识密集型服务业集聚难以发挥对本地及周边城市制造业转型升级的外溢效应，除了受到这类服务业生发不足的影响，还与以政府主导的运营管理模式有关。一般而言，如果政府过度参与制定或实施与产业集聚演化规律相违背的政策，将会产生管理成本、信息不对称、市场行为扭曲等情况，导致干预的结果偏离原来的目标，以致政府失灵。服务经济发展要求建立法治政府和有限政府，要求政府降低公共服务、社会诚信等方面可能带来的社会交易成本，政府一般不宜通过行政手段直接干预集聚区服务企业的发展，而应注意在知识密集型服务业集聚区不同发展阶段恰当地发挥自己的作用。其总体的逻辑顺序是：扶持成长—规范市场—引导可持续发展。

在知识密集型服务业集聚区发展初期，西部城市政府应着重改善周边交通、信息、金融、商务等基础设施环境，并培育外部的生产性服务市场。在知识密集型服务业集聚区成长期，服务企业的外部需求快速增长，集聚区内服务企业的竞争开始显现，此时西部城市政府应重点扶持龙头服务企业，促使其向创新差异化驱动模式转型和主导构建自主发展型价值网络；同时，引导知识密集型服务集聚区企业通过组建产业联盟、行业协会等中间性组织，构建具有金融支持、技术合作、成果交易、创业孵化等功能的公共创新服务平台或虚拟产业集群，降低服务企业之间及其与制造企业之间的知识搜寻和溢出成本，从而整合研发力量，开展创新联合协作，维护行业竞争秩序，提高行业整体服务水平，形成优势互补、良性互动的产业网链。在知识密集型服务业集聚区成熟期，面对日趋细分复杂的服务市场需求，西部城市政府应更侧重于规划调整区内产业结构，适时进行产业优化或转移，切实培育知名品牌；同时引导区内企业加强交流，创建集聚区良好和谐的文化氛围和更加信任的企业合作关系；逐步培养本地服务企业的集体学习能力、集体创新能力和自我成长能力，从而强化知识密集型服务业集聚的根植性和

发展持续性①。

五、有效拓展知识密集型服务业投融资渠道

随着知识和技术创新的日益复杂化，知识密集型服务业集聚创新功能的发挥，愈加依赖于持续、匹配融资的可得性，因而有效拓宽这一行业的投融资渠道具有显著意义。这对于亟待重点弥补知识密集型服务业集聚短板的西部地区显得更重要。知识密集型服务业是一个轻资产性质的行业，无形资产占比较大，可抵押的担保品很少，融资的渠道非常狭窄。为此，必须进一步拓宽知识密集型服务业的投融资渠道。

首先，优化知识密集型服务业信贷政策。西部地区知识密集型服务业集聚地的国有商业银行、股份制银行、城市商业银行等金融部门需要针对该行业无形资产占比较大的特点，开发和创新多元化、多层次的信贷产品和服务。可在年度信贷计划外，视具体情况实行各种低息、无息、贴息等优惠政策，并对效益好、偿债能力强的服务企业，给予开办资产抵押业务。鼓励银行与重点知识密集型服务业集聚区探索整体战略合作，以整体授信方式（可涵盖信贷、投行、资产证券化等业务）支持集聚区内企业创新发展。鼓励各类保险公司与银行合作，探索适宜知识密集型中小服务企业贷款保证保险机制，开发适合于知识型服务人才的保险产品，分散知识生产全过程的风险；支持符合条件的保险公司设立科技保险支公司或在公司内设立科技保险事业部②。

其次，充分利用资本市场直接融资功能。西部各地政府和证券监管部门派出机构可优先扶持和安排一批竞争优势较强的龙头服务企业，进行股份制改组发行股票上市，具备条件的企业还可发行企业债券、公司债券和中期票据。利用资本市场的投融资平台和结构调整功能，尽快做强做大一批跨地区、跨行业的大型知识密集型服务集团。

最后，引导社会资本支持知识密集型服务业发展。西部地方政府可出资设立知识密集型服务业创业投资基金。在此基础上，放宽非公资本进入标准，鼓励其以直接投资、间接投资、风险投资、项目融资、兼并收购、租赁承包等形式进入一般竞争性知识密集型服务业，注重对中小型服务企业嫁接改造，在该行业中形成混合经济结构和各类投资主体平等竞争、共同发展的市场格局，加速知识密集型服务业集聚。

① 高运胜. 上海生产性服务业集聚区发展模式研究［M］. 北京: 对外经济贸易大学出版社，2009：206 - 208.

② 尹艳林. 加快我国支持技术创新的金融体系建设［J］. 宏观经济研究，2016（7）：13 - 20.

六、为创意阶层集聚提供优良的城市功能和环境

西部地区应注重并强化城镇功能与知识密集型服务业集聚功能的相互配合与依托。知识密集型服务业集聚不仅是产业、资本和技术的集聚，更关键的在于人才的集聚，尤其是以创意阶层为典型代表的高知识、高技能人才的会聚，从而形成知识与创意产生的不竭源泉。一个值得关注的现象是，随着工业社会向信息社会逐步演进，高端生产性服务要素所集聚的中心区域将日益从传统的工业中心和商贸中心，向文化中心和科技中心迁移。故而，在西部地区普遍谋求城市转型、经济升级的当下，其城市发展如何体现以人为本，围绕进一步增强城市的智慧性、多样性、便利性、宽容性来提升城市服务功能和品质，改善城市生态环境，凸显城市文化特色，进而打造可持续发展城市，将成为推进智力密集型的现代服务业汲取充实人文力量，创造活跃的人文氛围，奠定促进产业升级基础的有力举措。

首先，进行自然、生态的环境塑造。通过保护、恢复、增值等手段强化城市生态廊道，尽可能地把山、水、田、林等具有西部特色的大自然要素引入现代化城市，构筑水绿交融的城市生态格局，使得城市内部的各个功能组团被优美的自然环境所拥抱，生态系统、碳氧平衡得到最佳的维持，城市内部的生态休闲空间得到有效激活。其次，构造紧凑、低碳的功能布局。一方面，在合理的总体功能结构控制下，强化城市空间布局紧凑性，缩小街区尺度，增加路网密度，努力减少出行距离，并引导公共交通、自行车、步行等绿色交通模式，减少碳排放并节约能源。另一方面，以串珠引玉的方式，融合山水走廊、郊野公园和城市绿地等区域生态单元，创造开放共享的城市人居环境。最后，打造便捷、健康的生活。西部地区城市应充分发挥后发优势，实践绿色健康和智能服务理念，注重配套完善公共服务设施和智慧城市体系，构建以绿色公交、轨道交通为代表的公交网络，引入阳光、水岸、山体、田园和运动健康概念，统筹安排各类体育休闲运动空间场所，倡导积极向上、健康快乐的城市生活方式①。同时，努力提升城市文化品位，增强城市文化软实力，构建宽松有序的多元化社会体系。

第五节　提升关键性基础制度环境支撑力的政策建议

相比较而言，与人打交道的生产性服务业比与有形物打交道的制造业对基础

---

① 李淳，张晓夏. 北部生态新区生态宜居新城规划畅想［N］. 柳州日报，2017－04－27.

制度环境的要求更高，因为服务业发展和服务经济的形成更依赖于分工深化、自由竞争和创新等因素，而上述因素的形成又取决于基础制度环境。所以，从全局着眼培育和完善关键性基础制度环境，协调好市场和政府的关系，对降低生产性服务业发展和集聚的交易成本，充分体现生产性服务业集聚对制造业转型升级应有的积极作用具有重要的意义。这一类别的政策建议既具有宏观层面的适用性，也会对西部地区增强生产性服务业集聚对制造业转型升级的影响提供有力的支撑。

一、培育多元化服务业市场竞争主体

西部欠发达区域生产性服务业发展程度不足，难以形成产业集聚，除了和经济、区位因素相关外，还与服务行业市场准入限制有关。长期以来，我国部分生产性服务业由于其自然垄断或涉及国家经济命脉的性质，不同程度地存在着各种类型的进入管制和竞争限制，形成了行业国有垄断的局面，不但在一定程度上造成了服务质量低下、服务创新不足和服务价格畸高等情况，还抑制了其他资本进入，阻碍了多元化市场竞争主体的形成，从而对生产性服务业集聚发展造成不利的影响。

理论和实践都表明，绝大多数的生产性服务业应该并且能够引入市场竞争机制，政府应转变职能，简政放权，减少不当干预。今后，应进一步优化外部市场环境，简化审批手续，加快垄断行业改革，放宽有关生产性服务业的准入领域，降低相应的准入门槛。鼓励和引导民营、外资资本投资生产性服务业，实现投资主体和市场竞争主体多元化，并完善优胜劣汰的退出机制。在此过程中，要为不同经济成分的服务企业营造公平竞争的平台，在充分发挥供求机制、价格机制、竞争机制和风险机制的前提下提高竞争效率，实现兼顾规模效益和竞争活力，形成适度健康的市场竞争格局。

需要进一步强调，完善市场竞争机制，对于过往长期处于垄断保护特殊状态下的金融服务业集聚发展尤为重要。金融要回归服务实体经济的初衷，本质是要求多元化的金融服务供给。作为制造业转型升级主力军的小微企业、创新企业只能由创新型的小型金融机构来对接。因此，应创造各种有利条件和适宜环境，推动贷款保险、小型贷款、消费金融乃至基于互联网交易大数据提供金融服务的机构蓬勃发展，并努力将其纳入政府"大监管"范畴，跟进出台相关监管条例[①]，这是加强金融服务业集聚为产业经济服务的关键措施。

---

① 李稻葵. 从2017年全国金融工作会议看未来五年中国金融发展大脉络 [J]. 新财富, 2017（8）: 82－84.

二、优化区域协调发展中政府的引导机制

本书的研究表明，只有通过区域协调发展，生产性服务业集聚才能发挥对制造业转型升级的最大化效应。对此，应通过法律基础和政策模式的创新，实现区域协调发展中政府引导机制的优化。

一方面，在法治基础上，要实现从人治到法治的转变。区域协调发展是一种强调坚持均衡发展与非均衡发展相结合的动态协调发展战略，它不能仅仅体现在规划和政策上，更应通过法律以制度的形式确立下来，即应该出台更多的法律法规来协调区域间的发展，推进协调政策的法制化和规范化。通过法律的形式，打破区域壁垒，破除地方保护主义，禁止不同形式的妨碍市场竞争的行为，建设全国统一大市场[①]。

另一方面，在政策模式上，要打破行政区对辖区进行垄断管理以破除行政区内部政策"独大"的局面，转而通过构建合理的区域政府间合作治理机制以实现向区域公共政策的转变。在国家层面，中央政府要在促进区域经济协调发展工作中发挥主导作用，成立专门的管理机构，统筹负责领导、组织协调涉及区域经济协调发展的主要事项，并监督相关政策执行。在地方层面，鼓励在圈域间、省际间、城市间建立多层级、多形式、多目标的区域合作组织，逐步健全区域合作组织的规章制度；研究促进区域协调发展的规划体系、政策体系和管理体制，积极完善市场机制、合作机制、互助机制和扶持机制，推动建立健全符合新时期发展要求的区域管理体制与利益调节机制；各级政府要建立负责日常联络和组织的协调机制，搭建区域内各行政区在首长及相关层面之间的沟通交流联系平台，建立定期协商交流的机制，推动区域内自协调系统的形成，及时解决突出矛盾和谋划推进重大事项[②]。

三、努力加强和改善信用制度建设

生产性服务业是由原来制造企业内部的服务分离出来后逐步形成独立业态的。之后，独立的生产性服务企业转而通过和制造企业签订市场契约来提供相应的服务。然而，服务产品显著具有与工业产品十分不同的特性，从而造成服务契约的更高复杂性，此点前已述及。概而言之，大多数生产性服务业属于契约密集型产业，即生产性服务的生产和交易会涉及更为密集和复杂的契约安排。理论和实证研究均已表明，契约密集度高的产业对契约制度的敏感性更强，显著地倾向

---

①② 钟昌标. 区域协调发展中政府与市场的作用研究 [M]. 北京：北京大学出版社，2016：71，318.

于在契约制度较好的地区集聚①。良好的信用制度及信用环境则是契约制度完善的基本前提和重要表现。因而，加强信用制度建设将有力推动生产性服务业集聚。

为此，一是进一步加强征信立法工作，重点是加强信用交易和规范信用秩序、信用信息公开化和信用中介行业管理的立法，并提高立法的层次性和权威性。二是以公共征信平台为基础，扩大信用信息开放与共享。中央推动构建征信信息共享机制，逐步完善公共征信系统；发挥地方的积极性，建立以集聚经济圈及其城市为核心的多层次立体化信用管理运作方式，增进征信信息资源整合共享，提高信用信息服务产品的开放度。三是培育信用服务市场，发展信用交易。建立政府、信用联合会和企业行业协会管理相结合的"三位一体"信用管理体系，促进对企业信用活动的外部监督与约束。政府部门应加强信用服务市场培育、扩大信用产品使用范围，进一步扶持信用中介服务机构的规范发展，支持信用服务机构扩大信用产品的创新开发和广泛应用。四是努力宣传，增强各类社会主体的信用意识，不断提高社会信用观念。

四、完善知识产权保护和运用机制

促进知识产权保护和运用，提高实施知识产权制度的效率，这对于保障知识的生产和传播具有直接而重要的作用。一是引导服务企业加强知识产权管理，从版权、商标、专利申请到商业秘密控制、信息安全控制、知识产权保障能力等方面，全面提高服务企业的知识产权控制能力。二是鼓励知识产权的交易与推广，建立健全不同类型的知识产权交易市场，通过高效的信息发布平台和电子交易系统，充分发现市场价格，提高知识产权交易效率。三是尽快完善知识产权评估体系，鼓励发展知识产权评估机构。四是培育知识产权保险市场，各商业保险机构可以探索开展知识产权侵权险等新型险种和保险业务，增强知识产权所有者对于侵权风险的抵御能力。

---

① 王永进，李坤望，盛丹．契约制度与产业集聚：基于中国的理论及经验研究［J］．世界经济，2010（1）：141-156.

第七章　结论与展望

一、主要研究结论

近年来，基于报酬递增和外部性的产业集聚及由此形成的集聚经济圈正主导着经济发展。国内外生产性服务业也显著向集聚经济圈中心城市、城市中央区和产业园区集聚。生产性服务业集聚区已成为区域和城市现代经济体系的新兴增长极与转型升级的重要推动力，同时对制造业产生了积极的外溢效应，为制造业的转型升级提供了有力支持。当前，西部地区的技术、知识和人力资本已逐步向中心城市及重要经济圈集聚，一批传统工业城市正实施产业升级、城市转型，这些都为西部地区生产性服务业集聚并发挥重要作用创造了机遇。因此，通过促进分工深化、塑造高端要素来集聚发展生产性服务业，是推进西部地区制造业突破高端不足和低端锁定双重困境，从而顺利实现转型升级新的战略切入点。在此背景下，本书通过分析得出了以下研究结论：

（1）探索性地构建了一个基于集群式价值链网络的分析框架，阐释了生产性服务业集聚影响制造业转型升级的内在机理，并基于空间面板计量模型及区域比较的方法，探寻了西部城市生产性服务业集聚影响制造业转型升级的现状和短板。机理研究发现，商贸流通业、知识密集型服务业等典型类别的生产性服务业集聚通过强化服务企业的竞争与合作，引导集群式价值链网络竞合与重构，并以降低制造业贸易成本、提升制造业专业化水平为纽带推动制造业转型升级。基于我国城市数据的空间面板模型检验和区域比较则表明，西部城市商贸流通业集聚显著促进了本地制造业转型升级，知识密集型服务业集聚尚未对本地制造业转型升级产生显著推动作用，且两者的影响效应均弱于东部；同时，西部两大典型类别服务业集聚均缺乏跨城市的空间溢出效应，而东部知识密集型服务业集聚具有显著的空间溢出效应。

（2）生产性服务业空间集聚有利于知识的外溢、整合与创新，知识分工网络在更大规模上得以实现，提高了知识积累和创造的专业化水平与效率；同时，通过深化组织间的知识分工，并融入特定的空间组织形态，将更好地共享知识专业化分工所产生的集群租金，从而进一步提高生产性服务业的集聚程度。于是，在生产性服务业集聚与知识分工这样一种内生互动、循环累积的效应下，推动了国家价值链生发和重构。西部地区应把握知识工作商品化浪潮促进知识密集型服务业集群在后发区域兴起的有利趋势，依托国家价值链构建的战略机遇，与东部地区开展起点和平台更高的知识型服务合作，通过集聚发展知识密集型服务业，在包括知识代工链、本地产业网和终端消费云的多重化环境中实现区域产业转型升级的关键路径突破。

（3）由制造业内部结构决定的对生产性服务需求的异质性程度是影响城市选择生产性服务业空间集聚模式的基本因素。概括来说，制造业对生产性服务需求的异质性程度越低，越适合发展生产性服务业专业化集聚。反之，若异质性程度越高，则适合发展生产性服务业多样化集聚；不过，由于同时受到城市高端服务要素禀赋状况的外部影响，以制造业转型升级为导向的生产性服务业多样化集聚模式选择还将会进一步衍生出更复杂的机制。基于我国城市面板数据的聚类分析和分组检验结果证实了上述机理。在制造业转型升级的背景下，以技术、资本密集型制造业为主导的集聚经济圈核心城市应发展高级生产性服务业多样化集聚；以不同类别制造业均衡发展的城市应围绕重点功能需求提升发展生产性服务业专业化集聚；以技术密集型制造业为主导的城市应发展知识密集型服务业专业化集聚；以资本密集型制造业为主导的西部等地区城市应发展与特定制造业集群体系配套的生产性服务业多样化集聚。

（4）基于生产性服务业集聚与制造业转型升级的动态发展，集群式价值链网络沿着产业组织和空间范围维度演进，为企业、城市、集聚经济圈和国家产业升级提供动力，同时也带动生产性服务业在不同空间层次形成单核或多核集聚、体系化集聚、集聚经济圈内部"中心—外围"网络化集聚、基于国家价值链构建的"中心—外围"网络化集聚等集聚模式。一个城市既可能会处于较小地理尺度的价值网链演进的形成阶段或成长阶段，也可能会同时处于更大地理尺度的价值网链演进的成熟阶段或蜕变阶段，这种在不同群链网络节点中的共时性和差异性特征将共同对城市生产性服务业集聚模式的现实选择产生影响。西部地区应结合自身的产业基础条件和要素禀赋状况，以及集群式价值链网络演进的动态情境，进而立足于二三产业协同发展的内涵升级和区域联动，合理选择和灵活调整生产性服务业集聚模式。

（5）西部地区必须紧紧围绕制造业转型升级的主导诉求来谋划生产性服务业集聚的方向和具体模式，必须通过突破集聚发展高知识含量的生产性服务业融入以知识分工为基点的国家价值链构建进程，必须加强集聚经济圈产业协作着力改善生产性服务业集聚的空间溢出效应。进而，通过对柳州市、南宁市、绵阳市和包头市不同典型类别城市的案例研究，为西部地区城市选择以生产性服务业集聚的适宜模式、行业和区位推动制造业转型升级提出了不同的实践路径。

（6）生产性服务业集聚发挥对制造业转型升级的促进作用离不开"有为政府"有利政策和措施的支持。应围绕服务需求强度、区域创新体系、综合交易设施、配套公共服务、基础制度创新五个外部因素，努力构建增强西部地区生产性服务业集聚对制造业转型升级积极影响的政策体系，提升服务要素集聚的制度和设施保障力、知识生产和外溢的能力、关键性基础制度环境的支持力。

二、研究展望

（1）增强区域生产性服务业集聚对制造业转型升级积极作用的保障政策具有怎样的实际影响和绩效？是政策制定者关心并据以动态优化政策措施的出发点。今后，可以运用定量分析方法进一步对政策的影响及其绩效做出更为精确的实证研究，从而为促进区域二三产业协同演变提供持续的外部动力。

（2）互联网正深刻变革着经济和社会的运行。"互联网＋"的迅猛发展克服了物理时空约束，使得二三产业互动发展逐渐呈现出与工业经济时代迥异的空间非一体化新模式，即驱动二三产业的空间结构从工业经济时代的"中心—外围"向互联网时代的空间均质性转变，城市、集聚经济圈等空间边界渐趋模糊化①。在这一重要的前沿情境下，生产性服务业集聚对制造业转型升级的影响是否将遵从新的机制、新的方式和新的路径，无疑将是值得继续深入探索的前沿课题。

---

① 陈国亮，唐根年．基于互联网视角的二三产业空间非一体化研究——来自长三角城市群的经验证据 ［J］．中国工业经济，2016（8）：76－92．

参考文献

外文和译著部分:

［1］Alexander B. , Tatiana K. , Svetlana U. Formation of industrial clusters u-sing method of virtual enterprises ［J］. Procedia Economics and Finance, 2013 （5）: 68 − 72.

［2］Arkell J. The essential role of insurance services ［R］. A primer from the Ge-neva Association's Program on Regulation and Supervision, 2011.

［3］Altenburg T. , Schmitz H. , Stamm A. Breakthrough? China's and India's transition from production to innovation ［J］. World Development, 2008, 36 （2）: 325 − 344.

［4］Baraldi E. , Gressetvold E. , Harrison D. Resource interaction in inter − or-ganizational networks: Foundations, comparison, and a research agenda ［J］. Journal of Business Research, 2012 （65）: 266 − 276.

［5］Barro, Robert J. , Sala − i − Martin, Xavier. Economic growth: Second edition ［M］. Cambridge: MIT Press, 2004.

［6］Bayers W. B. , Lindahl D. P. Explaining the demand for producer services: Is cost − driven externalization the major factor? ［J］. Papers in Regional Science, 1996, 75 （3）: 351 − 374.

［7］Blundell R. , Bond S. Initial conditions and moments restrictions in dynamic panel data models ［J］. Journal of Econometrics, 1998, 87 （1）: 115 − 143.

［8］Ciarli T. , Meliciani V. , Savona M. Knowledge dynamics, structural change and the geography of business services ［J］. Journal of Economic Surveys, 2012, 26 （3）: 445 − 467.

［9］Coffey W. J. , Bailly A. S. Producer services and systems of flexible produ-cing ［J］. Urban Studies, 1993 （29）: 57 − 68.

[10] Coffey W. J. The geographies of producer services [J]. Urban Geography, 2000, 2 (2): 170 – 183.

[11] Davenport T. H. The coming commoditization of processes [J]. Harvard Business Review, 2005, 83 (6): 100 – 108.

[12] Desmet K. , Fafchamps M. Changes in the spatial concentration of employment across US counties: A sectoral analysis 1972 – 2000 [J]. Journal of Economic Geography, 2005, 5 (3): 261 – 284.

[13] Dixit A. K. , Stiglitz J. E. Monopolistic competition and optimum product diversity [J]. American Economic Review, 1977, 67 (3): 297 – 308.

[14] Duranton G. , Puga D. From sectoral to functional urban specialisation [J]. Journal of Urban Economics, 2005, 57 (2): 343 – 370.

[15] Elhorst J. P. Matlab software for spatial panels [J]. International Regional Science Review, 2014, 37 (3): 389 – 405.

[16] Eswaran M. , Kotwal A. The role of the service sector in the process of industrializations [J]. Journal of Development Economics, 2002, 68 (2): 401 – 420.

[17] Ethier Wilfred J. National and international returns to scale in the mordern theory of international trade [J]. American Economic Review, 1982, 72 (3): 389 – 405.

[18] Fujita M. , Thisse J. F. New economic geography: An appraisal on the occasion of Paul Krugman's 2008 Nobel Prize in Economic Science [J]. Regional Science and Urban Economics, 2009, 39 (2): 109 – 119.

[19] Gereffi G. International trade and industrial upgrading in the apparel commodity chain [J]. Journal of International Economics, 1999, 48 (1): 30 – 70.

[20] Glaeser E. L. , Kallal H. D. , Scheinkman, J. A. , Shleifer, A. Growth in cities [J]. Journal of Political Economy, 1992, 100 (6): 1126 – 1152.

[21] Guerrieri P. , Meliciani V. Technology and international competitiveness: The interdependence between manufacturing and producer service [J]. Structural Change and Economic Dynamics, 2005, 16 (4): 489 – 502.

[22] Humphrey J. , Schmitz H. Governance and upgrding: Linking industrial cluster and global value chain [Z]. IDS Working Paper 120, Brighton: 2000.

[23] Juleff L. E. Advanced producer services: Just a service to manufacturing? [J]. Service Industries Journal, 1996, 16 (3): 389 – 400.

[24] Ke S. , He M. , Yuan C. Synergy and Co – agglomeration of Producer Services and Manufaturing: A Panel Data Analysis of Chinese Cities [J]. Regional

Studies, 2014, 48 (11): 1829 – 1841.

[25] Krugman P. Increasing Returns and Economic Geography [J]. Journal of Political Economy, 1991, 99 (3): 483 – 499.

[26] Machlup F. The production and distribution of knowledge in the United States [M]. New Jersey: Princeton University Press, 1962.

[27] Macpherson A. Producer services linkages and industrial innovation: Results of a twelve – year tracking study of New York State manufacturers [J]. Growth and Change, 2008, 39 (1): 1 – 23.

[28] Manning S. New silicon valleys or a new species? Commoditization of knowledge work and the rise of knowledge services clusters [J]. Research Policy, 2013, 42 (2): 379 – 390.

[29] Manning S., Ricart J. E., Rosatti Rique M. S., Lewin A. Y. From blind spots to hotspots: How knowledge services clusters develop and attract foreign investment [J]. Journal of International Management, 2010, 16 (4): 369 – 382.

[30] Meliciani V., Savona M. The determinants of regional specialisation in business services: Agglomeration economies, vertical linkages and innovation [J]. Journal of Economic Geography, 2015, 15 (2): 387 – 416.

[31] Miles I., Kastrinos N., Flanagan K. Knowledge – intensive business services – Users, carriers and sources of innovation [R]. EIMS publication, 1995.

[32] Noyelle T. J., Stanback T. M. The economic transformation of American cities totawa [M]. NJ: Rowman and Allanheld, 1984.

[33] Ooms W., Werker C., Caniëls, M. C. J., Bosch H. Research orientation and agglomeration: Can every region become a Silicon Valley? [J]. Technovation, 2015, 45 – 46 (11 – 12): 78 – 92.

[34] Porter M. Competitive advantage: Creating and sustaining superior performance [M]. New York: Free Press, 1985.

[35] Romer, Paul M. Endogenous technology change [J]. Journal of Political Economy, 1990, 98 (5): S71 – S102.

[36] Sassen S. The global city: Newyork, London, Tokyo [M]. Princeton NJ: Princeton University Press, 1991.

[37] Stabell C. B., Fjeldstad O. D. Configuring value for competitive advantage: On chains, shops, and networks [J]. Strategic Management Journal, 1998, 19 (4): 413 – 437.

[38] Simmie J., Strambach S. The contribution of KIBS to innovation in cities:

An evolutionary and institutional perspective [J]. Journal of Knowledge Management, 2006, 10 (5): 26 – 40.

[39] Sueyoshi T. , Sekitani K. Returns to scale in dynamic DEA [J]. European Journal of Operational Research, 2005, 161 (2): 536 – 544.

[40] Tone K. A slacks – based measure of efficiency in data envelopment analysis [J]. European Journal of Operational Research, 2001, 130 (3): 498 – 509.

[41] Venables A. J. Equilibrium Locations of Vertically Linked Industries [J]. International Economic Review, 1996, 37 (2): 341 – 359.

[42] Yeh A. G. , Yang F. F. , Wang J. J. Producer services linkages and city connectivity in the mega – city region of China: A case study of the Pearl River Delta [J]. Urban Studies, 2015, 52 (13): 2458 – 2482.

[43] [英] 阿弗里德·马歇尔. 经济学原理 [M]. 朱志泰译. 北京: 商务印书馆, 1991.

[44] [德] 阿尔弗雷德·韦伯. 工业区位论 [M]. 李刚剑等译. 北京: 商务印书馆, 1997.

[45] [美] 阿维纳什·K. 迪克西特. 经济理论中的最优化方法: 第二版 [M]. 冯曲, 吴桂英译. 上海: 格致出版社, 2006.

[46] [美] 保罗·克鲁格曼. 地理和贸易 [M]. 张兆杰译. 北京: 中国人民大学出版社, 2000.

[47] [加] 赫伯特·格鲁伯, 迈克尔·沃克. 服务业的增长: 原因及影响 [M]. 上海: 上海三联书店, 1993.

[48] [美] 迈克尔·波特. 国家竞争优势 [M]. 李明轩, 等译. 北京: 华夏出版社, 2002.

[49] [美] 迈克尔·哈耶特. 平台: 自媒体时代用影响力赢取惊人财富 [M]. 赵杰, 译. 北京: 中央编译出版社, 2013.

[50] [美] 钱纳里等. 工业化和经济增长的比较研究 [M]. 吴奇等译. 上海: 上海三联书店, 1995.

[51] [美] 乔治·施蒂格勒. 产业组织和政府管制 [M]. 潘振民译. 上海: 上海三联书店, 1989.

[52] [日] 青木昌彦, 安藤晴彦. 模块时代: 新产业结构的本质 [M]. 周国荣译. 上海: 上海远东出版社, 2003.

[53] [日] 藤田昌久, [比] 雅克—弗朗科斯·蒂斯. 集聚经济学——城市、产业区位与区域增长 [M]. 刘峰等译. 成都: 西南财经大学出版社, 2004.

[54] [日] 藤田昌久, [比] 雅克—弗朗斯瓦·蒂斯. 集聚经济学: 城市、

产业区位与全球化（第二版）[M].石敏俊等译.上海：格致出版社，2015.

[55] [日] 藤田昌久，[美] 保罗·克鲁格曼，[英] 安东尼·J. 维纳布尔斯. 空间经济学——城市、区域与国际贸易 [M].梁琦译.北京：中国人民大学出版社，2011.

[56] [英] 亚当·斯密. 国富论 [M].唐日松等译.北京：华夏出版社，2005.

[57] [英] 伊迪丝·彭罗斯. 企业成长理论 [M].赵晓译.上海：上海人民出版社，2007.

[58] [美] 伊斯雷尔·柯兹纳. 竞争与企业家精神 [M].刘业进译.杭州：浙江大学出版社，2013.

[59] [德] 约翰·冯·杜能. 孤立国同农业和国民经济的关系 [M].吴衡康译.北京：商务印书馆，1986.

中文部分：

[60] 安果，伍江. 西部产业结构升级阻滞与升级路径——基于分工与资产专用性理论的解释 [J].新疆社会科学，2013 (5)：16 – 21.

[61] 陈国亮. 新经济地理学视角下的生产性服务业集聚研究 [D].杭州：浙江大学，2010.

[62] 陈国亮，唐根年. 基于互联网视角的二三产业空间非一体化研究——来自长三角城市群的经验证据 [J].中国工业经济，2016 (8)：76 – 92.

[63] 陈建军，陈国亮，黄洁. 新经济地理学视角下的生产性服务业集聚及其影响因素研究——来自中国222个城市的经验证据 [J].管理世界，2009 (4)：83 – 95.

[64] 陈建军，陈菁菁. 生产性服务业与制造业的协同定位研究——以浙江省69个城市和地区为例 [J].中国工业经济，2011 (6)：141 – 150.

[65] 陈立泰. 西部地区服务业集聚与城镇化互动发展研究 [M].北京：中国社会科学出版社，2015.

[66] 陈雪东. 列联表分析及在SPSS中的实现 [J].数理统计与管理，2002 (1)：14 – 18，40.

[67] 程李梅，庄晋财，李楚，陈聪. 产业链空间演化与西部承接产业转移的"陷阱突破"[J].中国工业经济，2013 (8)：135 – 147.

[68] 程李梅，庄晋财. 西部地区承接产业转移的政策转型研究 [M].镇江：江苏大学出版社，2016.

[69] 但斌，张乐乐，钱文华. 知识密集型生产性服务业区域性集聚分布模

式及其动力机制研究 [J]. 软科学, 2008 (3): 5-8.

[70] 杜鹏. 高技术虚拟产业集群成员间合作与竞争机制研究 [M]. 广州: 世界图书出版广东有限公司, 2013.

[71] 冯泰文. 生产性服务业的发展对制造业效率的影响——以交易成本和制造成本为中介变量 [J]. 数量经济技术经济研究, 2009 (3): 56-65.

[72] 冯禹丁. 中国经济 35 年的增长模式到头了? [N]. 南方周末, 2014-12-04.

[73] 高传胜. 中国生产者服务对制造业升级的支撑作用——基于中国投入产出数据的实证研究 [J]. 山西财经大学学报, 2008 (1): 44-50.

[74] 高觉民, 李晓慧. 生产性服务业与制造业的互动机理: 理论与实证 [J]. 中国工业经济, 2011 (6): 151-160.

[75] 高翔, 龙小宁, 杨广亮. 交通基础设施与服务业发展——来自县级高速公路和第二次经济普查企业数据的证据 [J]. 管理世界, 2015 (8): 81-96.

[76] 高煜, 杨晓. 国内价值链构建与区域产业互动机制研究 [J]. 经济纵横, 2012 (3): 41-44.

[77] 工业和信息化部信息化和软件服务业司, 中国电子信息产业发展研究院. 制造业+互联网:《国务院关于深化制造业与互联网融合发展的指导意见》解读 [M]. 北京: 电子工业出版社, 2016.

[78] 顾乃华. 生产性服务业对工业获利能力的影响和渠道——基于城市面板数据和 SFA 模型的实证研究 [J]. 中国工业经济, 2010 (5): 48-58.

[79] 顾乃华. 我国城市生产性服务业集聚对工业的外溢效应及其区域边界——基于 HLM 模型的实证研究 [J]. 财贸经济, 2011 (5): 115-122, 44.

[80] 顾乃华, 夏杰长. 服务业发展与城市转型: 基于广东实践的分类研究 [J]. 广东社会科学, 2011 (4): 67-72.

[81] 顾乃华, 朱卫平. 产业互动、服务业集聚发展与产业转移政策悖论——基于空间计量方法和广东数据的实证研究 [J]. 国际经贸探索, 2010 (12): 28-34.

[82] 韩峰, 王琢卓, 阳立高. 生产性服务业集聚、空间技术溢出效应与经济增长 [J]. 产业经济研究, 2014 (2): 1-10.

[83] 韩江波, 彭仁贤. 产业升级的要素配置机理: 亚洲案例 [J]. 学习与实践, 2011 (10): 12-21.

[84] 韩艳红, 宋波. 产品内分工、产业转移与我国产业结构升级——基于构建国内价值链视角 [J]. 工业技术经济, 2012 (11): 42-46.

[85] 何铮. 实体集群与虚拟集群: 聚合模式及其可持续性 [M]. 成都: 电

子科技大学出版社，2013.

[86] 胡晨光. 产业集聚与集聚经济圈的演进［M］. 北京：中国人民大学出版社，2014.

[87] 胡晨光，程惠芳，俞斌. "有为政府" 与集聚经济圈的演进——一个基于长三角集聚经济圈的分析框架［J］. 管理世界，2011（2）：61－69，80.

[88] 贾根良，刘书瀚. 生产性服务业：构建中国制造业国家价值链的关键［J］. 学术月刊，2012（12）：60－67.

[89] 江静，刘志彪，于明超. 生产者服务业发展与制造业效率提升：基于地区和行业面板数据的经验分析［J］. 南方经济，2007（8）：52－62.

[90] 江小涓. 服务业增长：真实含义、多重影响和发展趋势［J］. 经济研究，2011（4）：4－14，79.

[91] 江小涓等. 服务经济：理论演进与产业分析［M］. 北京：人民出版社，2014.

[92] 蒋三庚. 现代服务业集聚若干理论问题研究［J］. 北京工商大学学报（社会科学版），2008（1）：42－45.

[93] 蒋三庚，付铭. CBD现代服务业集聚发展的演变规律［J］. 北京工商大学学报（社会科学版），2009（5）：92－95.

[94] 金碚. 工业的使命和价值——中国产业转型升级的理论逻辑［J］. 中国工业经济，2014（9）：51－64.

[95] 金帆. 价值生态系统：云经济时代的价值创造机制［J］. 中国工业经济，2014（4）：97－109.

[96] 金祥荣，朱希伟. 专业化产业区的起源与演化——一个历史与理论视角的考察［J］. 经济研究，2002（8）：74－82，95.

[97] 柯善咨，赵曜. 产业结构、城市规模与中国城市生产率［J］. 经济研究，2014（4）：76－88，115.

[98] 来有为等. 生产性服务业的发展趋势和中国的战略抉择［M］. 北京：中国发展出版社，2010.

[99] 黎继子，蔡根女. 价值链/供应链视角下的集群研究新进展［J］. 外国经济与管理，2004（7）：8－11，44.

[100] 李程骅. 城市空间重组与新产业价值链的功能［J］. 江海学刊，2008（4）：219－224.

[101] 李春顶. 中国制造业行业生产率的变动及影响因素——基于DEA技术的1998～2007年行业面板数据分析［J］. 数量经济技术经济研究，2009（12）：58－69.

［102］李大元，王昶，姚海琳．发达国家再工业化及对我国转变经济发展方式的启示［J］．现代经济探讨，2011（8）：23-27.

［103］李稻葵．从2017年全国金融工作会议看未来五年中国金融发展大脉络［J］.新财富，2017（8）：82-84.

［104］李德伟，谭光兴，詹浩勇，冯金丽．大国崛起的政策选择［M］.北京：中国经济出版社，2008.

［105］李德伟等．中国发展模式与失衡预警机制——大国发展经济学［M］.北京：人民日报出版社，2012.

［106］李江帆，蓝文妍，朱胜勇．第三产业生产服务：概念与趋势分析［J］.经济学家，2014（1）：56-64.

［107］李善同，高传胜．中国生产者服务业发展与制造业升级［M］.上海：上海三联出版社，2008.

［108］李永禄，龙茂发．中国产业经济研究［M］.成都：西南财经大学出版社，2002.

［109］李在磊，游晓丹，杨滢纬．从制造到智造［N］.南方周末，2017-08-24.

［110］梁琦．产业集聚的均衡性和稳定性［J］.世界经济，2004（6）：11-17.

［111］梁琦．分工、集聚与增长［M］.北京：商务印书馆，2009.

［112］刘明宇，芮明杰．价值网络重构、分工演进与产业结构优化［J］.中国工业经济，2012（5）：148-160.

［113］刘明宇，芮明杰，姚凯．生产性服务价值链嵌入与制造业升级的协同演进关系研究［J］.中国工业经济，2010（8）：66-75.

［114］刘曙华．生产性服务业集聚与区域空间重构［M］.北京：经济科学出版社，2012.

［115］刘奕，夏杰长．以功能性服务集群策动制造业集群升级的实现路径与政策建议［J］.宏观经济研究，2010（3）：33-37，47.

［116］刘奕，夏杰长，李垚．生产性服务业集聚与制造业升级［J］.中国工业经济，2017（7）：24-42.

［117］刘迎春．中国战略新兴产业技术创新效率实证研究——基于DEA方法的分析［J］.宏观经济研究，2016（6）：43-48，57.

［118］刘志彪．发展现代生产者服务业与调整优化制造业结构［J］.南京大学学报（哲学·人文科学·社会科学），2006（5）：36-44.

［119］刘志彪．从全球价值链转向全球创新链：新常态下中国产业发展新动

力 [J].学术月刊,2015(2):5-14.

[120] 刘志彪,张杰.从融入全球价值链到构建国家价值链:中国产业升级的战略思考 [J].学术月刊,2009(9):59-68.

[121] 吕乃基,兰霞.微笑曲线的知识论释义 [J].东南大学学报(哲学社会科学版),2010(3):18-22.

[122] 陆立军,郑小碧.基于共同演化的专业市场与产业集群互动机理研究:理论与实证 [J].中国软科学,2011(6):117-129.

[123] 罗珉.价值星系:理论解释与价值创造机制的构建 [J].中国工业经济,2006(1):80-89.

[124] 罗珉,王睢.组织间关系的拓展与演进:基于组织间知识互动的研究 [J].中国工业经济,2008(1):40-49.

[125] 罗珉,李亮宇.互联网时代的商业模式创新:价值创造视角 [J].中国工业经济,2015(1):95-107.

[126] 罗琼.如何给企业的未来定价"天使"银行来了 [N].南方周末,2012-11-01.

[127] 马珩.制造业高级化测度指标体系的构建及其实证研究 [J].南京社会科学,2012(9):30-35.

[128] 马占新,马生昀,包斯琴高娃.数据包络分析及其应用案例 [M].北京:科学出版社,2013.

[129] 齐讴歌,赵勇,王满仓.城市集聚经济微观机制及其超越:从劳动分工到知识分工 [J].中国工业经济,2012(1):36-45.

[130] 任峻.虚实融合的O2O绝非朝夕之功 [J].新财富,2013(12):43-44.

[131] 沈坤荣,李震."十三五"期间我国制造业转型升级的基本思路与对策建议 [J].经济纵横,2015(10):56-61.

[132] 盛丰.生产性服务业集聚与制造业升级:机制与经验——来自230个城市数据的空间计量分析 [J].产业经济研究,2014(2):32-39,110.

[133] 施卫东.城市金融产业集聚对产业结构升级影响的实证分析——以上海为例 [J].经济经纬,2010(6):132-136.

[134] 宋华,卢强.基于虚拟产业集群的供应链金融模式创新:创捷公司案例分析 [J].中国工业经济,2017(5):172-192.

[135] 宋周莺,刘卫东.西部地区产业结构优化路径分析 [J].中国人口·资源与环境,2013(10):31-37.

[136] 苏红键,赵坚.经济圈制造业增长的空间结构效应——基于长三角经济圈的数据 [J].中国工业经济,2011(8):36-46.

［137］苏龙飞．京东＋腾讯＝？刘强东的合纵连横底牌［J］.新财富，2014（3）：36－47.

［138］孙建波，张志鹏．第三次工业化：铸造跨越"中等收入陷阱"的国家价值链［J］.南京大学学报（哲学·人文科学·社会科学），2011（5）：15－26.

［139］谭卓雯．买卖神速，全托了交易所的福［N］.广西日报，2010－12－21.

［140］唐红涛，张俊英．虚拟商圈集聚：机理和效应分析［J］.中国流通经济，2014（2）：83－87.

［141］唐晓华，张欣钰．制造业与生产性服务业联动发展行业差异性分析［J］.经济与管理研究，2016（7）：83－93.

［142］陶娟．康敬伟构筑制造业 B2B 超级平台［J］.新财富，2016（1）：26－43.

［143］田丽敏，谭力文．产业梯度转移与中国西部地区产业升级——基于全球价值链理论的分析［J］.经济研究导刊，2010（3）：164－166.

［144］汪军能，秦年秀，毛蒋兴，古艳．高铁时代西部大开发服务业发展路径调整——以南宁市为例［J］.广西师范学院学报（哲学社会科学版），2015（2）：98－103.

［145］汪旭晖，张其林．平台型网络市场"平台—政府"双元管理范式研究——基于阿里巴巴集团的案例分析［J］.中国工业经济，2015（3）：135－147.

［146］王发明．创意产业集群化：基于知识分工协调理论分析［J］.经济学家，2009（6）：26－32.

［147］王海杰，吴颖．基于区域价值链的欠发达地区产业升级路径研究［J］.经济体制改革，2014（4）：38－42.

［148］王玖河，杨捷．基于第四方物流的集群式供应链协同管理探析［J］.企业经济，2014（16）：28－32.

［149］王岚．集群式供应链网络下集群特点、服务集成与供应链绩效［J］.中国流通经济，2013（9）：48－54.

［150］王树祥，张明玉，郭琦．价值网络演变与企业网络结构升级［J］.中国工业经济，2014（3）：93－106.

［151］王伟，魏炜，华欣．微信不"微"［J］.新财富，2014（1）：71－73.

［152］王先庆，武亮．现代服务业集聚的模式与结构机理研究［J］.商业研究，2011（11）：92－100.

［153］王艳玲．区域物流整合与产业集聚联动发展［J］.经济理论与经济管理，2011（11）：78－87.

［154］王阳，刘美楠，陈福．五谷磨房：布局上游 掌控下游［J］.新财富，2013（2）：89-90.

［155］王阳，刘美楠，古杨．融360：金融垂直搜索平台［J］.新财富，2014（4）：58-59.

［156］王永进，李坤望，盛丹．契约制度与产业集聚：基于中国的理论及经验研究［J］.世界经济，2010（1）：141-156.

［157］魏江，陶颜，王琳．知识密集型服务业的概念与分类研究［J］.中国软科学，2007（1）：33-41.

［158］魏江，周丹．生产性服务业与制造业融合互动发展——以浙江省为例［M］.北京：科学出版社，2011.

［159］魏旭，张艳．知识分工、社会资本与集群式创新网络的演化［J］.当代经济研究，2006（10）：24-27.

［160］吴秉泽，王新伟．"中国数谷"在贵阳崛起：贵阳大数据产业规模916亿元［N］.经济日报，2016-05-25.

［161］吴敬琏．中国增长模式抉择（增订版）［M］.上海：上海远东出版社，2008.

［162］吴敬琏等．供给侧改革引领"十三五"［M］.北京：中信出版社，2016.

［163］吴义爽．平台企业主导的生产性服务业集聚发展研究［J］.科研管理，2014（7）：20-26.

［164］吴义爽．基于商贸平台型龙头企业战略创业的产业集群升级——以海宁皮革集群为例［J］.科研管理，2016（7）：54-61.

［165］吴义爽，盛亚，蔡宁．基于互联网＋的大规模智能定制研究——青岛红领服饰与佛山维尚家具案例［J］.中国工业经济，2016（4）：127-143.

［166］吴哲坤，金兆怀．关于我国虚拟产业集群发展的思考［J］.东北师大学报（哲学社会科学版），2015（6）：82-86.

［167］席强敏，陈曦，李国平．中国城市生产性服务业模式选择研究——以工业效率提升为导向［J］.中国工业经济，2015（2）：18-30.

［168］项丽瑶，胡峰，俞荣建．基于"三矩"结构范式的本土代工企业升级能力构建［J］.中国工业经济，2014（4）：84-96.

［169］谢莉娟．互联网时代的流通组织重构——供应链逆向整合视角［J］.中国工业经济，2015（4）：44-56.

［170］谢鹏．苏宁向阿里巴巴开门［N］.南方周末，2015-08-13.

［171］谢晓萍等．微信力量［M］.北京：机械工业出版社，2015.

［172］徐从才，盛朝迅. 大型零售商主导产业链：中国产业转型升级新方向 ［J］. 财贸经济，2012（1）：71－77.

［173］徐军，何丹. 从＋互联网到互联网＋：苏宁为什么会赢 ［M］. 杭州：浙江大学出版社，2015.

［174］徐宁，皮建才，刘志彪. 全球价值链还是国家价值链——中国代工企业的链条选择机制研究 ［J］. 经济理论与经济管理，2014（1）：62－73.

［175］许南，李建军. 产品内分工、产业转移与中国产业结构升级 ［J］. 管理世界，2012（1）：182－183.

［176］宣烨. 生产性服务业空间集聚与制造业效率提升——基于空间外溢效应的实证研究 ［J］. 财贸经济，2012（4）：121－128.

［177］薛继亮. 中国西部地区人口红利与产业转型研究 ［J］. 财经问题研究，2013（2）：39－44.

［178］严北战. 集群式产业链形成与演化内在机理研究 ［J］. 经济学家，2011（1）：78－85.

［179］杨毅，黄山松，詹浩勇，等. 2015年广西投资促进局招标课题成果——广西金融业招商推介文稿 ［R］. 广西投资促进局，2015.

［180］杨正洪. 智慧城市：大数据、物联网和云计算之应用 ［M］. 北京：清华大学出版社，2014.

［181］杨治. 产业经济学导论 ［M］. 北京：中国人民大学出版社，1985.

［182］易顺，韩江波. 国内价值链构建的空间逻辑及其实现机制——基于双重"中心—外围"格局视角的探讨 ［J］. 学习与实践，2013（12）：38－46.

［183］尹艳林. 加快我国支持技术创新的金融体系建设 ［J］. 宏观经济研究，2016（7）：13－20.

［184］余泳泽，刘大勇，宣烨. 生产性服务业集聚对制造业生产效率的外溢效应及其衰减边界 ［J］. 金融研究，2016（2）：23－36.

［185］于斌斌. 生产性服务业集聚能提高制造业生产效率吗？——基于行业、地区和城市异质性视角的分析 ［J］. 南开经济研究，2017（2）：112－132.

［186］臧旭恒，何青松. 试论产业集群租金与产业集群演进 ［J］. 中国工业经济，2007（3）：5－13.

［187］詹浩勇. 论信息产业融合的意义及其对策 ［D］. 成都：西南财经大学，2004.

［188］詹浩勇. 生产性服务业集聚与制造业转型升级研究 ［D］. 成都：西南财经大学，2013.

［189］詹懿. 再工业化背景下的西部传统产业升级研究 ［J］. 现代经济探

讨，2012（2）：51－55.

［190］张德智．网络营销视角下我国传统零售业发展策略探讨——以服装产业为例［J］.商业经济研究，2016（12）：35－37.

［191］张杰，刘志彪．全球化背景下国家价值链的构建与中国企业升级［J］.经济管理，2009（2）：21－25.

［192］张克英，郭伟，姜铸．创新型服务业与总部经济发展研究［M］.北京：科学出版社，2013.

［193］张晓涛．生产性服务业集聚与空间结构演变：以北京市为例［M］.北京：经济科学出版社，2016.

［194］张育群．苏宁"云图"［N］.南方周末，2013－02－28.

［195］赵程程．知识密集型服务业创新集群政府策动及其效应分析［M］.上海：同济大学出版社，2016.

［196］赵航．产业集聚效应与城市功能空间演化［J］.城市问题，2011（3）：16－20.

［197］赵萌．中国制造业生产效率评价：基于并联决策单元的动态 DEA 方法［J］.系统工程理论与实践，2012（6）：1251－1260.

［198］赵婷，赵伟.KIS 集聚、空间溢出与制造业创新——基于中国 283 个城市面板数据的实证研究［J］.商业经济与管理，2014（1）：59－70.

［199］赵伟，郑雯雯．生产性服务业——贸易成本与制造业集聚：机理与实证［J］.经济学家，2011（2）：67－75.

［200］赵勇，魏后凯．政府干预、城市群空间功能分工与地区差距——兼论中国区域政策的有效性［J］.管理世界，2015（8）：14－29，187.

［201］赵振．"互联网＋"跨界经营：创造性破坏视角［J］.中国工业经济，2015（10）：146－160.

［202］郑长德．基于新结构经济学视角的民族地区产业结构调整与升级研究［J］.西南民族大学学报（人文社会科学版），2013（12）：112－123.

［203］郑长德．中国西部地区的转型与发展：国际经验与现实选择："全球化与新形势下中国西部地区经济"国际学术研讨会文集［M］.北京：经济科学出版社，2014.

［204］钟昌标．区域协调发展中政府与市场的作用研究［M］.北京：北京大学出版社，2016.

［205］中国社会科学院工业经济研究所未来产业研究组．影响未来的新科技新产业［M］.北京：中信出版社，2017.

［206］周静．我国生产性服务业与制造业的互动效应研究［M］.上海：上海

人民出版社，2015.

[207] 周静. 生产性服务业区域协同发展：机理及效应 [J]. 青海社会科学，2016（4）：106 – 112.

[208] 周振华. 信息化与产业融合 [M]. 上海：上海人民出版社，2003.

[209] 周振华. 服务经济发展与制度环境·实证篇 [M]. 上海：格致出版社，2011.

[210] 朱华友，陶姝沅. 产业集群"虚拟—实体"价值链的协同发展研究 [J]. 科技管理研究，2015（19）：180 – 185.

[211] 朱卫平，陈林. 产业升级的内涵与模式研究——以广东产业升级为例 [J]. 经济学家，2011（2）：60 – 66.

[212] 宗文. 全球价值网络与中国企业成长 [J]. 中国工业经济，2011（12）：46 – 56.

后　记

本书是我在主研完成的国家社会科学基金青年项目"西部地区生产性服务业集聚对制造业转型升级影响及对策研究"（13CJY062）最终成果的基础上修改而成的。课题组主要成员詹浩勇教授、袁中华副教授合作参与了本书的撰写工作。经过课题组全体成员认真、辛勤的努力，项目研究取得了丰富的成果：项目一次性顺利通过结题验收，鉴定等级为良好；发表的阶段性论文被人大复印报刊资料全文转载三篇，获得广西社会科学优秀成果奖三等奖两项、柳州市自然科学优秀论文三等奖四项。

在此，衷心感谢课题组全体成员；感谢书稿中参考和借鉴的研究成果的作者；感谢广西高校人文社科重点研究基地——西部地区产业与城市发展研究中心为本项目和本书的完成所提供的资助和各种有力支持。本书是我在产业集聚与区域经济优化领域一次比较系统的学习和研究，由于写作水平有限，书中错误在所难免，敬请读者指正。